机关事务管理系列
Government Office Administration Series

现代办公物业
Modern Office Property

成都市机关事务管理局 / 主编
Government Office Administration of Chengdu

四川大学出版社
SICHUAN UNIVERSITY PRESS

项目策划：刘一畅
责任编辑：刘一畅
责任校对：庄　溢
封面设计：华一广告
责任印制：王　炜

图书在版编目（CIP）数据

现代办公物业 / 成都市机关事务管理局主编． — 成都：四川大学出版社，2021.12
（机关事务管理系列）
ISBN 978-7-5690-5335-7

Ⅰ．①现… Ⅱ．①成… Ⅲ．①国家行政机关—行政建筑—物业管理 Ⅳ．①D035

中国版本图书馆CIP数据核字（2022）第012905号

书　名	现代办公物业
	XIANDAI BANGONG WUYE
主　编	成都市机关事务管理局
出　版	四川大学出版社
地　址	成都市一环路南一段24号（610065）
发　行	四川大学出版社
书　号	ISBN 978-7-5690-5335-7
印前制作	成都墨之创文化传播有限公司
印　刷	成都市金雅迪彩色印刷有限公司
成品尺寸	185mm×260mm
印　张	16.5
字　数	366千字
版　次	2021年12月第1版
印　次	2021年12月第1次印刷
定　价	98.00元

◆版权所有 ◆侵权必究

◆ 读者邮购本书，请与本社发行科联系。
　电话：(028)85408408/(028)85401670/
　(028)86408023　邮政编码：610065
◆ 本社图书如有印装质量问题，请寄回出版社调换。
◆ 网址：http://press.scu.edu.cn

四川大学出版社
微信公众号

《现代办公物业》编审委员会

主　　任	谢瑞武
副 主 任	郭　杨　向　阳　龙太利　吕京生　李世明　叶　竞
	史长凯　文　平　洪　安　潘生田　肖兴国　罗　斌
	孟　杰　刘瑞娟
委　　员	晋　军　周恩平　孙新良　李志宏　张卫军　李　良
	陈　洋　宋学杰　陈　康　杨志强　宋晓梦　胡　晟
	黄　蓉　李　燕　袁雪梅
主　　编	郭　杨
常务副主编	文　平
执 行 主 编	李　燕
编　　辑	张春东　李晓庆　彭　静　彭国竹　刘　琳　李翔宇
	张　露　曾　果
图片提供	视觉中国　唐莉萍　朱建国　许小毛　谢　梅
	嘉　楠　李　卓　邹文泗　廖　奎
撰稿及翻译	张　帆　杨睿杰　邓策予
法律顾问	泰和泰律师事务所
特别感谢	四川大学公共管理学院
	成都市市级机关国有资产管理服务中心
	成都市机关生活服务中心
	成都市机关会议服务中心

前言

党的十九届五中全会擘画了中国特色社会主义现代化发展新蓝图，昭示着我国即将迈入全面建设社会主义现代化强国的新发展阶段。立足新发展阶段，贯彻新发展理念，构建新发展格局，全力以赴推动高质量发展，成为我国经济社会发展的主旋律。办公物业作为新经济的组成部分，也是基层社会治理的重要支撑。随着我国经济的快速发展，各级各类单位的办公条件亦发生了不小的变化，后勤改革不断深化，办公物业管理的现代化已成为办公物业管理的发展趋势。

置身于伟大变革时代，我国办公物业发展的外部环境、内在条件、目标任务、原则要求等都已发生诸多新变化。一方面，发展成绩显著，治理效能提升，总体趋势向好，持续发展具有坚实基础和澎湃动力；另一方面，"发展不平衡不充分问题仍然突出，重点领域关键环节改革任务仍然艰巨"。这就要求办公物业不断进行自我革命，将标准化、精细化、专业化、品牌化作为发展理念，将模式创新、流程变革、场景再造作为实践抓手，从而适应新发展阶段的新要求，实现高质量发展。

2020年12月中旬召开的中央经济工作会议指出，2021年是"十四五"的开局之年，需要"在一些关键点上发力见效"，从而确保构建新发展格局迈好第一步，见到新气象。构建新发展格局，并非仅限于产业、外贸等经济领域，而是对中国未来一段时期国家治理现代化的全方位要求。基层治理是国家治理的基础，涉及面广、量大、事多，在国家治理体系中占有重要位置。基层治理必须结合新形势新任务新要求，在治理理念、治理制度、治理方式等方面实现持续创新，从而以高效能治理支撑高质量发展，为构建新发展格局提供坚实基础。在机关事务现代化治理领域，构建新发展格局同样对办公物业管理现代化提出了新课题与新要求，同时也为其提供了新契机和新条件。

处在这样一个伟大时代，是我们的幸运；为这个伟大时代奋斗，是我们的责任。面对新形势、新任务与新要求，我们力图紧扣时代脉搏，聚焦现实问题，展望发展趋势，编撰了《现代办公物业》一书，期望以此推动思维创新、实践变革，为实现机关事务治理现代化贡献力量，从而更好地服务于党和国家事业发展大局。

Preface

The Fifth Plenary Session of the 19th CPC Central Committee laid out a grand blueprint for the development of China's socialist modernization in the next 15 years, indicating that China has entered a new development stage of building a socialist modern country in an all-round way. It has become the main melody of China's economic and social development to base on the new development stage, implement the new development concept, build a new development pattern, and dedicate to promoting high-quality development. As an integral part of the new economy, office property is also an important support for grass-roots social governance. With the rapid development of China's economy, the office conditions of various units at all levels have undergone significant changes. As the logistics reform deepens as a result, the modernization of office property management has become a development trend in office property management.

In the era of great change, many new changes have taken place in the external environment, internal conditions, objectives, tasks, principles, and requirements of China's office property development. On the one hand, the development achievements have been remarkable, the governance efficiency has been improving, the overall upward trend has been continuing, and sustainable development has solid foundation and surging power in place. On the other hand, " the problem of unbalanced and insufficient development is still prominent, and the task of reform in key areas is still arduous". This requires continuous self-revolution of office property, taking standardization, refinement, specialization, and branding as the development concept, and mode innovation, process change, and situation reconstruction as the practice vehicle, so as to achieve high-quality development.

The central economic work conference held in mid-December 2020 pointed out that 2021 is the opening year of the 14th five-year plan, and it is necessary to "make efforts on some key aspects" to ensure a successful start in building a new development pattern. The construction of a new development pattern is not only limited to the economic fields such as industry and foreign trade, but is also the requirement for China's national development strategy for a period of time in the future. Grass-roots governance is the basis of national governance, involving governance in wide ranges and large amount, and occupies an important position in the national governance system. Grass-roots governance must be combined with the new situation, tasks, and requirements to achieve continuous innovation in governance concepts, systems, and methods, so as to support high-quality development with efficient governance and lay a solid foundation for building a new development pattern. Similarly, in the field of modern governance of organ affairs, the construction of a new development pattern not only puts forward new topics and requirements for the modernization of office property management but also provides it with new opportunities and conditions.

We are fortunate to live in such a great era and it is our responsibility to contribute to it. Facing new situations, tasks, and requirements, we aim to keep up with the time, focus on practical challenges, and be future oriented. We compile the book *Modern Office Property*, hoping to promote thinking innovation and practical change, contribute to the modernization of organ affairs management, and better serve the overall development of the party and the country.

目录 CONTENTS

第一章　现代办公物业的基本内涵与历史演变
Chapter One：Modern Office Property: Basic Connotation and Historical Evolution

- 第一节　现代办公物业的内涵解读 …………… 4
  Modern Office Property: Connotation Interpretation ………… 4
- 第二节　现代办公物业的基本特征 …………… 15
  Modern Office Property: Basic Features …………………… 15
- 第三节　现代办公物业的历史发展 …………… 28
  Modern Office Property: Historical Development ………… 28

第二章　现代办公物业的现实挑战与时代要求
Chapter Two：Modern office property: Practical Challenges And New Era Needs

- 第一节　新时代与现代办公物业 ……………… 45
  Modern Office Property and the New Era ………………… 45
- 第二节　现代办公物业的现实挑战 …………… 60
  Modern Office Property: Practical Challenges ……………… 60
- 第三节　现代办公物业的时代要求 …………… 72
  Modern Office Property: New Era Needs …………………… 72

第三章　现代办公物业的理论设计
Chapter Three：Modern Office Property: Theoretical Design

- ◆ 第一节　有中国特色的物业管理模式 ……………………… 86
  Modern Office Property: Chinese Characteristics ………… 86
- ◆ 第二节　现代办公物业的精细化 ………………………………… 100
  Modern Office Property: Refinement ……………………… 100
- ◆ 第三节　现代办公物业的专业化 ………………………………… 113
  Modern Office Property: Specialization …………………… 113
- ◆ 第四节　现代办公物业的品牌化 ………………………………… 125
  Modern Office Property: Branding ………………………… 125

第四章　现代办公物业的实践创新
Chapter Four：Modern Office Property: Practice Innovation

- ◆ 第一节　现代办公物业的模式创新 ……………………………… 140
  Modern Office Property: Mode Innovation ………………… 140
- ◆ 第二节　现代办公物业的流程变革 ……………………………… 160
  Modern Office Property: Process Change ………………… 160
- ◆ 第三节　现代办公物业的场景再造 ……………………………… 177
  Modern Office Property: Situation Reconstruction ………… 177

第五章　现代办公物业的未来展望
Chapter Five：Modern Office Property: Future Prospect

- ◆ 第一节　迈向智能化的现代办公物业 …………………………… 196
  Modern Office Property: Towards Intellectualization ……… 196

◆ 第二节　更加人文化的现代办公物业 ……………………………… 224
　　　　　Modern Office Property: Towards Humanization and
　　　　　Culturalization ……………………………………………… 224
◆ 第三节　走向国际化的现代办公物业 ……………………………… 231
　　　　　Modern Office Property: Towards Internationalization …… 231

主要参考文献 ……………………………………………………………243
Reference …………………………………………………………………243

后记 ………………………………………………………………………248
Postscript …………………………………………………………………248

第一章

现代办公物业的
基本内涵与历史演变

历史的道路不是涅瓦大街上的人行道，它完全是在田野中前进的，有时穿过尘埃，有时穿过泥泞，有时横渡沼泽，有时行经丛林。

——尼古拉·加夫里诺维奇·车尔尼雪夫斯基

（Nikolay Gavrilovich Chernyshevsky）

引导案例：成都市银杏物业管理有限责任公司（以下简称"银杏物业管理公司"）获"四川省优秀服务企业"称号

2020年6月9日，四川省服务业发展大会在蓉召开，银杏物业管理公司以权属清晰的国资背景、逾3亿元年产值规模、党建引领企业发展、履行社会责任等综合指标从全市众多申报企业中脱颖而出，被成都市服务业发展领导小组选作优秀代表，向四川省服务业发展领导小组办公室进行了推荐。通过严格的评定，银杏物业管理公司作为全省100家优秀服务企业之一受到四川省委、省政府的表彰。

银杏物业管理公司抢抓成都市"南拓"的历史机遇，将机关物业市场作为公司业务发展主战场，将"提升能力、创新改革、转型升级、精细管理"作为公司经营管理主基调，紧扣机关物业保障服务主线，以改革推动、市场带动、减提互动、机制撬动、创新驱动"五项机制"，推动总量、增量、质量"三量提升"，铸就了银杏特色。

第一，充分发挥国有企业的政治担当优势。作为成都市机关事务管理局下属的专注于机关物业市场的国有物业服务企业，银杏物业管理公司在企业治理中坚定核心领导作用，牢牢坚持正确的政治立场，强化"四个意识"，将经营管理活动自觉纳入党和国家的大局中、融入客户单位的中心任务中。

第二，发挥公司品牌优势。银杏物业管理公司作为中国物业管理协会会员单位、成都市物业管理协会38家副会长单位和成都市首批29家品牌物业服务企业之一，连续三年入选全国物业管理综合实力百强企业、连续三年被成都市人民政府授予"安全生产先进集体"，2019年被四川省应急管理厅授予"安全生产标准化二级达标企业"，被成都市应急管理局授予"成都市安全文化建设示范单位"，在四川省内具有较强的品牌影响力。

第三，发挥公司管理业绩优势。近几年，银杏物业管理公司通过规范管理、精细服务，赢得了客户的一致好评，已有两个项目先后获得住房和城乡建设部授予的"全国物业管理示范项目"称号；8个项目先后获得四川省住房和城乡建设厅授予的"四川省物业管理优秀项目"称号，为对标管理确立了标杆。

第一节 现代办公物业的内涵解读

伴随着信息技术和知识经济的发展，用现代化的新技术、新业态和新服务方式改造传统服务业，创造需求，引导消费，向社会提供高附加值、高层次、知识型的生产服务和生活服务的服务业已经成为新的潮流。现代办公物业是现代服务业的重要组成部分，是城乡基层治理的重要支撑，它不仅是城市居民高品质生活的提供者，更是城市基层治理及社区建设的实践者、城市更新和既有住房改善的参与者。

知识库 1-1　现代服务业的特征

现代服务业的发展本质上来自社会进步、经济发展、社会分工的专业化等需求。现代服务业具有智力要素密集度高、产出附加值高、资源消耗少、环境污染少等特点，既包括新兴服务业，也包括对传统服务业的技术改造和升级，其本质是实现服务业的现代化，具有"两新四高"的时代特征。

（1）"两新"：新服务领域——现代服务业适应现代城市和现代产业的发展需求，突破了消费性服务业领域，形成了新的生产性服务业、智力（知识）型服务业和公共服务业的新领域；新服务模式——现代服务业是通过服务功能换代和服务模式创新而产生的新服务业态。

（2）"四高"：高文化品位与技术含量，高增值服务，高素质的人才队伍，高感情体验的消费服务质量。

一、现代办公

办公，即处理公事、处理公务。现代办公，是在办公的基础上引入一系列现代化办公技术，改变传统的办公模式，借助各种设备将办公业务的处理、流转、管理过程电子化、信息化，进而提高工作效率和质量，方便管理和决策。现代化办公技术又称办公自动化，是指在日常办公中,以计算机为中心,采用复印机、传真机等一系列现代办公设备和先进技术,广泛、全面、迅速地收集、整理、加工、储存和使用信息。

案例 1-1　农夫山泉运用 SAP HANA 实时处理海量数据

SAP HANA 是一款支持企业预置型部署模式的内存计算平台,能够帮助企业加速业务流程,实现更智能的业务运营,并简化IT环境。农夫山泉在实施SAP HANA 之前,系统通常需要24小时才能生成运费报表,有时候甚至生成不了报表。在实施SAP HANA 之后,运费报表只需要37秒就可以生成,相比之前速度提高了2335倍。利用 SAP HANA 的触发机制,农夫山泉实现了真正的实时数据转移及数据同步。这样的实时数据同步使得数据分析能够更及时,也为业务人员带来极大的便利,使得他们所做出的分析及市场反应能够更及时准确,也能减少错误的发生。

高效率是办公人员的基本原则,为了实现高效率,就必须做到准确和迅速,二者是一个统一体。准确是对工作质量而言的,即要求办公人员准确地提供实际数据及大量的有关资料;迅速是对所花费时间和完成的工作量而言的,即要求办公人员完成工作的时间尽可能短,完成的工作量尽可能多。随着科学技术的突飞猛进和知识经济时代的到来,以计算机和通信技术为手段的现代化办公技术日新月异。新的尖端办公自动化设备不断涌现,办公自动化系统的开放性、通用性和集成度越来越高,办公设备更加人性化、简易化、高效化。

在传统的办公方式下,常常会出现找不到所需要的信息、文档流转速度太慢、信息保密性不强等问题。要解决这些问题,就必须积极运用现代化办公技术,改革传统的手工办公方式,转变办公观念,改进办公模式,引进现代化的办公方法和先进的办公设备,提高办公效率,实现现代办公。

案例 1-2　微软助上海市浦东新区卫生局开展现代办公

上海市浦东新区卫生局在微软 SQL Server 2012 的帮助之下,积极利用大数据,推动卫生医疗信息化达到新的高度:公共卫生部门可通过覆盖区域的居民健康档案和电子病历数据库，快速检测传染病，进行全面的疫情监测，并通过集成疾病监测和响应程序，快速进行响应。与此同时，得益于非结构化数据分析能力的日益加强，临床决策支持系统变得更智能。

目前我们倡导的电子政府、电子政务就是现代化办公技术或办公自动化的延伸与扩展。它要求各级政府机构的政务处理电子化，包括内部核心政务电子化、信息发布电子化、信息传递与交换电子化、公众服务电子化等。电子政务的实施可转变政府部门的工作模式，提高办公效率，加强群众对政府部门的监督，助益反腐倡廉，在实现各级政府间的信息传递、改变政府在群众心目中的形象等方面有着不可估量的作用。有专家认为，电子政务的根本意义在于，通过电子化，政府机构能直接与人民群众沟通，收集他们的意见，传达政府信息，从而高效率、低耗费地实现"为人民服务"。

二、物业、物业管理与物业服务

物业、物业管理与物业服务是一系列相关但不完全相同的概念。物业是名词，是肉眼可见的各类房屋及配套的设备、设施和相关场地；物业管理是指对物业进行的管理活动；物业服务是物业服务企业在业主委托下对物业进行经营、管理服务的工作。

（一）物业

物业一词自20世纪80年代由香港传入内地，是指已经建成并投入使用的各类房屋及配套的设备、设施和相关场地。物业可大可小，一个单元住宅可以是物业，一座大厦也可以作为一项物业，同一个建筑物还可按权属的不同被分割为若干物业。

目前，我国大多数物业管理法规将物业定义为已经竣工验收且交付使用的各类房屋及其相关设备、设施和场地。1994年，《深圳经济特区住宅区物业管理条例》将物业的范围界定为住宅区内各类房屋及其附属设备和配套设施。随着社会经济特别是房地产业的发展，物业概念的内涵和外延也逐渐扩大，不再仅限于住宅区。

知识库 1-2　法律法规中的物业

《深圳经济特区住宅区物业管理条例》第二条的内容是：本条例所称住宅区，是指以住宅为主,并有相应配套公用设施及非住宅房屋的居住区,居住区的范围由深圳市人民政府(以下简称"市政府")住宅行政管理部门会同有关部门划定。本条例所称物业,是指住宅区内各类房屋及相配套的公用设施、设备及公共场地,本条例所称业主,是指住宅区内住宅和非住宅房屋的所有权人。

《房地产业基本术语标准》将物业定义为:正在使用中和已经可以投入使用的各类建筑物及附属设备、配套设施、相关场地等组成的单宗房地产实体以及依托于该实体上的权益。

物业的表现形态多种多样,一般包括住宅小区、别墅、写字楼、商业大厦、酒店、各类型产业园区等。不同形态的物业,按使用功能,又可以分为五大类,分别是居住物业、商业物业、工业物业、政府物业,和其他用途物业。

第一,居住物业。居住物业是指供人们居住的建筑,既包括住宅小区、单体住宅楼、公寓、别墅、度假村等,也包括与之相配套的公用设施、设备和公共场地。

第二,商业物业。商业物业有时也称投资性物业,是指那些通过经营可以获取持续回报或者可以持续升值的物业,这类物业又可大致分为商服物业和办公物业。商服物业是指各种供商业、服务业使用的建筑,包括购物广场、百货商店、超市、专卖店、连锁店、宾馆、酒店、仓库、休闲娱乐场所等。办公物业是从事生产、经营、咨询、服务等行业的管理人员办公的场所，它属于生产经营资料的范畴。商业物业市场的繁荣与当地的整体社会经济状况相关，特别是与工商贸易、金融保险、顾问咨询、旅游等行业的发展密切相关。这类物业所涉及的流通与管理资金数额巨大，所以常以机构（单位）投资为主，商家（单位）多用所有者提供的空间进行经营（办公）活动，并用部分收入支付物业租金。

第三，工业物业。工业物业是指供人类生产活动使用的建筑，包括轻、重工业厂房，近年来发展起来的高新技术产业（如电子、计算机、精密仪器制造等行业）用房，相关的研究与发展用房及仓库，等等。工业物业有的用于出售，有的用于出租。一般来说，重工业厂房由于其设计需要符合特定的工艺要求和设备安装需要，通常只适合特定的用户使用，因此不容易转手交易。相比之下，高新技术产业用房具有较强的适应性，比较容易转售。轻工业厂房则介于上述两者之间。

第四，政府物业。政府物业是机关后勤管理社会化的产物，是一种综合性较强的特殊物业类型。政府物业指的是单位房产（含地下建筑物）、土地、场地、构筑物及经规划部门批准且在有效期内的临时建筑物，具有产权公共性、社会服务性、功能特殊性。政府物业管理相较普通物业管理来说，其特殊性主要表现在，政府物业具有维

护政府形象、开展会议接待、进行安全和保密管理、提供内部特约服务等方面的职能。此外，由于政府物业的服务对象是政府工作人员，在工作中对物业从业人员的综合素质要求较高，并特别重视培养物业从业人员的保密意识、民族意识和国家意识。

第五，其他用途物业。除上述四类物业以外的物业被统称为其他用途物业，有时也被称为特殊物业。这类物业包括赛马场、高尔夫球场、汽车加油站、飞机场、车站、码头、高速公路、桥梁、隧道等。其他用途物业的经营内容通常要得到政府的许可。其市场交易很少，因此对这类物业的投资多属长期投资，投资者靠日常经营活动的收入来回收投资成本、赚取投资收益。这类物业的土地使用权出让年限，国家规定最高为50年。

（二）物业管理

物业管理有狭义和广义之分。狭义的物业管理是指业主委托物业服务企业依据委托合同进行的房屋建筑及设施、设备管理。广义的物业管理既包括业主共同管理房屋建筑及设施、设备的过程，也包括业主委托物业服务企业或者其他管理人对房屋建筑及设施、设备等进行管理的过程。

知识库 1-3　法律法规中的物业管理

《中华人民共和国民法典》（简称《民法典》）第二百八十四条规定，业主可以自行管理建筑物及其附属设施，也可以委托物业服务企业或者其他管理人管理。

对建设单位聘请的物业服务企业或者其他管理人，业主有权依法更换。

《民法典》第二百八十五条规定，物业服务企业或者其他管理人根据业主的委托，依照本法第三编有关物业服务合同的规定管理建筑区划内的建筑物及其附属设施，接受业主的监督，并及时答复业主对物业服务情况提出的询问。

物业服务企业或者其他管理人应当执行政府依法实施的应急处置措施和其他管理措施，积极配合开展相关工作。

《物业管理条例》第二条规定，本条例所称物业管理，是指业主通过选聘物业服务企业，由业主和物业服务企业按照物业服务合同约定，对房屋及配套的设施设备和相关场地进行维修、养护、管理，维护物业管理区域内的环境卫生和相关秩序的活动。

我国物业管理是为了响应建立社会主义市场经济的要求而诞生的，它是一种与现代化房地产综合开发方式相配套的、与产权多元化格局相衔接的综合性管理。物业管理具有社会化、专业化、企业化、市场化等四个基本特点。

第一，社会化。物业的所有权、使用权与经营管理权相分离是物业管理社会化的必要前提，现代化大生产的专业分工则是实现物业管理社会化的必要条件。物业管理的社会化是指物业管理将原来分散的社会服务分工汇集在一起统一进行管理。对于业主而言，物业服务企业犹如总管家、总代理。业主只需按时缴纳管理费和服务费，就可以获得周到的服务，大大提高了城市管理的社会化程度。

第二，专业化。物业管理由专业的机构（物业服务企业）实施统一管理。它将有关物业的各专业管理都纳入企业业务范畴之内，分别设置专业管理部门从事相应的管理业务。随着社会的发展，社会分工日趋专业化，有些物业服务企业也开始将一些专业管理业务或服务业务以经济合同的方式转包给相应的专业经营公司或服务公司。这种转向有利于提高城市管理的专业化和社会化程度，促进城市管理的现代化。

第三，企业化。物业服务企业作为一个独立的法人，按照国家颁布的相关法律法规的规定运作，政事分开、事企分开、管办分离，不受任何干扰。因此，物业服务企业必须依照物业管理市场的运行规则参与市场竞争，依靠自己优秀的经营能力和优质的服务在物业管理市场上争取自己的位置，用业绩赢得商业信誉，并不断拓展业务。

第四，市场化。物业服务企业必须遵循市场经济规律，提供有偿服务，按照谁享用、谁受益、谁负担的原则来分担物业管理费用。作为经济实体的物业服务企业，是否实现利润是衡量其管理成效高低的重要标志之一，而实现利润要依靠企业自身的经营素质。企业应积极地参与市场竞争，遵循市场经济的一般做法，实行管理招投标制，以优质的服务和合理的收费，在物业服务市场争取一席之地。

（三）物业服务

物业服务也有狭义和广义之分。狭义的物业服务指的是物业服务企业按照委托合同向业主提供建筑物的管理、维修及相关机电设备和公共设施的管护，治安保卫、清洁卫生、绿化等服务内容。广义的物业服务包括物业的前期介入和日常运作服务等。

知识库 1-4 法律法规中的"物业服务合同"

《民法典》第九百三十七条规定，物业服务合同是物业服务人在物业服务区域内，为业主提供建筑物及其附属设施的维修养护、环境卫生和相关秩序的管理维护等物业服务，业主支付物业费的合同。

物业服务人包括物业服务企业和其他管理人。

《民法典》第九百三十八条规定，物业服务合同的内容一般包括服务事项、服务质量、服务费用的标准和收取办法、维修资金的使用、服务用房的管理和使用、服务期限、服务交接等条款。

物业服务人公开做出的有利于业主的服务承诺，为物业服务合同的组成部分。

物业服务合同应当采用书面形式。

一般而言，物业服务具有供给的准公共物品性、选择信息的不对称性、评价的多因素影响性。

第一，物业服务具有供给的准公共物品性。单个业主享受物业服务的进程不会对其余业主的享受进程产生任何形式的阻挠。与此同时，因为物业服务具有统一性，物业服务企业提供物业服务的进程不仅能为业主带来私人收益，还会给整个社区带来公共收益。然而，物业服务的供给过程不是无成本的，其所涉及的边际私人成本通常要远远大于边际社会成本。因此，对于具有这样特性的准公共物品，物业服务企业的利益空间受到了严重的压缩。

第二，物业服务具有选择信息的不对称性。主要表现在：首先，物业服务企业与业主处于信息源的两端，在信息的获取与利用信息决策方面具有明显的不对称性。与业主相比，物业服务企业通常能够获取更多的与物业服务相关的信息。其次，物业服务企业与政府、社区工作人员之间同样存在上述这样的信息不对称性。这是因为，物业服务企业通常规模较小且分布较分散，现行的物业服务标准又缺乏合理的等级考核评定制度，政府对物业服务进行监管所花费的成本较高且工作效率偏低。最后，政府与业主之间同样存在信息不对称的情况。政府通常能够知晓较多、较全面的相关信息，而这些信息通常难以在第一时间迅速地传达给业主。

第三，业主对物业服务的评价受多方面因素共同影响。通常，影响业主对物业服务进行评价的因素有以下几个方面：业主家庭收入水平、业主对物业服务的认知及态度、业主对物业服务缺失所产生后果的认识等。由于物业服务信息具有不对称性，加上业主在物业服务问题认知上的经验有限，通常，业主在对物业服务进行综合评估时，其评判标准是有限的、理性的，同时亦受多方影响的。

按照提供物业管理服务的方式和性质，物业服务可分为常规性的公共服务、针对性的专项服务、委托性的特约服务。常规性的公共服务的内容主要为对房屋建筑物主体的管理，对配套设备设施、交通、治安、环境卫生等项目的管理。针对性的专项服务主要指为满足所有业主的特定需求而提供的服务，即在文化、卫生、体育、娱乐等方面开展的各项服务。委托性的特约服务主要指为满足业主个别需求而单独提供的服务。

知识库 1-5　物业管理与物业服务的区别

物业管理和物业服务有严格而本质的区别，两者不可混为一谈。二者之间主要有以下几方面的不同。

（1）法律性质不同。众所周知，物业管理是派生于建筑物区分所有权的一种准物权（在区分所有权中叫成员权），是购买了不动产的业主们的法定权利，是业主们对一定区域内的共有物业的使用与管理的自治权。物业管理是一种典型的债权，它因不动产的存在而存在，因不动产的灭失、买卖、赠予而消失。而提供物业服务的依据是服务提供者（物业服务企业）与业主或业主大会签订的物业服务合同，依合同的生效而取得，因合同的到期而消失。

（2）权利主体不同。物业管理活动中的一切权利属于业主，也就是说物业管理的权利主体是业主和由其组成的业主大会，即使选聘了物业服务企业，物业服务企业也不过是一个义务主体，仍要接受业主或业主大会的管理和监督。而物业服务活动中的权利主体是物业服务企业，业主和物业服务企业的员工则成了义务主体，业主须承担支付服务费的义务，物业服务企业的员工则有义务向业主提供服务。

（3）参与主体不同。物业管理活动的主体有开发商、政府房地产主管部门、业主、房屋认购人、租户、居民委员会等，如果聘请了物业服务企业或专业服务企业，则这两者也属于主体。而物业服务活动的主体则主要是物业服务企业及员工，如有单项业务外包，专业服务企业及其员工也属此列。

（4）发生的概率不同。物业管理的发生是必然的，只要一个物业已存在，就必然存在着物业管理；而物业服务则不然，它只是有可能发生，当业主们不愿意或没有能力进行自我服务时，物业服务的发生才成为可能。

（5）对象不同。物业管理的对象除物业之外，还有物业使用人、管理人和服务人的行为；物业服务的对象只有人，即业主和其他物业使用人。

三、现代办公物业的主要内容

现代办公物业是指为了更好地提高服务效率和质量，物业服务企业充分利用现代技术与手段，对写字楼等办公建筑、配套设施设备和相关场地进行维修、养护、管理，维护区域内的环境卫生和秩序，并且提供会议接待、客房住宿、餐饮招待、车辆管理、特约保洁等多种服务的综合性后勤保障活动。以政府物业为例，随着我国经济的快速发展，各级政府及相关机构的办公条件发生了不小的变化，政府机关的后勤改革亦不断深化，现代化是政府机关办公物业管理的必然发展趋势。

现代办公物业中存在着四大要素：保障、安全、服务、管理。它们之间的相互关系如图1-1所示。

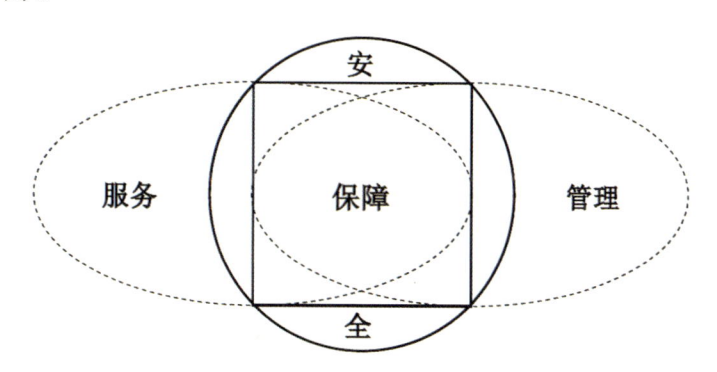

图1-1 现代办公物业四大要素关系图

保障是现代办公物业的核心。后勤保障是确保单位（企业）正常运行、高速运转的关键。通过服务和管理来完成后勤保障是现代办公物业最基本最真实的需求。

安全是现代办公物业的基础。安全是一切工作的前提，它是一个较为宽泛的概念，点多面广，既包括公共安全、消防管理安全、房屋建筑的安全、设备设施的运行安全，还包括物业使用人的工作安全、食品卫生安全、保密安全、维稳安全、人员管控安全、重大接待安全和重要政治节点安全等。相较于保障、服务和管理，安全是隐性的。

服务定义了现代办公物业的左边界。物业服务企业如果没有服务意识，便脱离了物业管理服务的本质。

管理定义了现代办公物业的右边界。物业服务企业的服务虽然越周到越好，但不能脱离管理的范畴。也就是说，物业服务企业在提供物业服务的同时，也应遵守相应的管理制度，合理合规地履行服务职能。

案例1-3　四川省《机关办公区物业管理服务规范》

2019年1月1日起施行的四川省《机关办公区物业管理服务规范》适用于四川省行政区域内的各级党政机关办公区物业管理服务活动。这是我国首个机关办公区物业管理服务省级地方标准。《机关办公区物业管理服务规范》规定了机关办公区物业管理服务的术语和定义、基本要求、管理与服务要求、监督与考核等，对涉及的房屋维护、公用设施设备运行维护、公共秩序、环境维护、会务服务等机关后勤服务内容进行了规范，提出了具体的要求。

《机关办公区物业管理服务规范》要求，对通用办公、会务、业务等系统设施设备每周巡检一次；公共场所每日清扫道路地面，保持干净，无杂物无积水无污迹；绿化带及景观每日清洁一次；中央空调运行期间每日巡查一次……同时，《机关办公区物业管理服务规范》非常重视安全运行，比如，要求物业管理人员每月检查一次消防设备，每周检查各处消火栓是否损坏，水龙带、水枪是否在位。

第二节 现代办公物业的基本特征

现代物业是现代服务业的重要组成部分，具有服务业的普遍特征，即服务性和复杂性。现代办公物业与传统办公物业最重要的区别是，现代办公物业具有技术性和应急性。除此之外，政府物业作为现代办公物业的重要类别，还具有其他类型的物业所不具备的保密性和安全性。

一、现代办公物业的服务性和复杂性

服务性和复杂性是现代办公物业最显著的特征。随着时代的发展，服务业的竞争越来越激烈，想要从其中脱颖而出，最重要的就是注重提供优质服务。与此同时，现代办公物业所服务的已经不仅仅是传统办公物业中的那些对象，还衍生出其他物业服务项目，具有一定的复杂性。

（一）现代办公物业的服务性

现代化的物业管理是将管理、经营和服务相融合的一种有偿的劳动，它最大的特

点是具有服务性,通过现代化的经营管理手段,使业主的工作、生活环境更加安全、舒适,最终促进社会、经济、环境的共同发展。

现代办公物业属于服务业,其根本任务是为业主提供服务,因此检验现代办公物业服务好坏的最佳标准就是业主对现代办公物业各种服务的满意程度。现代办公物业要以业主为中心,了解、研究业主的需求,根据业主对物业服务的需求,切实加强管理,改进服务,以提高业主对物业服务的满意度。为了更好地为业主提供服务,要做到以下几点。

第一,牢固树立服务思想。物业服务企业要牢牢地树立服务意识,不断满足业主的需要,完成让"顾客完全满意"的目标。"顾客完全满意"是工商管理中的概念,指企业为了使顾客完全满意自己的产品或服务,综合、客观地调查顾客对当前产品的满意度,并根据调查分析结果改进产品、服务及企业文化的一种经营战略。"顾客完全满意"要建立的是顾客至上、使顾客感受到百分之百满意从而提高企业效益的服务系统。在现代办公物业管理工作中,引进"顾客完全满意"理念,可以提高物业服务质量,转变物业服务人员的意识,改变物业服务企业管理者的思维,从而促进现代办公物业管理水平不断提高,更好地为业主服务。

第二,提供优质的个性化服务。在日常物业管理服务中,现代办公物业服务水平的高低取决于物业服务人员对业主的了解程度。因此,物业服务人员要全方位地深入了解业主的日常需要,精准定位需求,并注重提供个性化的服务。不同的业主工作性质不同,物业服务人员如果不了解服务对象的工作性质、工作习惯和个性需求,就无法提供有针对性的优质服务。例如,安保人员只有熟悉业主的工作性质,才能更好地为来访者提供及时有效的联系和指引服务;负责会议接待的服务人员只有掌握与服务对象相关的信息,才能为其提供周全、得体的服务;等等。

第三,努力拓展服务领域。要坚持按照科学发展观的要求,统筹考虑各方面因素,深入挖掘现有服务资源的潜力,采取滚动式发展的模式,不断拓展服务领域,扩大服务项目,千方百计满足业主多方面的需求。例如,在政府现代办公物业中,为了解决政府机关干部职工吃饭难的问题,可以在政府机关较为集中的办公区建立可同时容纳多人就餐的食堂;为了给职工提供更多更好、方便快捷的公务和生活保障服务,可以在行政区核心位置建立提供洗衣等服务的生活服务部，增设文体活动室、医疗保健室，建立拥有室内游泳池、健身馆、网球场、羽毛球场、瑜伽馆等的职工健身中心。此外，在完善服务项目的同时，还应该在改进服务方式上进行积极探索，努力提高服务水平。现代办公物业服务要加大超前服务、主动服务力度，例如成立值班中心和服务中心，及时统一地受理报修、咨询及意见和建议等。

案例1-4　物业管理的发源地——英国

英国高层住宅区规模都比较小，一般都是一栋楼为一个物业管理区域。这些高楼一般由私人开发商建设，物业管理也分为前期物业管理和正常期物业管理，物业管理费一般采用包干制，费用组成包括清洁、保安、房屋维修等服务成本以及物业服务企业的酬金。

英国的物业管理作为一个成熟的行业，其整体水平是世界一流的。除传统意义上的房屋维修、养护、清洁、安保外，物业管理的内容已拓展到物业功能布局和划分、市场调研和预测、物业租售推广代理、目标客户群认定、工程咨询和监理、通信及旅行安排、智能系统化服务、专门性社会保障服务等方面。在积极推广物业管理业务的同时，为了加强对这一业务的研究，英国还成立了皇家物业管理学会，会员遍布世界各地。

（二）现代办公物业的复杂性

一般的传统物业管理服务的内容无非是对房屋及配套设施设备和相关场地进行维修、养护、管理，维护物业管理区域内的环境卫生和相关秩序，服务集中在环境保洁、设备设施养护、园林绿化、秩序维护等工作上，相对比较简单。而现代办公物业管理服务的内容非常多样，在传统物业管理服务的基础上衍生出了其他物业服务，比如会议服务、餐饮服务、放映服务、重大活动保障等，这些项目的服务能力和服务质量将直接影响现代办公物业的水平。

第一，现代办公物业对环境有更高的要求。办公楼等地人员聚集，人员流动性较大，易出现脏、乱和建筑及配套设施损坏等问题。例如，作为政府部门的办公地点，政府机关办公楼的每一个细节都会格外引人关注，政府机关办公楼在一定程度上代表着政府的形象。因此，政府机关办公楼的环境要求做到整洁、明亮、稳重、大方，以方便工作人员办公，方便市民办事。

第二，对外提供服务。办公用房具有两大主要功能，一是为业主的办公提供支持，二是对外提供相关服务。现代办公物业的基本任务为保证业主的正常办公，以及及时处理业主在办公时出现的任何问题。以政府物业为例，因政府机关的服务窗口设置比较集中，在某一时间段内会有大量访客，因此物业管理部门必须维护大厅秩序，为访客和政府职员提供一个良好的办公（办事）环境，保证政府部门的正常运转。

第三，会议服务是现代办公物业管理服务的重头戏，也是体现现代办公物业服务水平的重要标准。会议服务不仅仅是单纯的端茶送水，还涉及会议室安排，会前准备，宾客等待、迎领，上会，紧急事件处理等各个环节。而且，根据会议性质的不同，业主对会议服务的要求也会不同，如何为业主提供迅速、细致、全面的服务是会议服务的关键。作为现代办公物业管理服务的一个衍生体，会议服务在严格意义上好像并不属于物业管理的范畴，但它恰恰体现了现代办公物业全方位服务的特征。

二、现代办公物业的技术性和应急性

现代办公物业是否具备技术性和应急性是判断物业服务企业工作是否合格乃至优秀的重要因素。随着科技的发展，一些高新技术被应用于现代办公物业，使其管理更加准确，更加高效。此外，现代办公物业时常会面对许多突发情况，如何正确地处理这些突发事件，保证业主办公秩序不受影响，也是现代办公物业需要认真思考的问题。

（一）现代办公物业的技术性

科技是当前时代发展的主流趋势，随着科学技术的不断发展，办公楼也在逐步完善并加强自身的功能，目前很多的办公楼已经基本实现了办公信息化、智能化以及集群化。大型智能化办公楼建筑规模大、配套设施全，集各种先进技术设备之大成，配备有中央空调、高档电梯、楼宇自控系统、安保监控系统、火灾报警系统、通信和互联网集成系统以及办公自动化系统等。这些设备设施涉及机械、电子、计算机、信息网络等多个学科，技术含量高。为了适应这一现状，办公楼的物业管理人员也应具有相应的技术实力，才能够更好地管理上述这些先进的设备设施。

第一，现代办公物业必不可少的是技术管理，实现技术管理可以有效提高服务的质量，对成本进行有效控制。传统的物业管理服务通常是一种劳动密集型产业，服务的内容比较简单，服务的方式选择性少，服务范围窄，但是在物业服务与技术管理相结合之后，物业服务的内容以及范围有了明显的扩大，与以前存在很大不同。技术管理在现代办公物业中被广泛应用，不仅仅被应用于物业管理，同时也被应用于财务核算、投资等方面，且都会对相应工作产生一定的促进作用。因此，在现代办公物业管理服务中技术管理已经成为一个不可或缺的组成部分，丰富了物业管理服务的内容。技术管理与服务之间是一种相辅相成、相互促进的关系。市场以及客户的需求、经济的发展、科技的进步等因素，决定了物业管理必须使用技术管理模式。同时，技术管理的运用对物业管理的发展起到了积极的推动作用，使得物业管理更加现代化。

第二，现代办公物业必须适应高速发展的时代。在时代背景下，智能化管理一方面是后勤保障的必然要求；另一方面，随着科技和信息化的加速发展，智能化管理也成为高效率、高品质服务所必需的助推动力。在互联网时代，互联网和信息技术对传统物业管理的影响已经无处不在，物业管理长期以来的经营理念、管理模式和服务方式也已经落伍。脱离了智能化的发展，现代办公物业管理服务将无法保证现代化后勤

保障服务能力。业主对于高效率高品质服务的需求，也离不开智能化管理的融入。智能化、信息化本身就是突破物业管理服务效率、提升服务水平的重要手段，在人力资源有限、成本有限的前提下，信息化应用可以有效提高工作效率、管理效率，节约管理成本。

　　第三，要充分利用科学技术进行节能减排。现代办公物业要认真落实党中央、国务院关于节能减排的战略部署，努力贯彻《国务院关于加强节能工作的决定》。一是要开展能耗分析，全面了解办公楼能源利用状况，开展专项统计，找出能源利用方面存在的问题和薄弱环节，挖掘节能潜力，寻找节能方向。二是制订节能方案，节能工作是一项系统工程，要始终坚持把"符合政策规定，保证使用功能，体现以人为本，满足服务需求，务必履行节约"作为制订节能方案的指导原则，从节能的长期性着眼，从节能的可行性着手，从节能的可操作性着力，做好节能整体方案。三是落实节能措施，节能方案的制订只是做好节能工作的前提条件，落实各项节能措施才是做好节能工作的关键所在，要从正确处理好能耗的正常使用和合理使用、常规使用和科学使用两个关系入手，在满足业主的合理需求的前提下，落实严格、有效的节能管理措施。

案例 1-5　科学技术部充分发挥科技优势，努力建设节约型机关

近年来，科学技术部（以下简称"科技部"）认真落实党中央、国务院关于建设资源节约型社会的要求，一方面加大节能减排科技攻关力度，推进节能减排技术产业化；另一方面从自身做起，加强组织领导，发挥科技优势，努力建设节约型机关，取得了较好的成效。科技部节能示范楼（以下简称"节能楼"）是科技部下属中国科学技术发展战略研究院、中国 21 世纪议程管理中心等事业单位使用的办公楼，在节能减排方面具有以下特点：

（1）采用先进的设计理念。节能楼采用了"十字形"的平面和外形设计，楼顶对角突出，通风效果好；在围护结构设计上，充分满足保温节能和采光的要求，外墙采用两侧空心砖中间加聚氨酯发泡的舒布洛克复合外墙，实现了围护结构的有效节能，采用铝合金反光板，实现了遮阳反光，达到充分利用自然光照明的目的。

（2）选用先进的节能设备和技术。节能楼采用先进的制冷、制热系统，适应不同制冷量的需要；在新风系统中采用了转轮式全热回收装置，将外排空气中的热能大部分回收到新风中，既减少了室外热能外溢，又大幅度降低了加热或制冷新风的能源消耗；照明系统采用自控技术，办公室内没有灯具开关，而是采用光照传感器与红外人体感应传感器相结合的控制方式。

（3）采用节水措施。节能楼采用节水设施，洗手间全部使用无水型小便器、4 升以下的节水型坐便器以及节水型感应式水龙头，节能楼还建立雨水收集池，极大地降低了全楼用水量。

（4）充分利用太阳能。节能楼的屋顶建有 15 千瓦的太阳能光电板，全年可提供 3 万度的电力，通过耦合变压器，将直流电变为交流电，直接并入楼内电网使用。

（二）现代办公物业的应急性

现代办公物业与传统物业管理的区别还表现为，现代办公物业具有应急性、临时性和突发性。应急性表现在业主的检查接待、重要客人的来访招待以及重要活动安排等方面；临时性表现在正常工作日程或计划以外的临时任务，临时举办的各种对内、对外活动等；突发性表现在对事前无法预料的事件，如突然发生的自然灾害、社会不法分子的滋扰以及各种突发事件的处理。为了更好地完善现代办公物业的应急管理体系，要做到以下几点。

第一，做好应急预案的编制。在完善应急管理体系的过程中，最关键的环节就是做好突发事件应急预案的编制。预案的编制必须根据各地区的实际情况，深入分析从预防的角度还需做些什么，包括设施配置、设备更新等硬件方面的建设和制度建设、宣传教育、信息传递等软件方面的改善，如何提高保障安全和处置突发事件的能力，最大限度地预防和减少各类突发事件造成的损害。

第二，保持系统的安全状态。一是消防管理。根据有关的法规和预案，在办公楼的办公区域内，必须建立一套完整的消防设备运行、消防器材使用和消防通道管理制度，以及与每项制度相对应的检查记录表格。安全责任人应随时对消防设备运行进行抽检，对灭火器材进行抽查，对消防安全检查记录进行调阅，时刻了解消防设备的运行是否正常、消防器材的配置是否齐全有效、办公楼的逃生通道是否便捷通畅。二是人员管理。必须全面掌握在办公区内活动的所有人员的情况，完整收集全部人员的有关信息，对内部人员情况进行分类造册，建立人员出入证制度。还要组织门卫或保安人员不定时地对办公区内各角落以及办公楼各楼层进行巡查，既要检查各种隐患，又要督促内部人员管好各自的门户。以此形成动态与静态相结合的管理模式，最大限度地控制人为因素引发的各种突发事件。三是设备管理。根据事故致因理论，事故是由于物的不安全状态和人的不安全行为在一定的时空里的交叉所致。因此，实现安全化的基本途径就是通过人、机、环境系统的优化配置，防止物不安全状态和人不安全行为的交叉，使系统处于最安全状态。

第三，把握突发事件的处置原则。一是指挥到位原则，应急处置必须有集中统一、高效权威的指挥系统，它要求主要负责人必须到场进行现场指挥、具体指挥，不能遥控指挥。二是措施到位原则，必须根据处置预案，从全局入手，抓住重点，关注细节，防止乱上加乱，把握时机，尽快控制局面。三是疏导到位原则，办公区应急处置的关键在于减少损失，控制影响，必须抓住处置时机，掌握主动权，及时疏导人群，平息事态，妥善化解危机。四是保障到位原则，应急处置的过程是人、财、物保障高效运作的过程，离开充分的思想准备、足够的物资储备及有效的保障程序，危机处置无异于纸上谈兵。五是反馈到位原则，处置办公区突发事件后，要对处置结果进行全面评估，将汇总情况及时反馈到管理层，为修正预案提供参考。

第四，提高工作人员的公共安全意识。工作人员公共安全意识的强弱，直接关系到其处理办公区内各类安全突发事件的能力。这是整体安全机制的重要组成部分，应该纳入日常运行的常态管理。要将防灾意识、防灾手段、应对模式普及给每位工作人员，对专门的安全保卫工作人员定期或不定期地进行培训和应急训练，经常对广大员工进行危机意识教育和应急情景训练。危机意识的培养是一个社会系统工程，既要靠法律、政策和规章制度，也要靠宣传和教育。危机防范意识教育、危机中的道德责任感的培养、科学知识的普及、应对危机的心理教育等，将使每位工作人员对危机有一个科学的认识，让其肩负起良好的道德责任，并具备较强的承受能力。

案例1-6　四川省机关事务管理局新冠肺炎疫情应急保障

新冠肺炎疫情是一次前所未有的重大突发公共卫生事件，给政府应急管理带来巨大挑战，对机关事务应急保障工作也是重大考验。

新冠肺炎疫情发生后，四川省机关事务管理局贯彻落实四川省委书记彭清华的批示要求，会同省直机关工委、省财政厅、省国资委等部门印发疫情防控工作文件。联合省直机关工委成立了21个联合督查组，对90余家省直部门干部职工节后返岗后的疫情防控工作及后勤服务保障工作进行督查和指导。以抗击新冠肺炎疫情为契机，四川省机关事务管理局成立了应急服务队，明确了应急处理、应急保障和日常管理等职责任务与流程标准，在突发事件发生时及时组织系统内应急保障，并快速融入政府组织的应急处置体系，发挥反应迅速、协同有力、救援有效的机关事务应急保障作用。此外，四川省机关事务管理局还主动筹集口罩、消毒液等防控物资，保障疫情防控工作顺利开展；同时，配合卫健、应急、公安、交通等部门，调派9800余台次疫情防控保障用车，并为四川援鄂医疗队提供支持。

三、现代办公物业的保密性和安全性

保密性要求从事现代办公物业的工作人员具有较高的保密意识，加强管理与监督；

安全性要求现代办公物业工作人员要从思想、制度、管理上高度重视并积极落实安全工作。以政府办公物业为例，政府办公物业是现代办公物业中非常特殊的一个类型，其特殊性是由政府机关的职能定位决定的。为切实保障政府机关高效运行，政府办公物业必须具有保密性和安全性。

（一）保密性

政府办公物业服务工作与商务写字楼、住宅小区等的物业服务工作有明显的不同。商务写字楼、住宅小区的物业服务是开放式的，侧重于对公共事务及公共环境的管理，而政府办公物业的工作场所是政府机关或职能部门的办公所在地，政府办公物业承担的工作内容有可能涉及机关或职能部门的行政机密。

第一，保密是政府办公物业服务工作应该把握好的关键。例如，在进行政府机关的会议场所的会前布置和会后清场工作中，物业服务人员可能会对会议内容、会议召开时间、参加会议人员有所了解；在整理领导办公室的过程中，可能会对领导工作日程安排有所了解。这些内容都是不适合对外透露的，即使可以公布，其公布的时间和方式也应由机关相关主管部门来决定。因此，应当对从事政府办公物业服务工作的人员进行严格的政审，对员工进行保密意识的宣传和教育工作。同时，还要不定期地对

物业工作人员的工作情况进行抽查，检查保密制度的落实情况，不断加强相关人员的保密意识，提高相关人员的工作保密水平。

第二，党政机关是处理党务政务工作的重要部门，涉及政府部门的重要活动和重大决策，关系着党和国家的重大利益，政府办公物业管理的各项工作应紧紧围绕政府机关的行政工作来开展，特别是与党政重要领导、机密文件和重要会议有直接接触的服务工作，要求物业服务人员必须时时刻刻保持高度的政治意识和保密意识。相关负责人要对机关物业配备的所有工作人员进行严格的审查和培训，加强工作人员安全保密意识，做到"不该听的不听，不该看的不看，不该说的不说"。

第三，必须健全保密制度和措施，更好地完成政府办公物业的保密工作。在日常管理中，物业服务人员除了要注意各种工作信息的保密，还应该注重保护领导个人信息的安全；在入室进行保洁等工作时应该做登记，有条件的政府办公物业应该实行两名以上人员同时上岗制度，杜绝单人进行室内作业，并告知相关人员在作业时不得翻阅文件；制订完善的员工手册和奖惩制度。这样物业服务人员才能全方位地进行保密性服务。

案例1-7 日本严谨科学的物业管理

日本物业管理的发展比较成熟，主要体现在以下几个方面：物业管理法律体系完善，业主与物业服务企业之间纠纷少；小区里设立了类似于我国业主委员会的管理组合理事会，但其发挥的作用比国内的业主委员会大；日本的社会化分工程度高，物业管理专业化水平也非常高，清洁、设备设施的保养、安保等工作一般都由物业服务企业分包给专业服务企业负责；物业管理紧急预案细致、到位，连"噪音、动物"也被纳入了紧急管理。

日本的物业管理费用相对低廉，据日本不动产经济研究所发表的调查研究结果显示，日本高档物业的平均年物业服务费相当于购房总款的0.5%左右，且日本房屋建筑都经过了标准化生产，工程质量比较好，给物业服务带来的遗留问题比较少，大大降低了因房屋质量问题而引发的业主纠纷。

（二）安全性

安全工作是政府办公物业的工作内容之一，是做好后勤保障工作的重要保证。政府机关办公楼往往是所在地的政治核心场所，对防范治安案件、事故灾难等的要求较高，政府办公物业管理必须加强楼内外各区域的巡逻检查，针对各种可能发生的突发事件，建立完善的应急方案，如火灾预案、刑事案件处理预案、意外人身伤害处理预案、公共卫生应急预案等。政府机关的安全工作涉及众多方面，除了常规的生产安全，还有维稳安全、消防安全、重大接待活动安全、特殊政治节点安全等。政府机关安全管控与物业管理安全管控接口，情况多样，需要高度专业化的管理。在机关的各项特殊任务、临时任务中，安全管理贯穿于所有工作的始终，物业服务人员必须时时紧绷安全这根弦。

为了更好地完成政府办公物业的安全工作，要做到以下几点。

第一，要从思想上高度重视，着力增强安全防范意识。政府办公物业承担着为党政机关服务的职责，物业服务人员要不断增强安全防范意识，为做好安全工作打下坚实的思想基础。做好安全工作，既是一项义不容辞的任务，又是完成好管理、服务、经营工作的重要保障，意义十分重大。安全工作责任重于泰山，因此，在日常工作中，要始终把安全工作列入议事日程。一是经常组织相关人员学习中央关于安全工作的重要指示和有关文件，提高认识，统一思想，明确各自的责任；二是及时通报上级有关部门安全事故的情况，认清危害，吸取教训，增强防范意识；三是经常举办安全工作讲座，搞好培训和演练，让相关人员熟悉业务、提高素质，增强应急能力。

第二，要从制度上不断完善，切实落实安全管理责任。科学的管理必须依靠完善的制度。一是制定安全责任追究制度。要结合工作实际，根据新情况、新问题进行制度创新，建立安全责任追究制度，充分激发物业服务人员做好安全工作的主动性和自觉性。二是制定安全责任监督制度。要加强自下而上的安全监督，鼓励物业服务人员主动举报重大安全事故隐患和不履行安全管理职责情况的行为，鼓励物业服务人员在安全工作方面提出合理建议，对做出重要贡献的人员给予奖励。三是要进一步健全定期检查制度。每个月对政府办公物业的安全情况进行一次自查，每个季度组织一次联合检查，并把定期检查和不定期抽查结合起来；要积极采用新技术、新装备，不断改善安全防范手段，切实提高防范事故的能力。

第三，要从管理上不断强化，做好政府物业安全工作。做好安全工作关键在于管理，物业服务企业要高度重视安全工作，加强组织领导，健全组织机构，落实领导责任，把安全工作抓紧、抓实，抓出成效。一是要健全组织机构。做好安全工作，首先要保证组织落实。物业服务企业要确定一名领导分管安全工作，健全安全管理机构。安全管理机构不健全的要尽快健全，安全管理人员不到位的要尽快配备，安全管理责任不落实的要尽快落实。二是要加强领导重视。物业服务企业要把安全工作放在重要位置，列入议事日程，一手抓业务，一手抓安全工作，始终把安全工作与各项业务工作同布置、同检查、同考核、同总结，认真研究解决工作中存在的各项安全问题。每次会议，不管大会小会都强调安全工作，每次检查工作时首先检查安全工作，汇报工作时把安全工作列为重点，做到时时讲安全、事事讲安全。

案例1-8 "管理严格，一丝不苟"的德国物业服务企业

德国的物业管理主要通过专业的物业服务企业来进行，有的房地产开发商也会兼管物业服务企业。物业服务企业的运作在《房产管理法》的框架下进行。另外，德国有全国物业服务企业联合会，各州有地区性的物业服务企业协会，它们制定了严格的行规以规范物业服务企业的运作，并对各物业服务企业进行业务培训，以保证物业管理的质量。

在德国，物业服务企业除管理房产的日常事务之外，每年都要组织一次业主大会。物业服务企业必须在业主大会上公开过去一年的财务情况，并向业主们提交一份当年的物业计划。物业服务企业的聘用期限只有5年，如果再次聘用则需要再签合同。物业服务企业的报酬没有统一标准，业主可根据其工作质量以及房产规模等多种因素综合考虑。

第三节
现代办公物业的历史发展

我国物业管理的发展实际上与我国的住房制度改革和住房商品化密切相关。从1981年至今，在40余年的探索和实践中，我国物业管理的发展大致经历了起步和探索阶段、规范化发展阶段以及市场化发展阶段。1981年到1998年是我国物业管理的起步和探索阶段，其主要特征是政府主导；1999年到2006年是我国物业管理的规范化发展阶段，其主要特征是企业主导；2007年至今是我国物业管理的市场化发展阶段，其主要特征是业主主导。

一、物业管理的起步和探索阶段

物业管理起源于19世纪60年代的英国，1908年在美国芝加哥成立的芝加哥建筑物管理人员组织（Chicago Building Managers Organization，简称CBMO）宣告了全世界第一个专门的物业管理行业组织的诞生。至今，物业管理行业已有超过150年的发展历史。

我国的物业管理行业始于20世纪80年代，在改革开放大潮之下，深圳、香港两地贸易合作与往来频繁。东湖丽苑是由深圳经济特区房地产公司与香港妙丽集团合作开发的深圳第一个涉外商品房小区。为满足东湖丽苑业主对物业管理的需求，深圳市房地产管理局向深圳市人民政府申请成立深圳市物业服务企业，1981年3月10日，深圳市编制委员会正式批准成立全国第一家物业服务企业——深圳市物业服务企业。1981年9月，东湖丽苑管理处正式运作，由此，物业管理作为一种新型的房屋管理模式开始走进人们的生活，物业管理行业也由此萌芽。

可以看出，中国物业管理的诞生是以全国首家物业服务企业的出现为标志的，但这家企业并不是出于住房管理制度改革的自觉而产生的，而是出于中国改革开放大形势发展的需要，为解决涉外商品房售后服务过程中出现的实际问题，通过学习模仿香港物业服务企业的做法和经验，特事特办而自发产生的一种"敢为天下先"之举。

此举也非常符合改革开放之初邓小平同志"不问黑猫白猫，能抓住老鼠就是好猫"和"摸着石头过河"的观点，因而也被当作一种先进管理经验而陆续在深圳和广州这两座毗邻香港、得风气之先的珠三角城市推广开来。因此，作为改革开放直接催生的产物，中国物业管理从诞生那一刻起，就注定不会从物业管理的本质要义和核心价值出发去周全考虑物业管理实施的方式、条件和内容，而要更多地接受时代发展精神和改革开放的主导观念的深刻影响和制约。

案例 1-9　深圳市物业服务企业成立及运作情况

1980年8月，第五届全国人大常务委员会第十五次会议通过《广东省经济特区条例》，这标志着深圳等经济特区的正式建立。随着特区的建立和发展，深圳经济特区房地产公司与香港妙丽集团合作开发的深圳第一个涉外商品房小区——东湖丽苑开工建设。随着该小区的建成和出售，管理问题便产生了，要是沿用传统的计划经济模式来管理，涉及的部门可能不只十个，但分别管理的方法已经不能适应改革开放中的深圳房地产业。在这样的背景下，由深圳市房地产管理局向深圳市人民政府打报告，申请成立深圳市物业服务企业。

1981年3月10日，经深圳市编制委员会正式批准成立深圳市物业服务企业。当时，东湖丽苑已经初步建成，物业服务企业就设立在东湖丽苑1栋1楼A单元一套50平方米的住宅内。公司领导借鉴香港的屋村管理经验，并加以发展和创新，率先改革了旧的房管所模式，引进了新的经营机制，以商品经济原理进行经营管理，走出了一条"自我运转、自我发展、自我完善"的房产管理振兴之路。

1988年6月10日，令人瞩目的《深圳经济特区住房制度改革方案》和与之配套的《住宅区管理细则》等出台，从制度上奠定了深圳物业管理大发展的基础。1989年7月，深圳市房地产管理局把下属事业性质的房管所全部改组为企业性质的物业服务企业。1989年9月13日至16日，全国城市住宅小区管理经验交流大会在大庆召开，此次会议的代表来自北京、上海、天津、大连、哈尔滨、广州等14个城市，共计150人，这是第一次在全国性的会议上提及"物业管理"这一概念。1990年7月，深圳市房产管理培训中心创立，从此深圳成了培养中国物业管理行业人才的摇篮，成了中国物业管理行业的"黄埔军校"。

1991年3月22日，深圳万科天景花园业主委员会成立大会暨第一次委员会议召开。经各楼栋推选出的第一届共15位业委会委员全体参加了会议，王石等万科高层也悉数到场。就此，全国第一个业主组织——深圳天景花园业主共管委员会宣告成立。万科物业在天景花园开创了"业主自治与专业服务相结合"的共管模式。这一模式后来被《深圳经济特区住宅区物业管理条例》吸纳，并在全国推广。1991年4月，深圳莲花物业接管莲花村，开始了国内综合一体化管理模式的创新实践。综合一体化提出了保安、房管、清洁、绿化、设备管理、维修服务、社区文化七大服务功能的一体化，明晰了物业管理的基本内容和职责，这些服务内容后来便成了中国物业管理的"标配"。

案例1-10　中国内地第一个业主委员会诞生始末

1990年，万科集团首个住宅项目——天景花园在深圳落成，该项目共有190套住宅，于1990年8月18日交付使用。该小区环境规划理念超前，吸引了一批素质较高的业主购买。而业主们对小区电费收取的不同意见促成了该小区业主委员会的诞生。当初天景花园在规划时设计了两台变压器，分别供给住宅楼和商铺的用电，但业主入住一段时间后发现供给居民楼的变压器负荷不足，物业管理处便向供电局申请将供给商铺的变压器补充用于居民楼的发电。在这种情况下，与一般住宅相比，业主每月需缴纳的电费高出了许多，这引起了业主的不满。久而久之，有些业主干脆不交电费，以此要求物业管理处尽快想办法解决问题。

业主的意见越来越大，物业管理人员意识到，他们很难与业主一一沟通，但如果能动员一部分比较理智的业主，大家心平气和地坐在一起协商解决办法，就可能有利于问题的解决。因此小区物业管理处决定以成立"业主管理委员会"的方式来搭建沟通平台。于是，中国内地第一个业主委员会在天景花园应运而生。

1992年8月，由国家经济体制改革委员会主管、国务院房改办和深圳市住宅局、深圳市房改办联合主办的《住宅与房地产》杂志开始试刊。1995年1月，《住宅与房地产》杂志正式创刊，1995年3月24日，深圳市机构编制委员会发文批准深圳市住宅局成立《住宅与房地产》杂志社。《住宅与房地产》是全国最早创办的住房制度改革领域和物业管理领域的专业期刊。在中国住房制度改革和物业管理行业发展过程中，发挥了巨大的作用，为物业管理迅速成长为一个行业，做出了特殊贡献。

1992年10月，中华人民共和国建设部（现称中华人民共和国住房和城乡建设部，简称"建设部"）开始开展"全国文明住宅小区"和"全国模范文明住宅小区"考评活动。之后，建设部又陆续将"文明住宅区达标考评"改为物业管理考评，并组织了全国城市物业管理优秀住宅小区的考评。建设部通过考评这一手段，树立了典型，发挥了榜样的作用，推动了物业管理行业迅速成长。

1993年3月，一场关乎中国物业管理行业命运的会议，在广州番禺召开。时任建设部房地产业司副司长的谢家瑾，在这次全国物业管理专家研讨会上发出了"什么是物业管理""中国要不要搞物业管理""中国应该搞什么样的物业管理"之问。正是这次会议，达成了"坚定不移地在全国推行物业管理新体制"的共识。

1993年6月28日，全国第一家物业管理行业协会——深圳市物业管理协会成立，这是我国第一个物业管理协会。1994年12月，上海市物业管理协会（现更名为上海市物业管理行业协会）成立。1995年6月，广州市物业管理行业协会成立。1997年8月，天津市物业管理协会成立。1998年11月，重庆市物业管理协会成立。1998年12月，武汉市物业管理协会成立……截至2020年，全国正式成立的物业管理地方行业协会已达数百家。行业自律性组织的出现，为国内物业管理行业的市场化过程以及健康发展发挥了重要作用。

案例1-11 深圳市物业管理协会发展历程

20世纪90年代，随着房地产市场的发展，物业服务企业数量不断增加，物业管理行业已具雏形，在企业自身发展、行业权益维护和自律规范的需求下，1993年6月28日深圳市物业管理协会成立。协会成立之初只有会员单位57家和两名专职办事人员，甚至都没有一个专门的办公场所，工作条件十分有限。但协会秉承"协会是全体会员之家"的理念，为企业排忧解难、真诚服务，做了大量工作。到1997年12月物业管理第二届理事会成立时，专职人员增加至10人。此外，协会特别推行了当时在社团机构中流行的"财务收支公开实施方案"，被当时民政部门推荐为重点试点单位，得到社会化服务行业协会的赞扬。至1998年年底，会员单位已发展到181家。

1994年7月，《国务院关于深化城镇住房制度改革的决定》出台，提出"加强售后房屋维修、管理服务，发展社会化的房屋维修、管理市场"，改革现行的城镇住房管理体制，发展多种所有制形式的物业管理和社会化的房屋维修、管理服务。

1994年4月1日，建设部第33号令《城市新建住宅小区管理办法》开始施行。这是第一部全国性物业管理部门规章，第一次指出"住宅小区应当逐步推行社会化、专业化的管理模式，由物业服务企业统一实施专业化管理"。《城市新建住宅小区管理办法》在全国吹响了物业管理进军的号角。

1994年11月1日，全国第一部地方性物业管理法规——《深圳经济特区住宅区物业管理条例》正式实施。《深圳经济特区住宅区物业管理条例》确立了住宅区的基本管理体制和模式，即在政府的指导下，由业主参与，实行专业化、企业化、社会化的市场化管理模式，从根本上告别了过去以行政型和福利型为主导的住宅区管理模式。《深圳经济特区住宅区物业管理条例》的出台，标志着深圳经济特区物业管理进入了规范化、制度化、法制化的科学管理阶段。

1996年9月，建设部发文《关于实行物业服务企业经理、部门经理、管理员岗位培训持证上岗制度的通知》规定了物业服务企业管理、服务人员实行培训持证上岗。

1998年，中央三号文件规定："取消各种不合理税费，降低住宅造价，提高建房质量，并加强物业管理。"同年3月，时任国务院总理李鹏在第九届全国人民代表大会第一次会议上所作的《政府工作报告》中明确提到："发展投资少、见效快、社会急需的社区服务物业管理和家庭服务业等。"1998年7月，国务院《关于进一步深化城镇住房制度改革、加快住房建设的通知》中明确指出："加快改革现行的住房维修、管理体制，建立业主自治与物业服务企业专业相结合的社会化、专业化、市场化的物业管理体制。"

上述这些法规和规定的实施，进一步确定了物业管理的重要地位，标志着中国物业管理事业的发展进入了新的时期。到1998年年底，全国成立物业服务企业12000余家，从业人员近200万人。这个阶段的客户群体主要是以刚需客户为主，他们没有享受过物业服务，对服务的满意度非常高。这一阶段的物业主要是作为房地产公司的配套服务部门而出现的，服务的内容主要是秩序维护、保洁、工程，以及绿化等，物业收入和物业的支出不对等，主要还是为客户提供溢价服务。

二、物业管理的规范化发展阶段

1999年福利分房制度取消，按揭贷款政策大力推进之后，房地产业进入了加速发展期。以杭州为例，从1999年到2006年，杭州的房价每年以10%的速度增长，这个阶段由于房地产逐渐成为市场的热点，房地产营销全面启动，当时销售展示中心、样板房、新闻发布会等各类销售工具开始出现，物业服务作为重要的指标被写入楼书，同时被市场高度关注。

1999年5月，全国第三次物业管理工作会议在深圳召开。这次会议，实际上是一次全国范围的物业管理现场工作会以及推行市场机制的动员大会。从此，国内物业管理开始摆脱政府主导和开发商管理的模式，真正按市场规律向前发展。这次会议也为深圳物业服务企业大规模走向全国拓展市场，提供了机会。万科、中海、中航、长城、金地、国贸、莲花、万厦等，都在此次会议之后，开疆拓土，不断拓展外地市场。在其后的数年里，深圳物业服务企业几乎占据了国内市场的半壁江山。

1999年，建设部出台《物业服务企业资质管理试行办法》，2001年4月30日，建设部公告第一批审核合格的一级资质物业服务企业名单，全国40家物业服务企业被评定为符合一级资质物业服务企业标准，其中深圳企业有18家。2004年3月，《物业服务企业资质管理办法》正式颁布，并分别于2007年11月26日、2015年5月4日予以修改（2017年3月8日被废止）。《物业服务企业资质管理办法》的出台，对监督管理物业管理活动，规范物业管理市场秩序，提高物业管理服务水平起到了一定作用，第一次从立法的层面认可了物业服务行业的地位。

2003年6月8日，《物业管理条例》正式颁布，随后在全国各地展开了轰轰烈烈的《物业管理条例》宣讲活动。《物业管理条例》是我国第一部物业管理行政法规，它确立了一系列重要的物业管理制度，对业主及业主大会、前期物业管理、物业管理服务、物业的使用与维护等方面做了明确规定，并明确了相应的法律责任。该条例正式提出国家提倡业主通过公开、公平、公正的市场竞争机制选择物业服务企业，鼓励物业管理采用新技术、新方法，依靠科技进步提高管理和服务水平。

《物业管理条例》是新时期物业管理行业的纲领性文件，它的颁布实施，使物业管理的法制建设更加完善，行业方向更加明确，对维护物业管理市场秩序，规范物业管理活动，保障业主和物业服务企业合法权益及促进物业管理健康发展具有十分重要的意义。与《物业管理条例》配套的行政规章和规范性文件有《物业管理招标投标管理暂行办法》《业主大会规程》《住宅专项维修资金管理办法》《物业服务企业资质管理办法》（已废止）等。鉴于各地在物业管理上的差异，《物业管理条例》对业主在首次业主大会会议上投票权的确定、物业管理区域的划分等问题仅做了原则性规定。

2000年10月15日，中国物业管理协会成立。这个全国性的物业管理协会，在政府、企业与广大业主之间架起了桥梁，对加强行业管理，理顺各方关系，维护企业合法权益起到了重要作用。中国物业管理协会先后成立了多个物业委员会，创办了中国物业管理网站以及《中国物业管理》杂志。

案例1-12 中国物业管理协会在北京成立

2000年10月15日，中国物业管理协会在北京召开成立大会，来自全国各地1000多名代表出席大会。据不完全统计，截至2000年10月，我国物业服务企业已超过20000家，从业人员超过200万人，不少省（区，市）实施物业管理的覆盖面已达50%以上。全国首批物业管理协会会员878家，大会通过了《中国物业管理章程》；选举产生了首届理事会。谢家瑾会长在成立大会上发表讲话，指出2000年物业管理行业存在的主要问题，部署了协会的主要工作。

2003年2月20日，建设部公布2002年中国"人居环境奖"获奖名单，深圳市推行物业管理项目获得"中国人居环境范例奖"。建设部设立的"中国人居环境奖"和"中国人居环境范例奖"，由建设部每年组织评选一次，深圳市因大力推进物业管理、不断提高人居环境质量的突出成绩而获此殊荣。

2003年7月，北京市召开物业管理系统防"非典"总结表彰大会，表彰在"非典"期间，站在社区抗击"非典"斗争第一线的16万名物业管理工作者，并表彰了在防治"非典"工作中表现突出的200多个单位。无论是冰冻还是暴雨灾害天气，无论是台风还是地震灾害现场，物业管理人员始终冲在第一线，坚守职责，守护业主，众多感人的瞬间被永远铭记在人们的心中。

2004年1月8日，中国物业管理行业第一家独立注册的民办非企业专业理论研究机构——深圳物业管理研究所正式成立。这是由深圳房地产与物业管理进修学院、深圳市国土资源与房产管理局部分事业单位和国内多家知名物业服务企业共同创办的。

2005年，北京海淀和谐社区发展中心成立。该中心是原中国人民大学制度分析与公共政策研究中心社区治理课题组，在海淀区民政局注册的民办非企业法人社团，是中国人民大学公共政策研究院下的一个研究机构。北京海淀和谐社区发展中心作为一个开放的研究性群体，以研究社区、服务社区、促进社区和谐为宗旨。

2005年11月，为了规范物业管理行为，提高物业管理专业人员素质，维护房屋所有权人及使用人的利益，根据《物业管理条例》及国家职业资格证书制度有关规定，建设部印发《物业管理师制度暂行规定》，2006年10月，全国第一次物业管理师资格考试举行，1119人通过考试，成为第一批物业管理师。

当然，随着物业管理市场化的推进，物业管理的内涵与外延均发生了巨大的变化。物业管理的管理对象由新建住宅区延伸至老旧住宅区，进而拓展至写字楼、工业厂房、医院、学校、后勤机关办公楼、博物馆、仓库、体育场馆、农贸市场、综合性商场、步行街、轨道交通车站等。这个阶段的客户从早期的刚需客户往改善型客户方向发展，客户群体高度关注房产的质量，也高度关注物业的服务质量，对物业服务有品牌概念和认知，追求安全、有温度的服务。这一阶段服务市场日益规范化，服务内容逐步标准化。这一阶段的物业服务定位也开始细分，出现了面向豪宅的高端物业服务。例如南都物业在2006年与荷兰国际管家学院合作，推出了南都国际管家服务品牌，服务当时全国十大豪宅之一的东方润园。在方案设计阶段，南都物业从使用的角度为开发商提供顾问咨询服务，每年为开发商提供一本缺陷录，整理服务过程中的优点和缺点。在房产销售阶段，为了提升访客体验，在2000年提出了案场服务，为所有的开发单位提供前期的工地管理以及客户的案场管理。

三、物业管理的市场化发展阶段

随着市场的成熟，物业服务市场也日趋成熟，服务对象日趋多元。2006年年底，中央和国家机关各部委已经有32.5%的后勤服务项目由社会力量来提供；2007年之后，物业服务对象由过去的以住宅为主延伸到购物中心、银行、小镇、学校、景区以及码头等。在这样一个高速发展的过程中，服务需求更加个性化、细节化，不仅需要基础的物业服务，而且需要产业级的服务平台。客户需求的变化，促进了产业的升级，在资本的驱动下，全行业加速整合，市场集中度快速提升，大型物业服务企业通过联盟、品牌并购等方式加速了业务扩张，加快了其全国化的布局。

2007年3月16日，《中华人民共和国物权法》（简称《物权法》）颁布，自2007年10月1日起施行。《物权法》第二编"所有权"第六章"业主的建筑物区分所有权"，共14条，对业主在共有部分的共有和共同管理等权利进行了明确的规定。《物权法》实施后，2007年8月26日，国务院发布第504号令，对《物业管理条例》进行了修订，并根据《物权法》有关规定，将原来所称的"物业服务企业"改称为"物业服务企业"。全国各地政府部门、人大也对当地的物业管理法规进行了及时的修订。《物权法》的颁布有助于定分止争，划清产权界限，使产权关系更加明晰。《物权法》明确业主可以自行管理物业或选聘物业服务企业及其他管理人进行物业管理。这从法律上明确了物业管理人的法律身份是业主。这对物业管理未来的格局产生了深远的影响。《物权法》后来又修订过两次，并于2021年1月1日被废止。

2008年年初，广州一些业委会联合聘请法律界人士拟订了《中华人民共和国城市住宅业主自治法（公民建议稿）》，并呼吁全国人大代表联署提交2008年的全国人大会议审议。由业主发起编写业主自治条例并向立法部门提交，这在全国尚属首次，其立法初衷是让业主成为小区"主人"，以破解业主自治社团成立难题，帮助业主建立代表大会制维权。

2009年3月5日，第十一届全国人民代表大会第二次会议召开。国务院总理温家宝在《政府工作报告》中第一次明确提出，要大力发展社区商业、物业、家政等便民消费。2009年10月1日，《最高人民法院关于审理物业服务纠纷案件具体应用法律若干问题的解释》与《最高人民法院关于审理建筑物区分所有权纠纷案件具体应用法律若干问题的解释》正式实施。两部司法解释的实施，对于处理物业服务纠纷案件、维护物业服务企业合法权益具有重要的作用。

2009年12月，建设部印发《业主大会和业主委员会指导规则》，这部建立在《物权法》和《物业管理条例》等法律法规基础上的规章共5章64条，被业界称作业主自治的最权威的规则。2009年12月，深圳景洲大厦小区开全国之先例，超过半数业主选举出了业主自治管理委员会。

2010年4月20日，《北京市物业管理办法》正式发布，推出了一系列的改革措施，在其配套文件中，有一个全国物业管理立法领域独有的制度创新——独立的第三方评估监理系统。这一创新试图通过新的程序和社会机制，培育新的市场和社会要素。

2011年5月，北京市怀柔区以《北京市物业管理办法》的出台为契机，率先推行业主大会登记备案试点工作。2011年6月16日，怀柔区于家园一区业主大会获得怀柔区泉河街道办事处颁发的《业主大会登记证书》，成为全国首个取得独立民事主体资格的业主大会。同年，深圳市住房和建设局发布《深圳市绿色物业管理导则（试行）》，这对响应国家战略，提高物业管理的科技含量和服务水平，以及在物业管理中全面导入资源节约、环境保护理念，意义重大。绿色物业管理概念开始在行业中传播。

2011年10月22日，物业管理改革发展30周年大会在深圳东部华侨城隆重召开。来自全国各地的物业管理主管部门、行业协会、企业的人员以及相关人士1200余人参会。在当天的大会上，展出了物业管理30年发展成就，并对物业管理改革发展中做出突出贡献的先进集体、先进个人以及全国物业服务企业综合实力100强企业进行了表彰。这次大会在深圳举行，是对深圳首创精神和物业管理工作的最高评价。大会全面肯定了物业管理在国民经济和社会发展中的重要地位和作用，并吹响了行业转型升级、实现可持续发展的进军号角，对于行业发展具有里程碑式的意义。

越来越多的大型体育赛事、展会活动的举办，大力推动了现代服务业的发展，也给物业服务行业带来了巨大机遇。2008年8月，北京奥运会成功举办，物业管理人员为奥运会的顺利进行做出了特殊贡献。2010年5月至10月，上海世博会期间，25家物业服务企业、1.3万名员工负责世博会场馆和出入通道的管理和接待等工作。2010年11月，广州亚运会举行。2011年，世界大学生运动会在深圳举行。产业链发展、产业融合的趋势愈加明显，物业服务企业也联合起来组成了物业服务企业联盟。这些都为物业服务企业改变传统服务模式，促进产业升级、多元化发展开拓了新的道路。

案例1-13　集成模式在上海世博会的成功实践

2010年上海世博会期间陆家嘴物业根据世博会主办方、参展方、参观者不同需求以及场馆特点，结合企业自身情况，成功实践了集成模式，得到了相关方的好评。

上海世博会具有人数多、流动大、范围广、项目新、变化快、需求特殊等特点。物业服务企业需同时面对世博会主办方、参展方以及参观者等多个客户。因此，除传统的服务项目以外，还出现了礼仪、问讯、导览、助残、看护儿童、广播、预约、寄存、排堵保畅、主题活动策划与保障等新项目。概括起来就是"超大规模、会展模式、非永久性"。

面对如此多的物业服务类型和服务内容，陆家嘴物业将世博会物业服务的市场任务与企业自身的发展有机地结合起来，采取在企业内部抽调骨干和面向社会招聘的方式组织物业服务人员，按照物业服务合同履行义务。据统计，世博会期间陆家嘴物业通过外包形式集成单项服务商近10家，供方服务人员达700余人。

在世博会正式开园之前，陆家嘴物业根据C片区及主题馆客户需求，结合上海世博会事务协调局的总体要求，选派了善于"设计与开发"且有现场管理经验的"后援团"到现场，开发制作园区服务的各大流程、过程、环节的实施方案，落实了"人流量管理""排队管理""贵宾接待及重大活动保障体系""沟通协调机制和突发事件的处理机制""参展者和参观者的国际化服务""各展馆、服务设施和商业设施等设备设施的保障"等重点服务规范和措施。短短一个月时间，就形成了86项园区物业服务标准体系（约16万字）。

2012年7月24日，上海市住房保障和房屋管理局印发《上海市住宅小区物业服务项目经理管理办法》，该办法是为了加强对住宅小区物业服务项目经理的管理，提升项目经理队伍的素质，维护业主和物业服务企业的合法权益而制定的。

2013年3月8日，全国首个具有社团法人资格的业主大会在温州市鹿城区成立。温州业主大会法人化为业主大会实体化提供了宝贵的经验，为形成一种业主大会主导下，物业服务市场主体健全，竞争充分，服务更加专业化、社会化的物业管理新模式提供了可能。

2013年6月8日，武汉市委组织部、市房管局发布《关于建立健全街道和社区党组织领导下的社区居委会、业主委员会和物业服务企业联动服务机制的实施意见（试行）》，建立了街道和社区党组织领导下的社区居委会、业主委员会和物业服务企业联动服务机制。同年8月28日，《天津市社区物业管理办法》发布。这是国内首部社区物业管理办法。本办法是为了加强和创新社区物业管理工作，将物业管理纳入社区管理，提升物业管理水平，促进和谐社区建设而制定的。

2015年7月17日，上海市住房保障和房屋管理局印发《上海市物业服务企业和项目经理信用信息管理办法》。这对物业管理行业诚信体系的建立以及引导企业与经理人诚信自律、依法经营起到了重要作用。同年11月23日，全国物业服务标准化技术委员会在深圳成立。该委员会的成立，标志着中国物业服务的发展走入了规范有序的发展轨道，有利于推进我国物业服务业标准与国际接轨，对物业服务行业的发展和繁荣有着重要意义。

2016年3月6日，深圳首家职业化、专业化、透明化的业主自治社会组织——深圳市透明和谐社区促进中心在市民中心正式成立。这是在2012年6月24日启动的深圳业主论坛基础之上成立的。各地形式多样的业主活动或联合组织的不断出现，意味着业主时代的真正到来，对于业主自治、物业管理格局的改变意义重大。

2016年，住建部印发《住房城乡建设事业"十三五"规划纲要》，要求"以推行新型城镇化战略为契机，进一步扩大物业管理覆盖面，提高物业服务水平，促进物业管理区域协调和城乡统筹发展。健全物业服务市场机制，完善价格机制，改进税收政策，优化物业服务标准，强化诚信体系建设。建立物业服务保障机制，加强业主大会制度建设，建立矛盾纠纷多元调处机制，构建居住小区综合治理体系。完善住宅专项维修资金制度，简化使用流程，提高使用效率，提升增值收益。转变物业服务发展方式，创新商业模式，提升物业服务智能化、网络化水平，构建兼具生活性与生产性双重特征的现代物业服务体系"。

2016年6月13日，国务院发布《关于取消一批职业资格许可和认定事项的决定》，取消了物业管理师职业资格认定和许可事项。2017年1月12日，国务院印发《关于第三批取消中央指定地方实施行政许可事项的决定》，由《物业服务企业资质管理办法》规定的"物业服务企业二级及以下资质认定"被正式取消。2017年9月6日，国务院常务会议再取消了一批行政许可事项，其中就有物业服务企业一级资质认定。随后住建部发文，要求不得以任何方式要求将原核定的物业服务企业资质作为承接物业管理业务的条件。至此，物业服务企业资质认定成为历史，行业竞争格局也因此改变。

2017年4月6日，中国物业管理协会第四届理事会第四次全体会议在杭州召开。会上发布了《物业管理行业精神》，指出了"诚信服务、务实创新、专业规范、共治和谐"4个层次的价值指向《物业管理行业精神》对正确引导行业的价值取向，指明行业的发展目标和所承担的社会责任起到了重要作用。

案例1-14 2017首届国际物业管理产业博览会开幕

2017年10月11日，由中国物业管理协会主办，深圳市住房和建设局、广东省物业管理行业协会、深圳市物业管理行业协会协办的2017首届国际物业管理产业博览会开幕。本次博览会首次面向国内国际两个市场，来自物业管理产业链上的开发企业、物业服务企业、产品供应商、服务机构等200余家展商参加了博览会。主办方通过"博览会+主论坛+分论坛+配套活动"的多维视角，打造独具品牌影响力的行业会展和交流平台。

2017年12月29日，中国物业管理协会人力资源发展委员会在深圳房地产与物业管理进修学院正式揭牌。该委员会成立的目的是从顶层设计的角度，对行业人力资源管理工作进行总体规划和全面部署，解决行业教育培训资源不平衡不充分发展的问题，弥补制约行业发展的人才短板，给有领军能力的行业人才以施展的平台，给对企业发展有重大贡献的人才以发展的机会。

2014年以后，中国经济始终向好，更多的人愿为服务买单。人们不满足于线下的沟通，更乐于在线上进行互动和分享，所以对线上服务提出了更高的要求。因此各物业服务企业开始打造智慧物业的体系，开发相应的服务软件。顺应租赁市场发展，各类企业也开始进入资产以及租赁业务市场。

2017年10月，习近平总书记在党的十九大报告中指出："坚持房子是用来住的、不是用来炒的定位。"，鼓励国民在地产开发之外存量持有。从某种角度来讲，物业服务成为社会关注的新的经济增长点。2018年，万科宣布未来战略，将行业自身的定位升级为城乡建设生活服务商，鼓励物业服务企业更多地服务于存量市场。

2007年至今是一个服务多元化的时代。这个阶段房地产调控政策频出，行业洗牌加剧，房地产开发商不断地扩大市场规模，百强房地产企业市场占有率不断提高。房价到了2010年以后处于一个滞胀的阶段，这个阶段房地产产品的类型日益丰富，出现了超级大盘、城市综合体、精装修房、保障房等，对细分物业服务提出了更高的要求。这一阶段的客户的购房动机从刚需到改善，又回到刚需。这一阶段的刚需客户和第一阶段的刚需客户的需求相比已经发生了重大的变化，因为他们对物业服务行业日益了解，对服务质量提出了更高的要求，维权意识非常强烈。

案例 1-15　越来越多的物业服务企业上市交易

2014 年 6 月 30 日，彩生活服务集团正式在香港联交所（以下简称"港交所"）主板上市，成为国内社区服务运营第一股。自彩生活服务集团之后陆续有多家物业服务公司在新三板上市；中海、绿城物业、中奥到家等物业服务企业也纷纷在港交所上市。2018 年 2 月 1 日，南都物业服务股份有限公司在上海证券交易所主板上市交易。随着物业服务产业链的延伸，带动了物业服务行业向现代服务业转型升级，越来越多的物业服务企业走向了资本市场。这对物业服务企业加强内部经营管理改革，促进轻资产运营模式形成，完成自身产业转型改善传统物业管理业务低利润率的情况，提升盈利能力，创造了良好条件。

作为一种新型的服务行业，物业管理自 1981 年 3 月在深圳诞生以来，至今已走过 40 年不平凡的发展历程。从 20 世纪 80 年代的起步探索，到新世纪初的整体推进，再到现在的飞速发展，物业管理从无到有，从小到大，已发展成为国民经济的重要组成部分，已成长为一支有利于构建社会主义和谐社会、预防社区发生各种事故、服务各级各类大型公开活动的不可或缺的力量。从管理涉外商品住宅小区开始，到管理写字楼、工业区、房改房、商品房，再到管理医院、学校、仓库、码头、政府办公楼、部队大院、体育场馆等，物业管理的触角已深入延伸到人们生活、学习、工作的各个领域；从简单的清洁、保安、绿化、维修等业务开始，到车辆停放服务、社区文化服务、便民生活服务，再到如今的物业设计咨询、智能化管理、设施设备管理、资产管理等，物业管理在学术上已发展成为一门新的独立学科，在实践中已发展成为一个集管理、服务、经营等于一体的综合型产业。

第二章

现代办公物业的现实挑战与时代要求

只要我们具有能够改善事物的能力，我们的首要职责就是利用它并训练我们的全部智慧和能力，来为我们人类至高无上的事业服务。

——托马斯·亨利·赫胥黎（Thomas Henry Huxley）

引导案例：德国的房屋管理措施

在德国，欧盟节能环保条例和国家环保法律对单位面积能耗使用有严格要求。所以，在房屋建设或装修时，必须要考虑空气净化、隔热降温、隔冷保温等诸多方面，必须考虑后期居住舒适度及房屋能耗。通常情况下，建设或装修时会加装一些处理设备及管道，以解决外部空气流入、内部空气导出、空气排放、空气供给等问题；部分房屋建筑还会增加电动热泵设备，通过地热回收满足房屋内部75%的供暖量。

针对安防、安保系统，德国家庭优先考虑在空屋情况下的安保与监测，并安装以下设备：自动烟雾防盗设备、移动窗帘控制设备、房屋照明定时开关器、房屋照明行动检测器、门窗的安全配件等。

在德国，绿色屋顶的应用比较早也比较普遍，无论是小区住宅还是办公楼，乃至乡村小屋都随处可见。通常会在房屋建顶的上面依次铺设密封层、根部保护膜、排水系统层、绿色卷基板，最后在表面铺上植被垫来完成整个绿色屋顶的打造。

德国家庭还会设置简易废弃物处理设备，即分类垃圾收集桶，将生活垃圾、餐厨垃圾、可回收利用垃圾区分开。餐厨垃圾可通过特制垃圾收集容器，进行室内堆肥、微生物发酵等。

第一节
有中国特色的物业管理模式

物业管理是一个新兴行业，也是一个快速发展的行业。过去的物业，配套设施、设备的技术含量都不高，其管理维护的技术要求也不高。但是，随着高新科技的迅速发展，现代物业建设中引入了很多科技含量很高的智能化设备。如果仍然采用旧的管理方法和手段，物业管理就会面临淘汰。因此，承认现实，迎接挑战，回应时代要求，是物业管理的发展方向。智能化、信息化、数字化物业管理模式将是物业管理现代化的新坐标。

新技术革命将促进物业管理现代化的发展。在物业智能化发展步伐加快的当前，各类物业建设中的科技含量都在迅速上升，引入了大量高科技的智能化物业已经出现。与此同时，国家推出了关于住宅产业化的一系列政策，促进我国住宅产业从粗放型、数量型向集约型、质量型转变。今后，住宅开发建设要走技术创新和集约化生产之路，提高住宅小区的科技含量，从根本上提高住宅质量。

面对挑战，物业服务企业必须重视对各类专业管理技术的学习和掌握，从劳动密集型向技术密集型转变，不断更新管理服务技术，努力提高管理技术水平，适应现代物业管理的技术要求，特别是当前互联网技术的迅速普及推广，为物业服务企业服务手段的革新提供了新的平台，网络化、智能化、信息化管理服务已经成为当前和今后一段时间物业服务企业竞争制胜的关键筹码，今后还将成为物业服务企业的基本管理服务手段。如何借助先进的互联网技术进一步提高管理服务水平，是物业服务企业必须面对的问题。对物业服务行业来说，管理现代化对及时提高管理技术、增强市场竞争力以及促进整个行业的进步都十分重要。

新时代的办公物业、企业治理现代化视野下的办公物业和迈入新发展阶段的办公物业都是具有中国特色的物业管理模式，可以从其定义、发展现状、存在的问题、未来发展路径等方面入手，去探讨每一种模式。同时可以对现代办公物业的管理服务模式进行分析，探索现代物业管理服务模式的特点，发现其中的问题所在，进一步挖掘现代办公物业多元的服务潜力，促进中国特色的现代办公物业进一步发展。

知识库 2-1　迎接挑战　逆风飞扬

乌鲁木齐房地产开发（集团）物业服务有限公司成立于2007年，是乌鲁木齐市物业管理协会副会长单位，也是乌鲁木齐市"物业服务企业创新发展联盟"发起单位之一。

面对管理体制落后、经营机制不活、服务意识不强、市场意识滞后、经营业绩不佳等诸多问题，有着多年管理经验的领导层分析市场环境，明确岗位责任制，并加强日常的督促考核，切实搞活分配，以岗定薪，责权利相结合，有效地开展业务、技术的培训，增强员工的市场意识和服务意识。与此同时，公司积极"找米下锅"，相继承接了乌鲁木齐市人大政协办公楼、南湖政府家属院、援疆干部公寓楼、乌鲁木齐交通项目研究中心的对外委托业务。

如今，公司已经成为一家按照现代企业制度运行，拥有从业人员300余人，物业管理面积160万平方米，服务业态集老旧直管公房住宅小区、医院、政府办公楼、商厦、公寓楼、保障性住宅、高档住宅、物业租赁为一体的多元化物业服务企业。

作为乌鲁木齐市为数不多的国有物业服务企业，乌鲁木齐房地产开发（集团）物业服务有限公司有义务去承担这份责任，当好行业标兵，同时更应该肩负起壮大企业自身、推动行业发展、维护社会稳定、构建和谐社会的重任。

一、新时代的办公物业

2017年，习近平总书记在党的十九大报告中做出了重要指示："经过长期努力，中国特色社会主义进入了新时代，这是我国发展新的历史方位。"2020年，党的十九届五中全会，深入分析了我国发展环境面临的深刻复杂变化，认为当前和今后一个时期，我国发展仍然处于重要战略机遇期，但机遇和挑战都有新的发展变化。目前，我国社会的主要矛盾已经转化为当前人民日益增长的美好生活需要和不平衡不充分的发展之间的矛盾。而居住需求是美好生活需求之一，创新和加强物业管理成为国家治理的重要内容之一。在此背景下，新时代也对物业管理提出了新的要求。新时代的办公物业以物业管理的发展作为背景，是具有中国特色的物业管理模式，一方面要更好地服务人民，一方面也要促进物业管理行业的蓬勃发展。在未来，新时代办公物业会朝着更加高效、智能和便捷的方向发展。

（一）新时代办公物业的产生背景

新时代办公物业的产生与发展离不开全球竞争的推动，离不开我国广东省的带头作用，也离不开人民日益增长的美好生活需要的推动。

第一，新时代办公物业的产生与发展是全球竞争的必然结果。在全球化时代，在世界范围采用公开招标、议标、邀请招标等方式来确定物业管理权已经是常见的做法。中国的物业服务创业必须提升自身的竞争力，参与全球竞争。企业，无论大小，其兴也勃焉，其亡也忽焉。除少数投机者之外，多数企业家还是想把企业长期运营下去，做成品牌乃至打造成百年老店。所以，构建以企业的生命力为源头、竞争力为核心、运营力为基础和"免疫力"为保障的治理能力体系，是尤为必要的。在物业行业，创始人和股东不能将其作为"赚一把""挣一票"的工具，因为物业连着民生，物业系着稳定，物业与社会基层治理密切关系着。提升物业服务企业治理能力的现代化，有利于从根本上提升物业管理和服务的水平，树立新时代办公物业的服务形象。

第二，新时代办公物业的产生与发展离不开广东省的带头作用。广东省是我国经

济较发达、较有活力、对外开放程度较高的省份之一。从70年前的农业大省到40多年前改革开放的实验点，再到如今高质量发展的探路者，广东省向世界展示了其全新的发展面貌。广东省也是我国物业管理的发源地，是当前国内总部型物业服务企业最多、物业管理产业化发展最好的地区。很多物业管理行业的"第一"都产生在这片热土上。这些"第一"是广东省物业管理行业一张张闪亮的名片，所体现的改革思维、创新精神、服务意识，引领了我国物业管理行业实践探索的方向。

第三，建设新时代办公物业是满足人民需求的途径之一。2018年以来，中国的发展进入新时代。进入新时代，中国特色社会主义伟大旗帜更加高扬。进入新时代，中华民族伟大复兴的前景更加光明。社会治理格局的打造以政府为主体，并且加入了企业、社区、非营利组织等多元化的管理主体，让治理的维度多层次化。物业管理常见于小区、写字楼等场所，与公众日常生活息息相关。如何满足人民日益增长的美好生活需要，如何迎接新时代的挑战，是新时代办公物业需要思考的问题。

（二）新时代办公物业的能力要求

新时代办公物业由传统的物业发展而来，但是新时代的物业服务企业开展多种经营，不提倡仅仅以增加收入为目标。一方面，物业服务企业要做好基础的服务工作，提升服务品质，提升业主的满意度，提升品牌效应；另一方面，在做好基础服务的同时，还需要提供增值服务、开展多种经营，才能水到渠成。

新时代的物业服务企业应具备三大能力，包括基础性治理能力、保障性治理能力和发展型治理能力。其中基础性治理能力指物业服务企业运行的基本的综合力量，它如同人体的呼吸系统、消化系统一般，是企业治理的基础力所在。它包括企业在规划布局、市场运行、质量控制、绩效管理、客户维护、财务安全等方面所需要的治理能力，这些都是确保企业能正常运行的能力。保障性治理能力是确保企业安全持续运行的"防火墙"，它如同人体的免疫系统，可以抵御外来的各种病毒，维持健康的肌体。在企业中，它主要体现在风险防范、应急管理、识错纠错等方面的能力。发展型治理能力是企业高阶治理能力，主要体现在文化治理、品牌发展、管理服务研发、社会履责等方面。具有这种能力的企业，属于行业里面的"王者"，不仅能实现良好的经济效益，还能推动行业的发展、社会的进步，为国家强盛和民族复兴做出应有的贡献。

(三)新时代办公物业的使命担当

与传统的物业管理不同,新时代办公物业需要把安全、绿色、智慧作为自己的发展关键词,从而更好地服务于民众,并在实践过程中提升工作的效率。

第一,安全,即新时代办公物业除保障居民日常人身财产安全之外,还要参与公共安全的社会共治。对物业管理中经常遇到的安全问题,包括自然灾害和事故灾难,新时代办公物业应针对性地开展监测预警、风险评估、应急处置等,并协助消防等部门进行应急管理。此外,新时代办公物业需要提升风险管控能力,参与社会共治的体系,依托科技的手段,提升社会治理水平。

第二,绿色,即新时代办公物业需要利用新技术、新模式多方面推进绿色环保、低碳节能工作,实现绿色物业管理的制度化、常态化和标准化。党的十九大提出,倡导简约适度、绿色低碳的生活方式,反对奢侈浪费和不合理消费,开展创建节约型机关、绿色家庭、绿色学校、绿色社区和绿色出行等行动。新时代的办公物业需要在管理节能、技术节能、设备改造节能、政策节能等方面进行全方位、系统性的努力,在绿色物业发展道路上前行。

第三,智慧,即数据化、智能化管理。通过智能硬件、管理系统、数据库等技术途径,进行精细化管理,缩小运营成本,提升服务水平。例如安装烟感好的烟雾报警器、智能的水电表、人脸识别门禁系统、远程控制系统等。这些设施和系统不仅能给业主和居民带来便利,还能给物业服务企业带来很多管理上的便利。

(四)新时代办公物业的发展方向

新时代办公物业未来的发展方向是解放思想、扩宽思路;逐步提升物业管理行业的集中度和专业化程度;提高物业管理的科技含量,让用户体验更好,企业的品牌价值和影响力更大。

知识库 2-2　物业管理行业发展的趋势

中国物业管理协会发布的《2018年物业管理行业发展报告》显示,综合实力居于前100位的物业服务企业管理面积总共79.13亿平方米,仅占全国物业管理总面积的32%,行业集中度不高。新时代要培育、造就一批领军型的骨干企业,以开放、平和的心态，去对待企业正在发生的兼并、重组，要鼓励、支持、引导资本的介入，推动行业集中度的提升。

新并不意味着要舍弃物业管理几十年积累起来的好经验、好做法，而是要传承、发扬光大，物业服务中的基础要素不能舍弃，像诚信服务、契约精神、工匠精神和品质管理等物业管理精神，一个都不能少。

第一，新时代办公物业摆在第一位的是要解放思想、扩宽思路。不管时代如何变化，对于现代物业服务企业来说，追求高质量服务、为业主带来更好服务体验的初心不能变。中国改革开放40多年，最重要的成果之一就是思想解放。由此可见，新时代办公物业的"新"主要体现在要用创新的思路去整合资源，通过人力、资本、技术的融合使行业脱胎换骨，提升行业的集中度，提高行业的科技含量，改造企业的组织架构，创新商业模式，给服务对象带来更多的惊喜，提升其幸福指数。

第二，新时代办公物业应该提升行业集中度和专业化程度。要打造一个新物业，建设现代化服务平台，一定是要符合"二八"定律，即20%的骨干企业，掌握80%的产业资源。在互联网时代，资源必须高效地整合，才能形成规模效应，要用物业生态圈的概念，找到合作的伙伴，优势互补，从而提升物业的行业集中度。

第三，新时代办公物业应具有较高的科技含量。要给用户更好的体验，提高企业的品牌价值和影响力，最重要的就是形成自己的核心竞争力。这背后不仅需要精细化管理，更需要用科技武装自己，让企业管理扁平化，让服务智能化。如今，各类新技术已经渗透到物业管理这样的传统服务行业，产品和服务被重新定义，已经有一部分物业服务企业顺应大势，积极分享技术红利，实现物业管理效率和用户体验的全面升级。

二、企业治理现代化视野下的办公物业

党的十八届三中全会通过的《中共中央关于全面深化改革若干重大问题的决定》提出，"推进国家治理体系和治理能力现代化"。这里第一次把国家治理体系和治理能力与现代化联系起来，着眼于现代化，并以现代化为落脚点，揭示了现代化与国家治理有着密切的内在关系。党的十九届四中全会，以习近平同志为核心的党中央就国

家治理现代化提出了一系列新理念新思想新战略。国家治理离不开现代化，现代化构成国家治理的题中应有之义。企业治理体系和治理能力现代化，是推进国家治理体系和治理能力现代化总目标不可或缺的组成部分，也是我国企业高质量发展和可持续发展的制度根基。

（一）企业治理现代化视野下办公物业的发展原则

企业治理体系的优劣与治理能力的强弱，决定着企业的根本竞争力。构建企业现代治理体系，提升企业治理能力的现代化水平，对新时代全体中国物业服务企业来说都是"必修课"。我国物业服务企业现代化既要有中国特色，又要与国际通行的模式不断融合。企业治理现代化要求新时代物业服务企业在多个方面要进行探索。

第一，构建党的领导与企业治理有机结合的体系。构建党的领导和企业治理有机结合的现代企业治理体系，对新时代物业服务企业而言，在实际工作中要把握"三个坚持"。坚持政治引领，为物业服务企业改革发展定向引航；坚持深度融合，实现党建与物业管理同频共振；坚持固本强基，筑牢物业服务企业发展的力量支撑。物业服务企业始终坚持党对企业的领导，坚持把政治建设摆在首位，制定加强党的政治建设的相关措施，确保物业服务企业改革发展始终遵循党和国家指引的发展方向。确立党组织在公司法人治理结构中的法定地位，把党建要求写入公司章程。坚持以制度机制建设为主线，深化党建工作体系建设，推动党的建设与企业治理深度融合。制定企业落实全面从严治党主体责任清单，完善党建工作考评办法，完善重大事项决策向党组织请示报告制度。

第二，形成以新发展理念促进高质量发展的机制。物业服务企业要按照党中央关于新发展理念和高质量发展的要求，以建设现代化企业为目标，全面深入贯彻新发展理念，推动企业高质量发展。物业服务企业要在新发展理念指导下，立足自身资源和发展实际，充分发挥自身优势，加快形成具有自身特色的高质量发展路径和方式。物业服务企业要始终坚持问题导向，推动服务创新，优化市场布局，有针对性地提出改革创新的思路和方法，形成物业服务企业高质量发展的落实机制。

第三，通过体制机制变革促进效率效益提升。改革创新是破解前进路上各种困难和矛盾的关键方法。进入新时代，物业服务企业要顺应市场化取向改革，优化内部体制机制，降低内部交易成本，聚焦品牌发展核心，全面提高企业竞争力。深入实施创新驱动发展战略，着力完善有利于创新发展的体制机制，加快提升核心技术自主研发和自我保障能力；顺应数字经济发展大势，构建"数据+业务"物业服务模式，提升数据资源对企业运营管理的赋能作用；深入开展物业服务企业文化体系优化升级，传承优秀文化基因，形成新时代物业服务企业文化新理念，凝聚起奋勇争先、敢拼会赢的强大精神力量。

第四，提升物业服务企业依法治企水平。依法治企，就是指形成系统完备、防治一体、运行有效的规范管理制度体系，对外依法经营，对内依法治理，实现规范化发展。物业服务企业要做好合同履行管理制度落地实施，加大合同履行过程监督、检查力度，提高合同履行质量和效率。加强制度标准化建设，持续优化和完善内部控制管理体系。深化基础制度建设，搭建企业制度体系图谱，梳理优化内部办事决策流程。统筹作风建设与审计内控、风险管理、财务监督等相关工作，构建"大监督"格局，建立长效机制。

（二）企业治理现代化视野下办公物业的盈利模式

随着管理模式创新与高新技术的不断发展，办公物业服务行业的盈利模式也不断发展、创新。除对现有业务服务内容和方式的延伸、拓展和创新以外，现代物业服务企业也在积极探索多元化盈利模式，从资源配置和经营决策着手，发挥协同效应，促进企业服务的创新，提高企业经济效益。其中，主要的盈利模式包括以下几种。

第一，整体解决方案模式。即以客户需求为中心，为客户提供后勤整体办公、生活的一站式便捷服务，营造舒适的后勤工作、生活及休闲环境。此模式通过挖掘存量市场的盈利空间，打造整体服务方案，与其他物业服务企业产生区别，从而加强客户黏着度，提升企业竞争优势。此类模式的典型代表为央企后勤物业服务企业，其正不断顺应市场化改革，改变过去提供无偿增值服务的做法，整合分散的后勤服务资源，拓宽盈利渠道。

第二，配电盘盈利模式。即物业服务企业通过与经营商家进行合作，结合当前网络科技及相关物业服务软件的发展，对商业经营源进行开发、整合，并与广告商合作，提供消费信息，为客户成功搭建出集成化的消费平台。物业服务企业则通过此种模式，从各单项服务的供应者转变为综合性经营服务的集成者、组织者。

第三，知识输出模式。部分物业服务企业由于积攒了丰富的物业服务和管理经验，将输出劳务模式转变为向客户提供咨询服务产品，从而向输出知识、技能的知识型企业转变，通过提供知识产品盈利。但是该模式对企业自身能力及地位要求较高，一般而言，向其他的同业或关联行业进行业务咨询输出的都是行业里的顶级企业。知识输出模式的主要盈利方式包括：为其他物业服务企业提供指导服务；根据自身对客户需求的了解及物业管理的经验，从便于客户使用的角度，为房地产开发公司提供前期物业咨询服务；为业主提供资产管理服务。部分现代物业服务企业由提供室内小修、设备设施维护保养服务，逐步向为物业业主提供不动产投资、经营和管理业务转变。

第四，基础产品模式。即通过前期提供价格较低甚至接近成本价格的基础产品，培育并经营高质量的物业服务，将具有同类消费偏好的客户通过组织活动的方式挖掘出来，得到业主的认可，持续获取后续增值服务的利润。

知识库2-3　亚德里安·斯莱沃斯基（Adrian）提出的盈利模式

亚德里安·斯莱沃斯基等研究了部分企业发展经历，归纳出22种盈利模式，并以客户需求及选择为出发点，总结出企业设计盈利模式的四要素。他指出，企业在进行盈利模式设计时必须从以产品和市场占有率为中心的思维，向以客户及获取利润为中心的思维转变，企业要有效地平衡数量增长（市场占有率）和价值增长（利润）的关系，形成有效的盈利模式，使企业进入"高利润区"。

（三）企业治理现代化视野下办公物业的未来之路

事物是不断发展前进的，随着实践的要求、时代的进步和科技的发展，物业管理的工作内容和工作形式还有很大的改善和提升的空间，要搭建面向未来的办公物业平台，还需要从软件和硬件等多个方面去进行调适，以匹配未来社会的发展趋势。我们要面向未来，用具有前瞻性的目光进一步对传统物业管理的缺点进行改善，并力图去开发更加智能化的功能，打造更优质的发展平台。

第一，物业服务企业要从根本上转变观念。作为现代服务行业的物业服务企业如果立足现实、着眼未来，要使自己真正成为一个优秀的品牌企业，成为业主、发展商、相关专业公司以及行政主管部门等各方面都认可和都满意的企业，就必须有指导企业物业服务的思想价值体系和最高行为准则，即物业服务创业的服务理念。物业服务企业可以从自己多年的实践中总结策划出企业的服务理念，同时还需要运用好物业服务理念，学会当业主的好保姆、好管家、好朋友，真正做到"业主第一"，满足业主日益增长的需求。

第二，改变"大包大揽"式物业管理，走轻资产运行之路。传统物业管理工作存在很强的实体实物保障性，其保障的内容涉及物资的方方面面，增加了传统物业管理工作的负担。大量实体物资的堆放、囤积，一方面对仓库容量提出了需求，另一方面也直接导致物资成本的增加，其需要大量的经费来保证实物的采购，资金的灵活性也因此被限制。另外，大量的物资囤积容易造成库存的饱和，而库存饱和不利于物资的更新，从而限制物业的服务水平。因此，后续的物业管理应该减少实体物资的囤积，做到轻资产运行。所谓轻资产，是相较于重资产而言的，通常指一些无形资产的集合，如品牌、客户关系、人力资源等。轻资产运行是一种以价值为驱动的资本战略，是与知识经济时代相结合的企业战略新结构。物业服务企业在互联网时代转型轻资产运营模式是必然趋势。

第三，加强物业工作智能化管理。实现以互联网为代表的新一代信息通信技术与机关事务工作的深度融合，是治理现代化与物业管理智慧建设的发展方向。培养互联网思维，使互联网体现出来的开放、平等、协作、共享的精神贯穿于物业管理和服务保障的各个领域，推动思想、组织、制度和环境协调创新。

第四，加强专业人才培养，建设既具备互联网思维与技能，又精通物业管理工作的复合型人才队伍，改变现在"懂业务不懂技术、懂技术不懂业务"的人才队伍结构。加快推进"互联网＋物业服务"体系建设，是推进物业管理和服务保障模式创新，实现决策科学化、治理精准化、服务高效化的重要途径。此外，构建"互联网＋物业服务"体系，大幅提升物业服务智慧化水平，让企业和群众办事更方便、更快捷、更有效率。

三、迈入新发展阶段的办公物业

党的十九届五中全会提出，全面建成小康社会，实现第一个百年奋斗目标之后，我们要乘势而上开启全面建设社会主义现代化国家新征程，向第二个百年奋斗目标进军，这标志着我国进入了一个新发展阶段。物业服务也进入了新时代，迎来了新发展阶段。我们需要了解新发展阶段办公物业的时代机遇、存在问题以及改进途径。

（一）新发展阶段办公物业的时代机遇

"立足新发展阶段，贯彻发展新理念，构建发展新格局"是党的十九届五中全会精神的核心要义。办公物业要立足新发展阶段，实现高质量发展，就必须抓住自身发展的时代机遇。

第一，以扩大内需为战略基点，形成办公物业发展新格局。办公物业服务要明确自身新定位。"十四五"规划纲要里涉及物业管理的内容有多个方面：一是加快生活型服务业品质化发展，包括健康、养老、育幼、家政、物业等服务业，加强公益性、基础性服务业供给。二是全面推行乡村振兴，实施乡村建设行动，持续改善村容村貌和人居环境，建立美丽宜居乡村。三是巩固拓展脱贫攻坚成果。物业管理行业曾经在脱贫攻坚中做出了重大贡献，在新发展阶段，物业服务行业在这方面仍大有可为。四是提高城市治理水平。坚持党建引领，重心下移，科技赋能，提升城市治理科学化、精细化、智能化水平。五是健全社区管理和服务机制。推动社会治理和服务重心、资源下移，提高城乡社区精细化服务管理能力，构建网络化管理、精细化服务、信息化支撑、开放共享的基层管理服务平台，特别是就业社保、养老托幼、医疗卫生、家政服务、物流、治安等都要根据服务场景进行精细化对接，这样城市社区服务就会发挥重要作用。六是构建绿色发展体系。未来绿色转型、绿色生产生活方式是很重要的任务。七是加快数字化发展，建设数字中国。通过数字化转型驱动生产方式、生活方式和治理方式变革。"十四五"规划纲要中的这些内容，都与物业服务乃至办公物业有密切关联，这意味着物业服务行业有非常大的发展空间。

第二，以社区服务为主要阵地，形成办公物业发展新场景。社区是经济体系的微中心，和人们生活密切相关。物业管理与社区发展治理融合起来，就会面临诸多新机遇。一是社区经济的发展延伸了物业管理行业的服务空间。社区服务的内容包括生活、文化、教育、科普、咨询、培训、体育、娱乐、健身等，以及提供相应场所和设施，比如说文化活动中心、市民学校、图书阅览室、运动场等。办公物业在其中可以大有所为。二是新型农村社区的发展让物业服务拓展到乡村。到 2050 年，我国要建成一个有差别无差距的美好城乡社会。在此背景下，未来的物业服务一定会拓展到乡村。三是在社区服务中能够提高规范化和个性化水平。在健全基本公共服务体系中，物业服务企业承担了一部分准公共的服务。物业服务企业会采用市场化、社会化提供社区服务。在共建共治共享社会治理体系构建中，物业服务企业能够不断提升物业服务水平。

第三，以服务民生为核心要务，形成办公物业发展新动力。物业管理在本质上是服务民生，推动创新发展。随着民生需求向"美好生活"转变，物业服务发展就持续有了新动力。美好生活更多的是一种精神层面的享受，精神层面就包括了服务的个性化、多样化，特别是整个国民经济进入服务消费阶段以后，人们对美好生活的向往要求物业服务企业提供高品质生活服务。在新发展阶段，消费升级是必然趋势，民生消费呈现多元化发展态势，社区消费、新家庭消费、健康消费快速成长。物业服务在社区综合体、社区商业连锁、社区综合服务、社区消费、综合养老等消费领域应该说大有可为。

相对于整个国民经济而言，办公物业服务只是一个方面，但是它大有可为。时代给了办公物业服务行业机会，给出了重要的方向性指引。因此，现代办公物业服务行业要深入全生命周期的生活当中，迈入未来中国经济发展的蓝海，不断实现高质量发展。

（二）新发展阶段办公物业存在的问题

当前办公物业中存在的问题包括三个方面：理念、制度方面的问题，实际操作方面的问题，现代化方面存在的问题。

当前办公物业在理念和制度方面存在的问题包括管用不统一，制度和条例不完善，预算编制缺乏规划，执行和纪律问责不严格等。

第一，管用不统一。物业管理涉及多个部门，资产管理的链条多，项目繁杂，财务、资产管理和资产使用部门之间管用分离的现状导致其无法做到全程监管，实时盘点。由于管理人员意识不强或资产管理系统不完善等原因，易导致物业服务企业的资产管理混乱。

第二，随着物业管理相关制度和条例的不断完善，资产的配置、使用和处置收益等都有了比较明确的规定，但制度的落实情况不容乐观、资产使用效率不高等问题依然存在。

第三，资产预算编制缺乏规划。为了多争取经费而无规则采购，往往导致资产的盲目添置，形成资产的闲置，从而造成资产浪费，降低物业管理的效率。

第四，执行和纪律问责不严格。这种不严格一方面体现为"重经费、轻资产"的观念仍然存在，物业管理部门和使用人员责任心及法律意识淡薄，管理人员不稳定，对资产管理方面存在的问题重视程度和纠查力度不够；另一方面体现在执行和纪律问责缺乏具体量化的法规依据，使问责追责难以落实。

当前办公物业在实际操作方面的问题包括资金使用盲目、管理薄弱、服务流程不规范等。

第一，公司资金使用的盲目。物业管理在购置物资等方面存在"拍脑袋"式决策问题，对高值资产的购置缺乏调研、论证，科学性、可行性差，从而导致资产投入使用后其发挥的效用很不理想。另外，物业服务企业之间互相攀比，盲目、重复购置资产现象普遍存在，致使部分物资闲置浪费。

第二，管理上的薄弱。内部管理制度不健全，基础工作较差，致使物业管理缺位。需要进一步加强内部管理制度。

第三，服务流程的无序。服务流程没有统一的培训标准，导致员工没有经过统一的服务训练，给企业、小区等客户提供的服务没有统一的标准和流程。

当前办公物业在现代化方面的问题包括：传统物业管理越来越难以应付网络时代的挑战，管理和服务形式单一；由于信息不透明、不及时，物业服务处理、订单处理等环节上经常出现误差，物资质量出现问题后解决不及时；等等。这些问题大大制约着物业管理质量的进一步提升。

（三）新发展阶段办公物业的改进途径

针对当前办公物业中存在的问题，可以从以下三个途径去完善：一是物业服务企业内部制度、观念的改进；二是坚持现代办公物业智慧化发展方向；三是引入智慧物业建设新模式。

第一，针对当前办公物业中存在的问题，要改进物业服务企业内部制度、观念。一方面，监管制度要加强。针对目前物业管理资金盲目使用的问题，物业服务企业相关部门要加大监管力度，实行审批及采购制度，从源头加强控制，特别是土地、房屋、大型设备等高值资产的购置，要有可行性调研报告。同时要强化物业工作人员的责任意识，从行为主体的角度避免资源的浪费，降低物业保障的成本。另一方面，要从"大包大揽"式的物业管理中解放出来，做到轻资产运行。

第二，针对当前办公物业中存在的问题，现代办公物业应朝着智慧化方向发展。没有信息化就没有现代化，要以信息化推进物业服务企业的智慧化发展。所以，实现以互联网为代表的新一代信息技术与物业管理工作的深度融合，是智慧物业管理建设的发展方向。物业管理工作虽然点多面广、复杂多样，各部门保障、管理和服务规范化、精细化的程度也不尽相同，但是各部门职能基本相同，工作内容大体一致。这为共同研究智慧后勤建设方案，互相借鉴智慧后勤建设经验，协同开展软硬件设施建设提供了有利条件。

一方面，要加强对智慧物业建设的组织领导。建立有效的领导体制机制是推动智慧物业建设的重要保证。要不断完善组织机构，建立分工明确、协调有序的工作机制。要强化考核监督，把智慧物业建设工作纳入绩效考核体系，明确各部门各工作人员的职责，形成智慧物业建设人人有责、人人参与的良好局面。要加强对管理层和普通员工信息化知识的培训，培养其互联网思维，使互联网体现出来的开放、平等、协作、共享的精神贯穿于物业管理和服务保障的各个领域，推动思想、组织、制度和环境协调创新。要加强专业人才培养，建设既具备互联网思维与技能，又精通物业管理工作的复合型人才队伍。在主管部门成立智慧物业建设领导机构，牵头开展智慧物业建设的相关工作，确立智慧物业建设目标、运行机制、协作原则、技术标准、安全协议、法律法规等涉及顶层设计的问题；定期组织不同的物业服务企业开展智慧物业建设工作研讨，交流各公司智慧物业建设经验，推广和复制成功案例；收集全国各地智慧物业建设资料，组织遴选可推广、可复制的运行平台和应用软件，使成熟的应用软件得到推广运用，这样做既能激发物业服务企业和社会力量开发智慧物业 App 的积极性；又能降低各物业服务企业的建设成本、节约研究开发的时间、加快智慧物业建设的速度。鼓励和支持社会力量开发运用智慧物业软硬件设施设备，对先进的设施设备着重推广介绍，有效调动社会资源参与物业管理的建设。

另一方面，要提高对现代办公物业及智慧物业建设重要性的认识。加快推进"互联网＋办公物业"体系建设，是推进物业管理和服务模式创新，实现决策科学化、治理精准化、服务高效化的重要途径。因此，要充分认识现代化办公物业建设的重要意义，切实把智慧物业建设提上日程，努力推动"互联网＋办公物业"工作向前发展。

第三，针对当前办公物业中存在的问题，引入智慧物业建设新模式。要整合各方资源，建立跨部门、跨系统、跨地区的技术共享与协同机制。加强与通信运营商、电子商务机构和专业服务商合作，创新合作机制，通过技术输出、资金投入、资源共享等方式，吸引聚集多元化社会资本参与智慧物业建设和运营。智慧物业建设在机房的建设、平台的搭建、网络的铺设、软件的开发、持续的维护等各方面，需要大量的资金投入作为支撑。从实际情况看，对应的管理部门在智慧后勤建设上，没有专门的经费，其他相应的配套资金也十分有限，有的只能打"擦边球"、搭"顺风车"，零零星星地开发一些简单的小系统，难以形成独立运行的综合平台。因此，保证物业服务企业智慧物业项目建设和运营维护的资金需求，才能让"互联网＋办公物业"成为可能。

第二节 现代办公物业的现实挑战

传统的物业管理在社会化、市场化、科技化的过程中面临着现实的挑战,需要通过不同的途径、方法和手段去应对,从而推进现代化办公物业的发展进程,促进物业管理水平的提高以及物业服务水平的提升。

案例 2-1　荷兰的物业管理

荷兰是被誉为"风车之国"的美丽国度。为了解决土地问题,荷兰从 20 世纪 70 年代起,就开始了全国性的大规模围海造田工程。由于土地来之不易,荷兰政府惜土如金,在有限的土地上,科学、合理地利用着每一寸土地。为了改善国民的居住条件,荷兰政府有计划地进行了城市的开发工作。他们将一部分土地出卖给开发商,建造高楼大厦,开发商再根据地区和楼房的实际造价,将产权一次性出卖给个人。

荷兰人注重生活质量,对住房的要求很高。因此荷兰的市政厅在这些方面,尤其是在物业管理方面,所花费的精力更多。

在荷兰,每个社区,都有一个或几个物业管理机构。以前,一般社区的物业管理单位都是在房屋建成后,才从开发商手中接任管理工作,留下了不少后患。鉴于此,荷兰的法律明确规定,物业管理单位必须全方位投入居住区的开发建设工作。现在,荷兰在招聘设计人员和物业管理人员时,要求相当高。他们必须符合五条标准:一是要求本科毕业,并接受过良好的专业教育;二是要求在职锻炼两年以上,并具有丰富的实践经验;三是具备经济头脑,懂得成本核算、分析;四是体察民心,懂得市场行情和群众所需;五是精通业内各种业务,具有规划设计和物业管理方面的知识,且富有创新精神。

一、现代办公物业社会化的挑战

在分析现代办公物业社会化挑战的时候,要关注的内容包括现代办公物业社会化的现实意义以及现代办公物业社会化面临的现实挑战。

（一）现代办公物业社会化的现实意义

当前，我国物业需要向社会化发展转型。物业社会化是现代化的要求，也是物业行业稳增长、促改革、调结构、惠民生的重要途径。立足国内实践，借鉴国际成功经验，推广运用政府和社会资本合作模式，是国家的重大经济改革任务，对加快物业社会化发展、提升物业行业整体服务能力、完善物业管理制度具有重要意义。

第一，物业社会化转型是促进经济转型升级、支持现代化建设的必然要求。物业通过政府和社会资本合作模式向社会资本开放基础设施和公共服务项目，可以拓宽社会化建设融资渠道，形成多元化、可持续的资金投入机制，有利于整合社会资源，盘活社会存量资本，激发民间投资活力，拓展企业发展空间，提升经济增长动力，促进物业行业的结构调整和转型升级。

第二，物业社会化转型是加快转变政府职能、提升国家治理能力的一次体制机制变革。规范的政府和社会资本合作模式能够将政府的发展规划、市场监管、公共服务职能，与社会资本的管理效率、技术创新动力有机结合，减少政府对微观事务的过度参与，提高公共服务的效率与质量。政府和社会资本合作模式要求平等参与、公开透明，政府和社会资本按照合同办事，有利于简政放权，更好地实现政府职能转变，弘扬契约文化，体现现代国家治理理念。

第三，物业社会化转型是深化物业体制改革、构建现代物业管理制度的重要内容。根据物业行业发展要求，现代物业管理制度的重要内容之一是建立跨年度预算平衡机制、实行中期财政规划管理、编制完整体现政府资产负债状况的综合财务报告等。政府和社会资本合作模式的实质是政府购买服务，要求从以往单一年度的预算收支管理，逐步转向强化中长期财政规划，这与深化物业行业改革的方向和目标高度一致。此外，在物业社会化发展过程中使用"PPP"模式，是支持物业社会化转型的重要手段，有利于吸纳社会资本，拓宽物业的融资渠道，形成多元化、可持续的资金投入机制。

知识库 2-4　PPP 模式的概念

PPP（Public·Private Partnership），即政府和社会资本合作，是公共基础设施中的一种项目运作模式。通常是由社会资本承担设计、建设、运营、维护基础设施的大部分工作，并通过"使用者付费"及必要的"政府付费"获得合理投资回报；政府部门负责基础设施及公共服务价格和质量监管，以保证公共利益最大化。在该模式下，鼓励私营企业、民营资本与政府进行合作，参与公共基础设施的建设。

广义的 PPP 是指政府公共部门在与私营部门合作的过程中，让非公共部门所掌握的资源参与提供公共产品和服务，从而实现合作各方达到比预期单独行动更为有利的结果。与 BOT 相比，狭义 PPP 的主要特点是，政府和企业都是全程参与，政府对项目中后期建设管理运营过程参与更深，企业对项目前期科研、立项等阶段参与更深。在这种模式下，双方合作的时间更长，信息也更对称。

PPP 以市场竞争的方式提供服务，主要集中在纯公共领域、准公共领域。PPP 不仅是一种融资手段，还是一次体制机制变革，涉及行政体制改革、财政体制改革、投融资体制改革。

（二）现代办公物业社会化的现实挑战

现代化办公物业的社会化进程离不开 PPP 模式。在 PPP 模式下，在公共服务领域，政府采取竞争性方式选择具有投资、运营管理能力的社会资本，双方按照平等协商原则订立合同，由社会资本提供公共服务，政府依据公共服务绩效评价结果向社会资本支付对价。物业服务企业在社会化进程中，可以通过外包、众包等手段与其他一个或多个主体达成合作。一方面，政府通过签订外包合同等方式，将某些作业性、辅助性工作委托给物业服务企业承担和完成，以期达到集中资源和注意力于自己的核心事务的目的；另一方面，物业服务企业通过合作来提升自己的服务水平，促进自身的社会化进程。

知识库 2-5　PPP 模式的内涵

由于各国意识形态和实践需求不同，不同国家地区和国际组织对 PPP 模式的内涵并未达成共识。根据我国国情和实践需求，PPP 模式内涵应至少包含以下三种核心要素之一。

（1）融资要素。由私人部门承担融资责任是区分PPP模式和传统方式的重要因素。实践中，私人部门参与投融资能有效减轻政府财政负担，加快基础设施建设。

（2）项目产权要素。此处项目产权为权利束，不仅指所有权，而且包含经营权和收益权等权利。根据产权经济学，特许私人部门拥有项目所有权或项目经营权和收益权，可以激励私人部门进行管理和技术创新，从而提高PPP项目的建设运营效率。同时，特许私人部门运营基础设施，有利于促进公共部门机构改革，消除冗员现象。

（3）风险分担要素。共同分担风险是PPP模式与传统方式的重要区别所在，PPP模式中公私部门按照各自承担风险能力的大小来分担风险，不仅能够有效地降低各自所承受的风险，还能加强对整个项目的风险控制。

在构建多元社会治理主体结构，促进现代办公物业的社会化发展的过程中，需要发挥社区党组织的引领作用，发展横向社会组织，培育社区居民的公民意识。在多元主体合作共治的背景之下，物业服务企业社会化的现实挑战为：物业管理是社会治理的有机组成部分，提供物业服务的企业是社会网格化管理的主体之一；物业安全管理是社区安全管理的重要一环，应该把物业管理纳入社区突发公共卫生应急体系，弥补社区管理力量和人员的不足；在减轻政府初期建设投资负担和风险的前提下，提高物业服务企业的服务质量。

第一，物业服务企业是社会网格化管理的主体之一。社区党组织、居委会、业主委员会、物业服务企业、社区居民都是社会治理的多个主体，在社会治理中应该按照分工，各自发挥应有的作用。物业服务企业是接受业委会委托，在一定的物业区域内按照物业服务合同约定为全体业主提供物业管理与服务的企业。社会管理和物业管理虽然是两种运行目的不同、参与主体不同的管理体系，但二者具有地域重合、硬件共享、宗旨相同、目标接近等共同点，存在有效整合的基础。针对当前社区服务难以满足社区居民需求的现状，物业服务企业应该充分发挥自身优势，把自身打造成社区专业服务机构，除物业服务合同约定的服务项目之外，还可以利用现有的设施设备为业主和社区居民提供特约服务和有偿服务。

第二，物业安全管理是社区安全管理的重要组成部分。物业管理区域是社区的重要组成部分，物业管理区域安全防范主要包括：建筑物的安全防范、共有设施设备的安全防范、治安事件的安全防范、消防事件的安全防范、环境卫生事件的安全防范、人身事故的安全防范以及公共卫生事件的安全防范等。物业服务企业应该在平时做好各种安全事故防范预案，一旦发生安全事故，就可以按照既定预案采取相应的应急措施。规定中的有关行政部门应该包括基层人民政府、行业主管部门、卫生防疫部门等，也包括物业项目所在地的社区。

第三，物业社会化在减轻政府初期建设投资负担和风险的前提下，也可以提高物业服务企业的服务质量。在PPP模式下，公共部门和物业服务企业共同参与社会治理。一方面，由物业服务企业负责项目运行等流程，有可能增加项目的资本金数量，进而降低较高的资产负债率；另一方面，不但能节省政府的投资，还可以将项目的一部分风险转移给物业服务企业，从而减轻政府的风险。同时双方可以形成互利的长期目标，为社会和公众提供更好的物业管理服务。

二、现代办公物业市场化的挑战

在分析现代办公物业市场化挑战的时候，要关注的内容包括现代办公物业市场化的现实意义、现代办公物业市场化的主要内容，然后才能系统地分析现代办公物业市场化面临的挑战。

知识库 2-6　物业管理中厘清政府、市场、社会的关系

要完善物业管理制度设计，需要厘清政府、市场、社会的关系，建立边界清晰的社会治理体制。

（1）厘清政府与市场的关系，剥离物业服务企业的准公共服务职能，保持其市场主体身份。

（2）厘清政府与社会的关系，做实业主大会，赋予其社会组织身份，鼓励其自我完善，自我发展，履行物业服务合同中甲方的权利与义务。政府通过购买第三方社会服务，指导和监督业主大会。

（3）厘清市场与社会关系，业主大会与物业服务企业在合同中是甲乙方关系。物业服务企业应实现优质优价，满足人民对美好生活的需要。

（一）现代办公物业市场化的现实意义

现代办公物业市场化可以促进居民小区产权明晰，加快物业服务企业自身的市场化进程，提高公共服务水平。

第一，现代办公物业市场化可以促进居民小区产权明晰。物业服务行业发展是商品房市场化的产物。在中华人民共和国成立之初，住房是政府分配的，还有专门机构负责管理这些房子。这种方式虽然保障了公平，但是损失了效率。改革开放之后，为了解决人民日益增长的物质文化需要与落后生产力之间的矛盾，我国引入了高效率的市场化运作方式。住房制度改革坚持市场化方向，商品房社区成了一种新的城市社会空间。伴随着商品房市场化，物业服务行业应运而生。但因市场化不彻底，共有部位产权不明晰，造成了一些物业管理矛盾。一些开发商在售卖房屋过程中，凭借卖方优势，通过格式条款把属于业主共有部分的收益权予以保留，通过承接查验，移交给自己前期物业服务企业管理，物业服务企业利用管理共有部分的便利，占有公共配套设施租金。明晰产权是市场化的基础和前提，在小区共有部分权属未登记的情况下，小区共有部分收益纠纷无法理顺。

第二，现代办公物业市场化可以加快物业服务企业自身的市场化进程。物业服务行业市场调价机制缺失，导致物业服务合同签订难、解除难、终止难。物业管理费缺乏弹性，不能随着市场需求调节，物业服务陷入低质劣价恶性循环，严重损伤了业主的获得感、满足感和幸福感，导致物业和业主矛盾多发。其中，物业管理市场甲方主体缺位是矛盾的集中体现。业主大会法律地位不明确，无法开设账户，物业费、共有部分收益等业主共有资金只能通过物业服务企业账户收支，没有平等主体地位，没有更换物业服务企业的自主权。同时，业主大会及业主委员会有法定决策执行权利，却不承担法律责任，游离于各方监管之外，导致部分业主委员会乱作为。因此，必须明确权利义务，加强业主大会规范化管理，通过提高信息透明度加强监督，让业主委员会执行业主大会决定，不越位、不错位。

第三，现代办公物业市场化可以提高公共服务水平。小区公共服务缺失是物业服务企业市场化不彻底的表现。这集中表现在政府监管不进小区。小区是城市基本单元，物业管理已成为城市管理的重要组成部分，物业服务企业按照合同约定管理小区，为广大居民提供必需的服务。但是，如果相应的政府主管部门监管不进小区，安全管理、违建管理、噪声管理、排水管理等就都是物业服务企业不能承受之重。

（二）现代办公物业市场化的主要内容

现代办公物业市场化进程要积极构建市场化的服务机制，以规范化管理，为物业服务企业高效运转提供有力保障。

第一，物业服务企业根据后勤服务的范围、周期、标准要求、运作程序等特点分类解析，建立物业服务规章制度。通过完善制度和规范流程，对服务范围内的卫生保洁、工程维护、食堂服务、绿化服务等方面进行措施细化、标准量化、服务优化。做到任务清晰、标准明确、操作便捷、有章可循；完善内部巡查督导机制，设立巡查小组，对卫生清扫、垃圾清运实时巡查督导，对发现的问题第一时间落实整改；安保人员强化安全巡查和车辆停放管理，以点带面使各项工作向细致、精致、极致的目标迈进，有效改善和提升服务范围内的办公环境和秩序。

第二，坚持市场化运作，推行物业服务社会化，逐步实现物业服务由"办物业"向"管物业"转变。物业服务企业可以结合实际，把部分项目交由服务公司负责，同时兼顾工作安全、保密等要求，科学确定服务外包项目。在物业管理中，对委托服务项目、工作内容等反复论证，把安全保卫、卫生清洁、绿化养护、设备维护等服务项目外包，而机关餐饮服务等日常管理工作则由物业服务企业统筹安排。

第三，严把市场准入关口。对外包企业的财务状况、企业实力、项目经验等严格审核，并对外包企业的实施方案、人员物资投入、质量保证与服务承诺制定明确细致的标准。在具体操作中严格遵循依法采购原则，坚持按市场规律办事。在物业管理项目外包工作中，为确保公开、公平、公正而规范市场准入机制，采取询价采购方式选聘外包公司。

为确保外包服务标准和质量，物业服务企业应当制定严密的督查巡查及考评制度，内容涵盖外包物业服务的所有项目，包括《外包物业服务目标管理考核实施意见》及考核细则和奖惩办法。采取日常考核与集中考核相结合的方法，提高了考核工作的针对性和规范性。日常考核根据工作安排随机进行，集中考核则是每月一次定期考核和每半年一次集中考核。此外，每天由专职督查人员巡视督查，对服务质量、工作规范、员工形象、文明礼仪、环境绿化、清洁卫生等内容进行监督检查。

（三）现代办公物业市场化的现实挑战

现代办公物业市场化面临的挑战包括如何通过社会治理夯实物业管理市场；如何创新社会治理体制，培育各类社会组织，满足人民日益增长的美好生活需要；如何完善物业管理市场。

第一，通过社会治理夯实物业管理市场。小区是社会的基本单元，小区的问题解决好了，城市基层社会治理问题就解决了一大半。物业管理的是业主与物业共有部分，服务的是全体业主，面对的问题表面上看是一个行业问题，实际是基层社区治理问题。业主大会成立与运作属于城市社区基层治理的问题，也是社会治理的问题，解决物业管理矛盾是社会治理的顶层设计在基层社区治理的具体实践。按照社会治理的思路解决了业主大会成立、运作、监督难题，物业管理问题也就迎刃而解了。

第二，改革开放引入市场主体，提高了效率，人们的物质文化需要基本满足，社会主要矛盾转化为人民日益增长的美好生活需要和不平衡不充分的发展之间的矛盾，继续深化改革的选择不是回归政府管理一切，而是引入社会组织。创新社会治理体制，培育各类社会组织，满足人民日益增长的美好生活需要，要提高保障和改善民生水平，加强和创新社会治理，打造共建共治共享的社会治理格局。要进一步加强社会治理制度建设，完善党委领导、政府负责、社会协调、公众参与、法治保障的社会治理体制。加强党委领导，发挥政府主导作用，鼓励和支持社会各方面参与，实现政府治理和社会自我调节、居民自治良性互动。

第三，做实业主大会，完善物业管理市场。商品房从入市那天开始，建筑物共有部分就存在，共有部分的责任主体就存在，如何将共有部分的责任主体——业主大会做实，让其发挥作用是制度设计的关键。

知识库 2-7　深圳市的物业管理条例

《深圳经济特区物业管理条例》尝试做实业主大会，赋予业主大会全国统一社会信用代码，能开设业主共有资金账号，管理业主共有资金，以便充分行使市场甲方的选择权，让物业管理市场充分竞争，促进行业优胜劣汰。在给予业主大会权利的同时，也明确业主大会的责任，规定了权力边界，要求必须在数据共享银行开设业主共有资金账号，通过信息平台向全体业主实时公开开放共有资金账号余额和流水，便于业主监督。切实加强党对业主大会的领导。加强党委领导，将党组织一直延伸到最基层，在物业小区建设建立党的组织，指导和监督业主委员会的选举。

三、现代办公物业科技化的挑战

在科技新浪潮的冲击下，物业管理运用互联网技术求生存、求发展、探索创新模式已是当下所有物业服务企业的共识。对"云服务""App""微平台""睿服务"等之前陌生的词语，在当下的物业行业，每个人都耳熟能详。科技，开启了物业管理行业无限的想象空间。

（一）现代办公物业科技化的现实意义

随着高新科技的迅速发展，现代物业建设中引入了很多科技含量很高的智能化设备。在科技竞争时代，物业服务企业必须重视各类专业管理技术的掌握，从劳动密集型向技术密集型转变，不断更新、学习新的管理服务技术，尤其是网络化、智能化管理服务，它们已经成为当前和今后物业服务企业竞争制胜的关键筹码，今后还将成为物业服务企业的基本管理服务手段。作为物业管理行业来说，关注这方面的科技进步和发展应用态势，对及时提高管理技术、增强市场竞争力度，促进整个行业的进步都十分重要。

案例 2-2 仲量联行与科技共同发展

随着智能手机普及率的快速增长、初创企业和电子商务的蓬勃发展，科技类企业在亚太地区的扩张势头十分强劲。

在亚太地区，初创企业如雨后春笋般迅速地占领人们视野，加之现有企业纷纷扩大规模，科技类企业正成为亚太地区办公楼市场的一个关键驱动因素，在中国、韩国和印度市场，这一状况尤为显著。

仲量联行亚太区研究部副总监克里斯托弗·克劳森（Christopher Clausen）表示："科技类企业现已成为亚太区许多市场的最大租户类别之一。我们预计科技类企业对办公空间的需求还将进一步增长，这些企业正不断寻求优质办公空间，以吸引优秀人才。"

亚太地区的各个城市正通过政府扶持政策和打造大型科创基地等措施，吸引科技类企业的进驻。与此同时，新德里等城市也正为大量的科技类初创企业提供各种孵化器和加速器计划。此外，北京办公楼市场非中央商务区的日渐成熟，也为初创企业租用优质办公楼提供了机会。

网络化、智能化管理服务手段颠覆了之前物业服务企业发展方式，成为当前物业服务企业基本管理服务手段。这一管理模式的转变，对所有的物业服务企业来说，既是机遇，也是挑战。企业领导者要具备敏锐的洞察力，用全新的思维和战略来重新布局企业发展轨道，引导广大业主接受新的消费方式，且不断满足他们的需求，在遵循市场运作模式的同时，提升业主幸福感。

面对用工难和成本持续上涨等问题，许多企业都努力运用科学技术、网络系统、现代元素等来完成传统企业的蜕变和改革，并取得了可喜的成果。而对业界绝大多数中小企业来说，用科技助推物业服务升级既是尝试，也是动力，是物业服务企业紧跟时代发展潮流、勇于改变现状，为社区居民提供幸福生活的一次尝试。

（二）现代办公物业管理科技化借助的平台

运用信息化管理手段，是物业管理科技化的前提。随着新建筑的不断建成，通信网络系统和宽带网络系统成为各类物业的重要管理内容。物业管理软件为上述系统的集中应用提供了广泛的平台，实现了物业管理网络化和物业管理信息化。但在实际运用中，物业服务企业往往只注重利用物业管理软件完成收费统计、客户投诉处理和报修处理等工作，而忽略了该软件所带有的与外界交流和处理信息的功能。要实现现代办公物业管理科技化，需借助下面四个重要的平台：

第一，服务管理平台。服务管理平台是目前物业服务企业使用最多的平台，物业服务企业通过物业管理软件来完成收费、处理客户投诉和工程报修工作，达到了提高效率和管理监控的目的。

第二，业主服务平台。通过网络与业主和客户建立交互平台，缩短物业服务企业与业主的距离，物业服务公司及时了解客户的服务需求，评价服务的质量，加快服务的速度。更主要的是有利于物业服务企业将服务内容外延，创建特约服务和增值服务，进一步提高业主对服务的满意度和增加收入。物业服务企业可通过网站建立业主需求档案，及时了解、掌握、挖掘业主的需求，以便为业主提供更广泛的服务。

第三，供应商平台。在业主服务平台的基础上，为客户和供应商搭建一个专业的信息服务平台，让服务供应方和需求方通过这个平台交流，通过物业服务企业有效的评估并以契约的形式与供应商之间建立长期的合作关系，确定服务交易过程的真实性，为业主及时提供各项专业服务。物业服务企业可通过广告和服务费用从供应商那里得到利益。

第四，业主居家管理平台。随着视频和5G技术的发展应用，在物业管理过程中利用有线或无线监控和控制技术已不成问题，物业服务企业应有超前的思想准备，参与业主的居家管理过程。例如，物业服务企业通过监控系统观察单独居家的空巢老人，发现情况及时处理；在业主回家之前，物业服务企业已根据与业主的约定，提前将业主室内空调打开或帮业主提前蒸好米饭。

可以看到，网络和通信技术的进步，不仅可以使物业服务企业的管理手段变得更为先进，而且将改变人们的生活方式。物业服务企业实际上可掌握社会服务商、业主消费群体和物业服务公司自身信息等三类资源，这三类资源都与客户的生活息息相关。因此，物业服务企业应该有整合和利用这三类资源的意识，用高科技为物业服务企业组织服务资源提供新的手段，让科技在物业管理和服务中发挥越来越大的作用。

（三）现代办公物业科技化的现实挑战

要实现现代办公物业科技化，物业服务企业需要更新服务理念，满足业主需求。

第一，做好跨界经营。作为服务于企业、居民等业主的物业管理服务企业，应积极提升所服务区域运营管理能力，在招商、融资、供应链整合、后勤保障、社会资源引进等方面提供全方位服务。

第二，拓展主营业务。物业服务企业要突破传统物业服务的经营范围，积极拓展物业管理区域以外的业务，如市政道路综合治安管理、配套班车管理、市政道路养护维修管理、政府职能的辅助管理等，扩大了物业服务范围，提高了服务附加值。

第三，做到"管""作"分离，实现专业化细分。为了进一步提升管理服务质量，降低成本，化解经营风险，公司应实施"管""作"分离的运营模式。"管""作"分离指的是，公司重点抓好管理层面工作，制定管理标准和作业手册，进行标准化督导、培训，将部分作业项目交由专业服务公司来承担。实行"管""作"分离，一方面提升了服务质量，另一方面化解了因项目退出等因素给企业带来的经营风险，降低了运营成本。

知识库 2-8　物业管理科技化应做的工作

现代办公物业科技化发展还需要突破传统理念，提供个性化方案。顺应现代物业科技化的发展态势，运用以信息化、智能化、数字化为标志的科技物业管理模式，坚持"以人为中心"全方位满足物业管理服务需求，将是现代办公物业管理科技化发展的必然趋势。未来科技化的物业管理应当关注如下方面的工作：

（1）房地产商对物业服务企业的品牌将越来越重视，物业服务企业将成为建设单位新开发楼盘的一个很重要的卖点。

（2）物业服务市场化竞争会更加激烈，随着物业服务成本提高，物业服务企业盈利空间遭到挤压，物业服务企业必须快速培育新的经济增长点，走做大做强品牌的可持续发展之路。

（3）在企业发展上，必须由传统的物业服务企业向策略性的物业资产价值管理企业发展，应重视房地产资产管理和房地产组合投资管理，提高抗风险能力。

（4）将物业服务企业科技化发展进程与社会、国家发展相结合，共同完善公众参与社区治理的条件，营造共建共治共享的社会治理格局。

第三节 现代办公物业的时代要求

物业管理无疑需要向现代服务业进行转型升级，只有如此才能够满足广大业主的具体需求，提升人们的生活质量，然而从现实情况来看，国内很多的物业服务企业都没有达到标准，在物业管理服务质量方面也不尽如人意。虽然我国为解决这一问题也制定了相关的措施，但对业主来说，解决问题的成本较高，且需要耗费大量的时间，这也导致其与物业的矛盾越来越深。

现代办公物业要符合现代化发展的要求，就需要做到顺应时代的转型发展，还要逐步形成多元共治的治理局面。因此，这些物业管理转型升级的过程还需要一定的技术支撑作为保障，如此才能满足不同客户、业主日益增长的不同需求，提升物业行业的整体服务水平。

一、现代办公物业的转型发展

传统的物业管理随着我国经济、社会的发展已经不能适应时代的要求。要让物业管理符合新的发展趋势，就要让物业服务企业不断市场化、社会化、科技化。物业服务企业只有做到物业管理转型发展，才能继续赶上现代化的时代潮流。

（一）现代办公物业转型发展的原因

传统的物业管理是物业服务企业开展的一种管理活动，管理内容包括卫生安全、场地安全、设施建设等，在正常的情况下，需要以业主的需求为基础开展管理工作，为业主提供便利性服务，从而不断提升业主的满意度。物业管理本身只是一种对业主进行辅助的手段，真正的管理权还是在业主手中，物业服务企业存在的主要意义就是为业主提供服务。

如今，由于物业管理主要集中在酒店等商务领域，所以其基本的支撑点除专业人员之外，还有专业技术。现代物业管理包括生产和市场两个方面，除此之外，人们在日常生活中常常提到的电子商务也具备现代物业管理的特征。

从实际情况来看，传统的物业管理已经无法满足业主的现实需求，所以物业服务企业必须要以现有的实际情况为基础，不断向现代物业管理的方向进行转型升级。在经济快速发展的背景下，城市建筑也在持续的建设开发中，人们对物业管理的要求变得越来越高，所以物业管理向现代服务业方向进行转型升级也成了我国科学发展过程中的必然趋势。人们生活水平的提升，使得他们希望能提升生活质量，所以，创新式的物业管理方式应运而生。对物业服务企业来说，必须要对相关的资料进行收集，持续加强物业管理人员的业务水平，加强知识学习。为了能让业主获得更加优质的服务，还需要引进专业性较强的服务人才，替换素质较低的工作人员，从而保障物业管理服务的质量。

以往物业管理的管理人员不具备较高的业务素养，在具体的管理方式方面也不能满足现实需求，这也很可能导致物业管理人员与业主发生冲突，不仅不利于提升物业管理的水平，还不利于维护物业服务企业与业主之间良好的关系。对业主而言，物业服务企业本应该成为小区大家庭的管理者，但是在现实情况下，物业服务企业往往没能够真正尽到自己的责任。长此以往，物业管理制度的建设成为一种形式主义，业主对物业服务企业的不满无从发泄，可能会发生一些极端的事件，部分业主也将会对物业的不满转移给社会、政府，影响了政府在人民群众心中的形象。因此，我们必须要促进物业管理向现代服务业转型升级，加强对物业管理工作的重视。

总的来说，现代办公物业想要得到合理的发展，就必须要积极改变管理方式，解决传统的问题，向现代化的方向转型。

（二）现代办公物业转型发展的基本要求

要实现现代办公物业转型发展，需要从思想上进行转变，从内部制度上进行完善，还要重视对现代科学技术的应用。

第一，需要树立服务管理价值观。近年来我国开始向服务型社会发展，人们更加重视服务质量。人们在市场中的选择更加多样化，物业服务企业要想占据更多市场份额，获得更多利益，就必须重视提升服务质量。当前，物业服务企业在使用互联网的同时，也在承受其带来的多方面影响，对外界影响的承受力逐渐提升，甚至不惧怕负面信息。但物业服务企业如果对外部事物一味地采用拒绝方式处理，就会对自身发展产生限制。

因此，物业服务企业在进行转型升级时，应重视居民对物业管理的影响，树立服务型管理理念，为企业内部员工和业主提供表达诉求的平台，采取新型工作方式、思维意识和服务形式。建立和谐管理氛围和企业发展环境，为业主提供更加优质的物业服务。

第二，需要加强物业服务企业内部管理。物业服务企业在为居民提供的物业管理服务中，实际提供的管理服务应明显高于居民实际需求，并且不低于企业基本工作安全线。对此，应对企业进行内部改革，通力宣传企业文化、服务宗旨和服务意识等，稳定企业内部，以此加强企业整体稳定性，提高物业管理水平。而在进行内部管理时，应在满足管理人员精神方面需求同时，维护企业人员利益，关注员工医保、经济与法律援助等方面问题，保证员工生活，减少其不满和抱怨，进而稳定企业。物业服务企业还应重视内部员工在管理工作中的权益，提升对员工的信任和尊重，从而激发其工作积极性，使其主动做好各项服务管理工作。

第三，需要重视对现代科学和信息技术的运用。物业服务企业要想实现由传统管理方式向现代服务业转型，就必须考虑当前社会发展实际，在当前科技时代和信息时代发展条件基础上，借助各种科学和信息条件，推动物业管理实现现代化转型。

（三）现代办公物业转型发展的路径

推进现代办公物业转型发展，需要科学运用现代信息技术；合理发展特约服务体系；持续加强售后管理服务。

第一，科学运用现代信息技术。物业服务企业向现代服务业的转型升级很难在一朝一夕间完成，想要真正地做到这一点，就必须要科学运用现代信息技术。运用现代信息技术主要就是为了建立物业管理的信息化系统，在提高管理项目服务水平的基础上，着手建设同城联网，运转软件系统。物业管理应用的具体软件系统包含多个功能与内容，无论是客户管理还是收费管理，抑或办公管理、绿化清洁等，这些内容都需要被完全地包括其中。在对系统功能进行完善的基础上，应该将其完全地落到实处，避免物业管理系统的建设成为形式主义。

第二，合理发展特约服务体系。之所以要合理发展特约服务体系，主要是因为物业管理在向现代服务业进行转型升级的过程中，需要考虑到现实情况，如今人们的生活水平已经得到提升，所以他们对特约服务存在着较为明显的需求。具体地说，毫无疑问，一个国家由多个不同的家庭单位组成，如果社会缺乏高质量的物业管理，那么人们所处的生活环境就可能会受到干扰。在新闻中往往能够看出相关的案例，一些物业服务企业在与业主签订了合同之后，就开始忽视业主的需求，合同中签署的相关规划也没能够真正落到实处，导致业主的不满情绪与日俱增。所以，物业服务企业必须要树立合理意识，有效解决目前存在的问题，对服务项目进行合理优化，对特约服务进行发展，与业主进行沟通交流，深入了解业主的具体需求，把握业主物质文化的需求类型，提升物业服务企业服务水平。

第三，持续加强售后管理服务。在现代的物业管理中，大多数情况下都是在业主交完物业费之后，物业服务企业才会开展具体的管理服务，而在向现代物业管理发展的过程中，必须要在完成房屋交付的基础上合理进行升级处理。在交接过程中，物业服务企业和房地产业会产生交集，所以管理人员应该熟练掌握房地产的业务，因为物业管理将会直接渗透到房地产管理的环节当中，物业服务企业需要对物业服务进行推动，将服务工作提前，建立多元化的服务体系。例如，在售房的过程中，物业服务企业可以针对不同业主的具体需求，为他们提供具体的咨询服务，之后再向其推荐多元化的房源。当业主具备了选择空间，就可以提升其满意度。另外，在房屋销售环节结束后，物业管理人员还必须与业主进行联系，无论业主提出什么问题，都应该及时地进行解决；即便因为种种原因而无法解决，也需要及时地予以回应，从而提高物业管理的服务质量。

案例 2-3 物业与信息化管理

在建立物业信息化管理系统后，物业服务企业也不能够掉以轻心，因为建设系统仅仅是物业管理向现代服务业进行转型的一个步骤，并不代表其转型真的成功，所以应该在管理过程中合理利用相关的信息手段，例如物业服务企业可以根据实际情况对网络平台进行建设，拓展与业主进行联系的渠道，无论是微信公众号还是微博都应该包括在其中，在提升沟通效率的基础上，构建物业与业主之间的关系。

在实践过程中，物业服务企业可设立传统的家政服务捆绑项目，无论是保姆服务还是烹饪服务，都需要包括在其中，通过这种方式能够满足业主的服务需求，持续提升业主对家政服务的关注程度，为其提供保障。此外，物业服务企业还需要加强与金融机构的联系，为业主提供金融便利，针对物业服务企业开设的房屋服务，可以为业主减少困扰。实施特约服务能够让物业服务企业获取社会效益与经济效益，尤其是在实施的过程中，需要加强对现代服务业的了解，为业主提供服务。

二、现代办公物业的多元共治

在我国，社区不仅是基层民主的重要形式，还是我国公民社会发展状况的一个重要标志。正如英国学者安东尼·吉登斯（Anthony Giddens）所说："社区这一主题是新型政治的根本所在。"在公共管理的众多理论中，多元共治理论对分析社区管理中三大主体——业主委员会、物业服务企业、居委会的互动博弈，具有很好的解释力。

（一）现代办公物业多元共治的三大主体

业主委员会是业主们自主管理的一种自治组织，早在20世纪初就在美国产生。20世纪90年代，在毗邻香港的广州和深圳产生了我国最早的一批业主委员会。住房制度改革引入市场机制以后，专业的物业服务企业应运而生，这就使得物业的所有权人——业主，感到需要成立自己的组织来维护自身权益。应该说，业主委员会的产生不仅是住房制度改革的内容，也是社会治理结构变化的一个表现。在其产生伊始，业主委员会就被学者广泛关注。一些学者将其称为"中国公民社会的先声"。他们指出，业主委员会的出现可能意味着一种社会基础关系结构的根本转型和一个"新公共空间"的出现。

物业管理的核心就是社区范围内公共产品和公共服务的供给。在单位制下，公共产品和公共服务的供给统一由单位来解决，就可以尽可能地将外部性内部化，避免供给的困境。在社会化的物业服务企业管理条件下，最好的方式就是采取市场化的机制，由业主付费享受物业服务。归结起来，目前我国的物业服务企业主要有三种类型：一是从政府机关和国营企事业单位直属的房屋管理部门改制而来；二是从房地产开发商的附属机构发展而来，是房地产开发商的下属公司，与房地产开发商之间是"父子关系"，在经费来源和经营运作上受房地产开发商的支配；三是新建立的专业化物业服务企业，这类物业服务企业拥有独立自主的经营权，按照市场化运作机制进行物业管理。

《中华人民共和国宪法》规定，居民委员会是我国的基层群众自治组织。但现实中居委会所扮演的角色却并不是如此。居委会虽然没有列入我国庞大行政体系中，但是承担着城市最低行政组织——街道办事处交办或者要求配合的诸多事项，实际上已然成为行政系统的神经末梢。同时，居委会最贴近广大人民群众生活，是社区居民利益表达和诉求的最直接组织。所以，从这一角度来看，居委会实际上是国家和社会领域的一个中介性组织，享有法律规定的自治主体的资格，却承担着大量的行政工作。

在目前的社区管理中，居委会是一支重要的力量，其在社区权威、组织、资金等方面都占据优势，是三大主体中明确的或潜在的主导者。

（二）现代办公物业多元共治存在的问题

在多元共治的环境下，物业服务企业的运作并非一帆风顺，也存在着一些问题。

第一，侵犯业主权利的纠纷事件层出不穷，加剧了物业服务企业与业主的紧张关系。物业纠纷主要呈现为七种类型：物业质量纠纷、物业管理服务质量纠纷、物业管理费用纠纷、公共部位和设施权益纠纷、专项维修资金纠纷、物业管理交接纠纷，以及因直接的物业纠纷而衍生的其他纠纷。归结起来，业主和物业服务企业最容易发生物业纠纷的领域是收费、社区安全和公用设施维护三个方面。一些物业服务企业在收费上存在不恰当的地方，比如收费标准和方式不透明，或者收费之后不作为，没有很好地尽到职责，达不到业主的心理预期，而且物业管理具有一定的专业性，具体的详情细节业主不能够很好了解，这就存在信息的不对称。在这种情况下，如果物业服务企业和业主之间缺少理性的、充足的沟通和互动，就很容易引起业主的不满，从而降低其对物业服务企业的信任。

第二，物业服务企业的运作过程中掺杂着利益集团的利益。因为我国的一些物业服务企业正是从政府房产部门转制而来的。对物业服务企业和业主关系进行规范指导的最高法律规范就是《物业管理条例》。但就是这样一部涉及广大业主切身利益的法律规范，其实也难以完全摆脱利益集团的渗透。2007年修订的《物业管理条例》存在一些有利于物业服务企业而不利于业主的规定，条例虽然开宗明义地列出了业主享有的十项权利，但是在对物业服务企业的规范方面，也存在一些不合理的规定。这主要是因为制定规章制度的行政部门和物业管理以及前期的房地产开发商之间存在着千丝万缕的联系。很多的房产开发商和物业服务企业都是房产制度改革后,从行政部门剥离出去的。如果说房产制度改革前的物业管理领域是一种行政化的运作方式,那么房产制度改革后,在市场经济环境中物业服务企业的运作思路和逻辑并未完全市场化,而是一种掺杂着行政部门和利益集团利益的复合式运作方式。

第三,物业服务企业可能会利用经济手段收买居委会和业主委员会。物业服务企业的目的是赚取利润,因此,为了获利,他们极有可能会采取各种手段。在我国当前的社会治理环境下,居委会具有强烈的行政色彩。我们可以将居委会行使的权力称为类公权力,而类公权力就天然地存在权力寻租的可能。业主委员会作为业主利益的代理人,也存在着道德风险。业主委员会产生于广大业主,但并不等同于广大业主。在广大的业主群体中,存在着阶层、地域上的利益差别,这些差别投射到业主委员会的选举过程中,就可能导致业主委员会的民主选举欠缺公正性。在这种情况下,业主委员会的决定未必和广大业主是一致的。如果业主委员会的委员为了少部分人的利益,甚至是个人利益,而与物业服务企业形成利益联盟的话,就可能会危害其他业主的利益。

(三)现代办公物业多元共治的推进方式

仔细分析多元共治中的三个主体后就可以发现,这三个主体其实代表的就是政府、市场与社会三大领域。从整个社会管理的角度来看,要建设一个良善有序的社会,三个主体都要参与社会治理的过程,相互协调,取长补短。

化解物业服务企业在多元共治中困境的核心在于建立顺畅的沟通交流机制。随着我国住房制度的改革和完善,物业管理市场化运作是必然的。如果原本属于市场领域的东西,在运作时并没有完全遵循市场化的要求,而是掺杂着行政的因素,那么必然会产生异化的东西。这里的异化既包括合同意识缺乏、服务意识不够,也包括与居委会或者业主委员会合谋,侵害业主利益。物业服务企业市场化之路的另一个要求是提升物业服务企业人员的素质。物业管理是一种服务行为,人员素质的高低对服务的效果具有最直观的影响。

物业服务企业在完善自身市场化道路的同时,尤其要处理好与业主委员会的关系,建立与业主沟通的平台。很多物业管理纠纷的产生都是因为物业服务企业和业主委员会之间没有良好的沟通交流,而这在很大程度上是因为双方没有建立起良好的沟通交流机制。物业服务企业要主动承担起责任，完善与业主委员会的沟通交流。另外，还要注意加强业主和物业服务企业之间的沟通交流。广大业主不能仅仅依靠业主委员会的代理行权，还要参与物业管理监督，以减少因为信息不对称而导致的沟通不顺畅。否则，一旦业主委员会尽不到职责，业主就难以快速找到和物业服务企业之间理性的、充分的、平等的沟通平台。

最后，我们还需要注意强化业主委员会对物业服务企业的选择权。目前，我国很多社区的业主委员会对物业的选择并不具有决定性的权力，很多时候，小区都是在某一物业服务企业成为既成事实的情况下，再成立业主委员会。这就削弱了业主委员会和物业服务企业博弈的能力，使其处于不利地位，并加强了物业服务企业的优势，从而很难实现多元共治。所以，我们需要通过强化业主委员会的选择权来重新平衡博弈局面。

三、现代办公物业的技术支撑

利用现代化技术，实现物业管理区域信息化、数字化、智能化系统建设，为开展各项业务建立网络平台，并利用系统提升服务水平。系统建立后可实现同城联网，实现物业管理系统事项网络化管理和在线服务，在客户、房产、收费和办公等方面可为业主提供更好、更快的服务。

（一）现代办公物业技术支撑的基本手段

数字化转型是物业管理行业发展的趋势，也是物业服务企业实现转型升级的必由之路。信息化和智慧化在现代办公物业升级过程中功不可没。线下、线上联合的技术手段也是现代办公物业发展的技术支撑。

现代办公物业可以采用数字化手段进行升级。一是明确数字化转型战略，制定数字化转型规划。物业服务企业应重视数字化转型，并将其提升至战略高度，通过对企业数字化建设情况的科学评估和行业转型机遇的准确分析，明确企业数字化转型的战略和路线，制定有效的数字化转型规划和实施方案，自上而下地系统推动企业的数字化转型。二是打通企业信息孤岛，构建开放的数字化平台。物业服务企业在数字化转型的过程中，应结合企业的数字化转型战略，对企业的数字化架构进行整体的设计和规划，实现整体的技术结构搭建和业务流程匹配，并形成企业内部的数字化标准，构建协同、开放、共享的数字化平台。

现代办公物业可以采用智慧化手段。我国智慧城市、智慧社区的大力发展客观上需要住宅物业管理向智能化管理模式转型。智能化物业管理既可以提高物业管理的效率和水平、降低管理成本，也能提升业主满意度，值得在整个行业中大力推广。智能化物业管理是利用大数据、物联网等先进的信息技术手段，通过统一的大数据云平台将物业管理各项工作模块紧密连接起来，打通部门之间的壁垒，实现房屋和设施设备管理、环境管理、秩序管理、客户服务管理数据的融合，建立起高效的联动机制，在物业管理区域内实现更高效的智能化管理。除传统的物业服务内容外，智能化物业管理还可以在社区管理部门、物业服务企业、业主、商家等主体间实现信息共享，统筹各类资源，完成在线协同办公，实现在线监管，提供在线物业服务和各类便民服务，还可以开展社区电子商务。

现代办公物业可以采用线下、线上联合的技术手段。对物业服务企业来说，科技化的设备投入并非难度所在，难的是打通各个智能系统，形成一套智慧服务的闭环。在充分模拟客户需求的基础上，物业服务企业可以搭建起"线上+线下"智慧服务系统。线上是互联网和大数据技术的"平台（智慧物业云平台）+端（App、设备端）+集成指挥中心"，实现统一服务入口、统一指挥调度、统一管理标准。线下则是持续提升物业保洁、绿化、维修、安保四大基础服务的品质。物业服务企业通过线上"云管控+线下资源网"，构建起一套共同协作的庞大体系，实现了物业管理与服务的智慧升级。

（二）现代办公物业技术支撑的实现途径

以技术支持现代化办公物业的发展，首先可以通过"拓面提质"途径来实现。无论时代如何变迁，无论物业以何种模式来经营，物业服务的立足之本依然是做好物业服务管理的本职工作，在做好基础工作的前提下，创新变革才有根基可言，才能守正出奇。因此，物业服务企业在很长一段时间内，必须一方面努力扩大在管面积，对内提升规模效应，降低企业运营成本，对外则提升品牌价值和企业的实力抗风险能力；另一方面，必须持之以恒地提升物业服务质量，提高客户满意度，这是物业服务企业永恒的追求。

以技术支持现代化办公物业的发展,可以通过打造智慧物业,以科技助推行业提升。通过应用互联网加快智能化建设,使传统物业管理服务向现代服务转型。传统的物业服务企业盈利主要依赖物业服务费,人口红利逐渐消失,老年化日益凸显,近年来人工和生产资料成本不断攀升,企业面临的压力越来越大。随着物联网、智能化、信息化等新技术的应用和普及,物业服务企业一方面对传统物业服务软硬件方面进行更新换代,开展远程监控、自动控制及节能等改造,逐渐普及各款物业服务或者社区 App；一方面努力使复杂业务和重复性人工作业变得扁平化、简洁和智能化,减少流程、降低工作人员劳动强度,大幅降低企业管理、运作、能耗及物耗方面的成本,提升客户体验。此外,还通过"互联网+"新工具,积极探索和创新服务、管理模式,开拓新兴服务领域和业态,通过跨领域资源整合,向智慧型的现代服务业转型升级。其中,最典型的是智慧社区的建设。各物业服务企业利用智慧社区中的经验和资源,利用"互联网+"、物联网、大数据、云计算、人工智能等前沿技术,深度整合软硬件,打造综合信息集群平台为基础的智慧社区解决方案。

以技术支持现代化办公物业的发展,还可以打造物业基础平台,拓宽拓深附加服务,使多种经营业务逐步成为物业管理行业的利润增长点。随着经济的发展及居民生活水平的提升,人们对与物业相关服务的关注重点将不仅仅局限于基础的保安、保洁、绿化等物业管理服务上,而是会越来越重视能进一步提升居民生活质量的各类增值服务,如社区电商、社区家政、社区养老等各类多种经营业务。物业管理行业作为与居民日常社区生活联系最为紧密的行业之一,在开展物业相关服务方面具有得天独厚的优势,诸多物业服务企业也将多种经营业务作为其业务发展的新方向之一。同时,在物业管理平台上成立多种经营业务对成本投入的要求相对较低,因而其利润率通常高于传统的物业管理服务,将成为未来物业管理行业重要的利润增长点。

知识库 2-9　物业信息化管理系统与物业服务

建立物业信息化管理系统,已经成为物业服务企业向现代化管理服务成功转型的重要推动力之一。在开展相应工作时,必须重视对各种相应信息手段的了解与有效应用,以此提升物业管理水平。在具体管理工作中,可结合物业服务企业自身发展实际,充分利用相应技术条件，建立微信公众号、网络平台、微博等管理渠道，以此加强物业服务企业员工与小区业主间的联系，丰富沟通渠道和方式，提升交流深度，使物业与业主间建立和谐友好关系，以此提高物业管理效率。同时，物业服务企业还应重视小区监控，通过设置电话网络监控模式，为业主投诉和解决问题提供便利，提升服务效果，为提升物业管理服务质量、实现物业服务企业转型发展提供良好条件。

第三章

现代办公物业的理论设计

思想上的努力，正如可以长出大树的种子一般，在眼睛里是看不见的。但，人类社会生活的明显变化正孕育其中。

——列夫·托尔斯泰（Leo Tolstoy）

引导案例：国家机关事务管理局召开 2020 年全国机关事务工作会议

2020年1月6日至7日，国家机关事务管理局在北京召开全国机关事务工作会议。会议以习近平新时代中国特色社会主义思想为指导，深入学习贯彻党的十九大、十九届二中、三中、四中全会和中央经济工作会议精神，传达学习并贯彻落实李克强总理接见全国政府秘书长和办公厅主任会议全体代表时的重要讲话精神和会议要求，总结2019年机关事务工作，部署2020年主要任务。国务院副秘书长、国家机关事务管理局局长李宝荣出席会议并讲话。

会议指出，2019年，各级机关事务管理部门坚持以习近平新时代中国特色社会主义思想为指导，认真学习贯彻党的十九大和十九届二中、三中、四中全会精神，增强"四个意识"、坚定"四个自信"、做到"两个维护"，坚持稳中求进工作总基调，坚持新发展理念，坚决落实过紧日子要求，推动机关事务工作在国家治理现代化进程中取得了新变化、新实践、新成效、新发展。

2020年是具有里程碑意义的一年，是全面建成小康社会和"十三五"规划收官之年。会议指出，党的十九届四中全会审议通过的《决定》对坚持和完善中国特色社会主义制度、推进国家治理体系和治理能力现代化做出了顶层设计和全面部署。机关事务工作是国家治理的重要内容、重要方面、重要组成部分，要切实把四中全会的精神要求体现在提高思想认识、贯彻新发展理念、职能任务精耕细作、加强规范运行、推进"一体两翼（坚持集中统一管理，坚持以标准化、信息化为支撑）"发展、提升保障和管理效能、建设高素质专业化干部职工队伍等领域、方面和环节，充分发挥机关事务工作在国家治理中的职能作用。

会议强调，坚决落实过紧日子要求，抓好节约型机关创建行动。以创建节约型公共机构示范单位、能效领跑者、节水型公共机构等为载体，统筹推进绿色建筑、绿色办公、绿色出行、绿色食堂、绿色数据中心等行动，持续做好节水、节电、节粮、节纸、垃圾分类等工作，创建一批有特色、有示范、有引领、有成效的节约型机关。

会议强调，要深入落实党和国家机构改革要求，更好发挥职能作用。深入学习贯彻习近平总书记重要讲话精神，继续抓好党和国家机构改革后续保障工作，积极稳妥推进机关事务管理改革，努力构建权责明晰、运行顺畅、保障有力的体制机制。聚焦保障核心职能，集中精力抓好各部门、各单位正常运行所需经费、资产、服务、能源资源的管理和保障，集中资源保基本、保运行、保稳定，切实为党政机关规范高效运转做好服务。

会议强调，抓好"十三五"规划圆满收官，启动"十四五"规划编制工作。"十三五"规划收官到了决战阶段，要紧紧抓住"十三五"规划明确的经费资产、公务用车、办公用房等方面的重点任务，扎实推进规划实施情况总结评估，确保目标任务如期完成。要统筹谋划"十四五"规划编制工作，实事求是、遵循规律、着眼长远、统筹兼顾，提出"十四五"时期发展目标、工作思路、重点任务，给社会良好预期，激励全国上下努力奋进。

第一节
现代办公物业的标准化

现代办公物业应该牢牢把握住国家治理体系和治理能力现代化的总目标，大力推进现代办公物业的标准化，充分发挥标准化管理的作用，促进日常工作的规范化和科学化，以标准化建设引领机关事务工作的高质量发展。本章将从现代办公物业标准化的基本内涵、主要内容和实施体系着手，进行具体的介绍。

一、现代办公物业标准化的基本内涵

在了解现代办公物业标准化的概念和内涵之前，首先需要清楚"标准"和"标准化"的定义。国际标准化组织（International Organization for Standardization，简称 ISO）和世贸组织（WTO）分别在 1983 年的"ISO/IEC Guide 2:2004"、1994 年的《世界贸易组织贸易技术壁垒协议》（简称"WTO/TBT 协议"）中给出了"标准"的相关定义，并在世界上得到广泛认同；我国也在之后的时间根据前者的定义做了数次修改，形成了国内统一的对"标准"的定义。我国国家标准 GB/T 20000.1—2014《标准化工作指南第 1 部分：标准化和相关活动的通用术语》，给出了最新的"标准"和"标准化"的定义，标志着"标准"和"标准化"的概念得到进一步完善。具体内容见表 3-1。

表 3-1 国内外关于"标准"和"标准化"术语定义的对比

文件名称	"标准"的术语定义	"标准化"的术语定义
WTO/TBT 协议	为了通用或反复使用的目的，由公认机构批准的规定产品或相关加工和生产方法的规则、指南或特性的非强制执行的文件。标准也可以包括或专门规定用于产品、加工或生产方法的术语、符号、包装标志或标签要求。	

续表3-1

ISO/IEC Guide 2:2004	为了在一定的范围内获得最佳秩序，经协商一致制定并由公认机构批准，共同使用的和重复使用的一种规范性文件。	为在一定范围内获得最佳秩序，对现实问题和潜在问题制定共同使用和重复使用条款的活动。
GB/T20000.1—2014《标准化工作指南第1部分：标准化和相关活动的通用术语》	通过标准化活动，按照规定的程序经协商一致制定，为各种活动或其结果提供规则、指南或特性，供共同使用和重复使用的文件。	为了在既定范围内获得最佳秩序，促进共同效益，对现实问题或潜在问题确立共同使用和重复使用的条款以及编制、发布和应用文件的活动。

基于上述对"标准化"的定义，可以进一步分析出进行标准化的重要性和作用。

第一，标准化是现代科学化管理的重要基础。科学管理的创始人弗雷德里克·温斯洛·泰勒（Frederick Winslow Taylor）曾说过："正像当年工业革命引进机器一样，标准化引进科学管理必将结出丰硕之果。"因为各种技术标准和管理标准都是企业进行生产、服务、创新、监控等管理的基本依据，而且由统一标准制定出的符号、代号、术语、编号、程序和流程，以及统一化的报表格式等，都是实现现代化管理、自动化生产所不可缺少的重要因素。

第二，标准化有利于专业化协作的巩固和发展。专业化协作是社会生产的先进形式之一，是生产社会化和生产分工的产物。任何一个企业都不可能大而全，每一个企业都是在现有的市场环境下，根据自身的优势，按照固有的生产标准，定点生产特定的产品，由此形成了社会生产的分工与合作。

第三，标准化有利于提高产品质量和服务质量。质量标准既是企业管理的目标，又是衡量产品质量的依据。企业研制的产品品种和提供的服务不可能全方位覆盖市场，企业也只能够根据市场和消费者的反应对生产活动的流程和提供服务的方式等进行不断的改良，由此形成更加科学的生产标准线，从而提高产品质量和服务质量。

在掌握了"标准"与"标准化"的概念之后，下面将对现代办公物业的标准化的概念界定、实际划分、构建目标和积极意义进行阐述。

（一）概念界定

根据前文"标准化"以及现代办公物业的相关概念含义，将现代办公物业的标准化定义为：根据顾客的需求和法律规范建立一个标准的体系，把现代办公物业管理和服务的各方面标准纳入统一的轨道，对办公物业管理和服务的操作环节中的每一个岗位、每一个人员、每一个系统以及每一个地方都实施严格科学的管理规范和检验标准。

（二）实际划分

在现实中，为了便于办公物业标准化的推进和开展，很多提供办公物业服务的组织会将标准体系划分为服务标准、管理标准与工作标准。

服务标准即服务规范，包括物业委托管理合同签约双方受委托方的服务承诺，是衡量和判定办公物业服务效果的准则。服务标准是企业标准化管理的基础和主体。

管理标准是对服务标准化体系中需要协调统一的管理事项所制定的标准，是实现服务承诺所制定的办公物业服务标准的措施和保证。管理标准涉及企业的经营管理、服务策划与创新、质量管理、设备与基础设施管理、人力资源管理、安全管理、职业健康管理、环境管理、信息管理等与服务标准相关联的各个方面。

工作标准是实现服务标准和管理标准的手段。主要指在执行相应管理标准和服务标准时与工作岗位的职责、岗位人员的基本技能、工作内容、要求与方法、检查与考核等方面。

（三）构建目标

构建现代办公物业的标准体系，旨在寻找我国当前办公物业管理和服务标准的空白与不足，弥补办公物业标准化中存在的空缺。通过对办公物业标准化的需求分析，重新评价和清理现有标准并提出新修订项目，尽可能使办公物业管理和服务工作有标准可循，达到全过程的控制效果。并通过与发达国家及其他行业的标准体系进行对比，找出现阶段存在的主要问题，研究形成科学全面、系统配套的体系框架。试图遵循"结构与功能、整体与重点、全面与前瞻、规范与开放"的原则构建，并适度引导办公物业向现代化、规范化方向发展。

（四）积极意义

办公物业管理的标准化之所以得到普遍重视，关键在于它对管理流程和服务方式制定出统一的标准，既提高了物业管理的效率和水平，又使人们对办公物业管理和服务的质量建立了信心,这对办公物业机构更好地服务员工、业主、社会和国家具有十分重要的作用。

第一,有利于提高物业事务管理的科学化水平。标准化可以将管理意图、操作要求形成文件化的标准并加以实施,使各项工作处于受控范围,为科学管理提供了技术基础。例如通过制定和实施办公物业服务标准,明确物业服务提供、客户服务、房屋及共用设施设备维护养护、秩序维护、保洁服务、绿化服务、服务质量等内容和要求,将管理内容具体化,通过公开标准,明确规范物业服务的质量和价格,既可避免与物业承担单位在签订合同过程中产生的问题,又对有关资金的支出有了明确的依据。

第二,有利于提高组织运行效率,控制运行成本。通过严格的标准可以控制办公单位运行经费支出。首先,标准化能够统一办公单位设施设备配置,避免铺张浪费;其次,标准化能对管理和服务流程进行优化,明确过程环节,规定每个环节的时限,确保管理和服务全过程顺畅、高效;最后,在推进办公物业后勤服务标准化的过程中,建立统一而明确的采购标准体系,能够规范采购流程,降低采购成本,从而极大提升办公物业事务管理工作效率,降低运行成本。

案例3-1 德国联邦政府对政府采购进行严格的监管

德国联邦政府采购管理的特点是以采购招标法为指导,坚持以部门分散管理为主,集中采购为辅。德国联邦政府没有集中采购管理机构,目前主要是由内政部采购局、财政部采购供应处等部门负责采购工作。内政部采购局除为本部门服务外,还接受其他联邦机构委托提供大宗物资采购服务,其采购供应业务遍及德国所有城市;财政部采购处主要负责所需车辆设备、办公用品和服务的采购供应。

按照欧盟规定,单项货物采购额超过13万欧元以上的必须进行国际公开招标。在此限额内的,由采购部门根据采购金额实行国内公开招标、议标、询价采购或直接采购,一般采购金额在2万欧元以上的要在国内公开招标,2万欧元以下的可授权采购员按照公开、公平、竞争、效益原则以多种方式采购。德国对各部门采购人员权限没有统一规定,许多部门往往将大宗采购委托内政部采购局实施。

德国严格执行采购与支付分开原则,各个环节相互制约、监督,防止不合理开支和腐败。联邦各部门需要购买的物品由本部门采购员或委托专业采购机构按程序招标、议标或询价采购等方式确定商品价格、数量及供应商，机关收到供货商账单后，由有签字权的两名领导审查后签署支付委托书交联邦出纳处，联邦出纳处审查后再从该部门预算额中划款统一支付。

第三，有利于推进能源资源节约，建设绿色环保公共机构。节约型办公物业建设是办公物业未来发展的主线之一。办公物业应该以绿色发展为引领，不断加大节约能源资源工作力度，注重发挥制度标准在指导机构节能工作中的示范引领作用，推动节能工作科学化、规范化、精细化，基本形成"规划为纲、计划为目、制度为本、依法节能、规范运行"的制度框架。加快能耗定额、绿色评价等管理标准的研究制定，推动资源能源节约向科学化、规范化、精细化迈进是办公物业未来发展的普遍趋势。

第四，有利于完善服务功能，提高办公物业的服务质量。标准化是提高服务质量的有力保障，建立办公物业服务标准体系，按照标准的统一要求开展工作，能够推动物业服务企业从粗放型管理方式转变成精细化管理方式，从向硬件投入要收益转变成向软件建设要效益，进而改善服务功能，提高服务质量，取得良好的经济效益和社会效益。

第五，有利于提高物业服务企业中全体员工的服务意识和水平。标准化使日常的管理服务工作处于受控的状态下，通过控制文件全部加以具体化、规范化，落实到每一个岗位，并形成一系列文件的管理程序及操作标准，把人为的随意性控制在最低限度。由此提高全体员工的质量意识、服务技巧和操作技能，使员工的综合素质得到全面提高，从而造就一支训练有素的队伍，为办公物业管理服务的进一步发展奠定坚实的基础。

二、现代办公物业标准化的主要内容

现代办公物业的标准化是一个系统复杂的过程，以下将从大致的流程步骤和基本的组成部分出发对现代办公物业标准化的主要内容进行阐释说明。

（一）流程步骤

现代办公物业标准体系构建要围绕促进办公物业管理服务保障能力提升这个中心任务展开，根据标准体系建设内容和要求，按照实际工作需要，围绕主业确定采用及制定的标准，重点是在履职尽责、巩固职能、对外服务方面。标准体系要规模适中、管用好用，避免因体系庞杂、数量众多而导致工作重点不突出、精力分散等问题。

第一，确定标准化方针目标。在构建标准体系之前，提供办公物业的部门应当对业务工作发展情况做出判断，根据发展状态制定标准化建设的愿景及近期目标，进而确定开展标准化建设的方针或实施策略、指导思想、基本原则，弄清标准体系的范围和边界，统筹谋划标准体系建设工作。

第二，调查标准化需求。充分掌握标准化工作基础，是构建标准体系的必要前置工作。办公物业部门需要对标准体系建设的相关知识、本单位标准化工作基础、已经实施的标准和正在制定的标准项目、标准化建设可能存在的问题、标准体系建设具体需求等进行深入调查研究，摸清工作底数。

第三，确定标准体系表结构。根据标准体系建设方针、目标以及具体需求，借鉴现有标准体系的结构框架，从标准的类型、功能、级别等方面分析，结合本单位工作发展现状及特点，研究确定标准体系表结构和子体系结构、内容、边界范围等。

第四，编制标准体系表。具体包括三项任务：一是编制标准体系结构图。根据不同维度的标准分析结果和业务工作特点，选择确定标准体系框架的主要维度，编制标准体系结构图，编写标准体系的各级子体系、标准体系模块的内容说明。二是编制标准明细表。收集整理拟采用的国家标准、行业标准、地方标准和已有的内部标准，提出拟制定的标准列表，编制标准明细表。三是编写标准体系表编制说明。按照标准体系编制说明有关内容要求，梳理标准体系建设情况，研究存在的问题和重点工作方向，为下一步标准体系管理打下基础。

第五，动态维护更新。标准的生命周期是有时间限制的，受到技术水平、实施环境、实施对象等外部因素和标准内容本身的影响。标准体系是一个动态系统，在使用过程中应当根据发展状况、实施效果等相应调整优化，以适应不断变化的业务和技术发展需要，不能"以不变应万变"。

（二）组成部分

新时代的办公物业的标准化提出了新的要求，想要实现办公物业的标准化必须要重视服务保障标准化、监管和评价标准化、内部管理标准化和设备设施改造流程标准化（见图 3-1）。

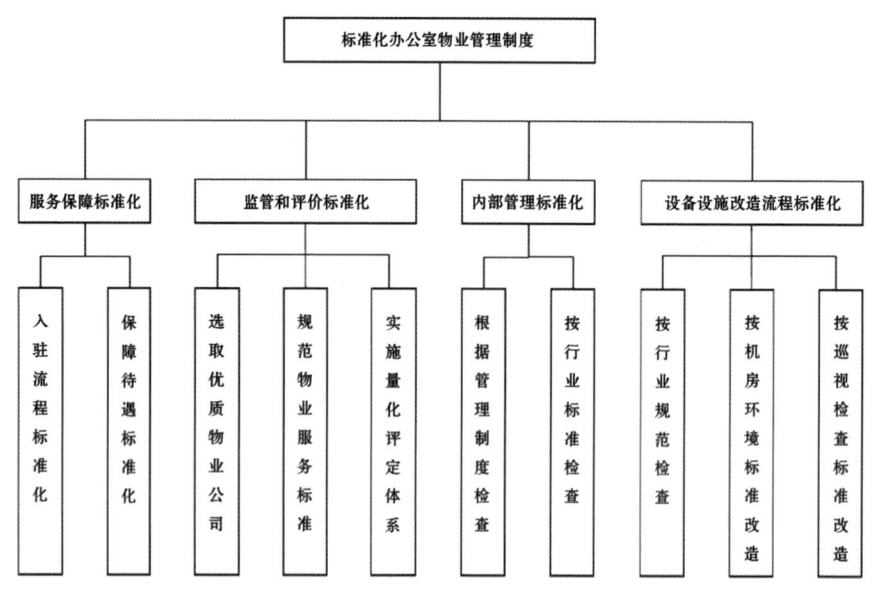

图 3-1 办公物业标准化管理制度图

第一，服务保障标准化。服务保障标准化可以细分为两个部分：一是入驻流程标准化。入驻单位在入驻办公区前要签订入驻协议、消防安全责任书、施工安全责任书等，并要严格遵守和履行协议中的条例，按照统一的流程标准进行搬入工作。同时，入驻单位及其工作人员要遵守办公秩序，服从办公物业管理的各项规章制度。二是保障待遇标准化。办公物业的企业要制定统一的客服引领、仪容、接报修、办公环境卫生、施工作业、设备管理等标准，做到台账覆盖全面，工作记录清晰、完整、可追溯；来电接听、来访服务、现场问题的处理跟进、突发事件的上报处理等综合服务要及时高效；设备设施维护保养做到有计划、有预案，并定期进行演练；园林绿化养护要有植物档案资料、养护制度、养护操作规程。

第二，监管和评价标准化。标准化的监管，按照监管内容可分为四类，一是标准实施的执行者履行岗位职责、落实工作规范和操作流程的情况；二是执行人员对专项标准的认知及专项技能获得、提升的情况；三是保障标准正常运行的设施设备、信息系统等硬件设施的使用情况；四是标准执行过程中形成的必要的资料文档、工作台账、数据分析等"痕迹信息"的管理情况。

标准实施评价，是标准实施管理者、执行者和管理层就标准施行情况和落实成效而开展的评估工作，既是对标准执行过程的约束，也是开展后续标准修订的依据。按评价指向的内容，可分为符合性评价、效果性评价，前者是对该标准设定的产品质量、服务质量的评价，后者则是对产品使用体验、服务过程感受等的评判；按参与评价的人员的不同，可分为内部评价和外部评价，前者如标准实施管理者、执行者管理层组织的自查自评、标准实施情况测评等，后者如服务对象走访回访、满意度调查、第三方机构评估等。关于办公物业的监管和评价，具体的做法是对提供办公物业服务的企业进行合同化管理，通过合同条款明确服务保障内容、标准、流程并建立量化评定体系，对办公物业服务质量进行评定和监管。

第三，内部管理标准化。办公物业内部管理的标准实施是一个整体系统，在具体实践中包含五个要素：一是确定的工作主体，即在相关事务标准的推进过程中承担管理、执行、督查、考核、评价等工作的各类人员；二是清晰的工作职责，既要明确各类事务工作主体，又要指出该类主体各层级人员在标准实施中担负的工作任务和具体要求；三是规范的工作制度，即为实现和保障标准的实施，针对内部的标准化管理而建立的规章制度；四是流畅的运行程序，即标准施行过程中，针对标准宣传、执行、监管、考核、评价等重要环节设定的具体工作流程；五是有效的辅助工具，即为实现标准的高效有序运行，提高管理效能，需要借助互联网、云计算、大数据等信息技术服务平台。

五个要素在标准实施中不可或缺,协同发挥作用,形成有机整体,确保内部管理的成效。

办公物业推动内部管理标准化的具体做法是要制定详细的管理制度汇编,内容涵盖工程维修、会议服务、客户服务、环境清理、安保、餐厅管理、中控管理、配电管理、空调管理、电梯管理等方面。标准化办公区检查测评表必须细化到人员配备与管理、企业资质、岗位职责、服务内容执行、值班管理、日常巡查、安全生产、应急预案、档案记录等内容。在检查方式上,要严格按照行业标准进行检查,可以邀请辖区内相关职能部门定期进行联合检查,如邀请应急管理局对高低压配电室、电梯运行进行检查,邀请市场监督管理局对餐厅食品安全、操作规范进行检查,邀请消防支队对行政中心消防工作进行检查。

案例3-2　戴尔公司的内部业务标准化

目前,戴尔公司的销售系统已经基本实现了标准化、制度化。戴尔面向中小企业与个人用户的销售以电话销售为主,因电话销售员足不出户,所以又叫内部销售。

客户从各种宣传媒体上得到戴尔的产品配置、价格、促销信息后,打电话向戴尔公司咨询。戴尔的内部系统呼叫中心会根据一定的规则自动把电话分配给某一个电话销售员。电话销售员通常会先输入客户的名字、所在地等信息,这时候IT系统就发挥作用了。如果在戴尔的内部数据库已经有了该用户信息,电话销售员就能立即在电脑屏幕上看到该用户以前曾经买过什么型号、数量多少、折扣多少、以前出过什么问题、投诉过什么、投诉是如何解决的等信息。只要电话销售员在屏幕上的下拉式菜单中选择用户需要的型号,就可以立即在电脑屏幕上看到该型号的详细配置、功能、定位、优点。电话销售员只需要照着屏幕念就行了。对于该型号常见的问题,电脑数据库也有标准的Q&A(问与答),电话销售员也只需要照念就行。

电脑销售管理系统还会自动生成该销售员的业绩:接听电话数量、成交率、平均处理时间、销售额等。当然,电话销售员的在线状态、外出频率(包括上厕所)等资料系统也都会自动记录。

戴尔公司内部业务流程的标准化,可以使销售以及考核拥有统一的标准,既可以提高劳动效率,减少资源浪费,又有利于提高服务质量,树立企业形象。

第四，设备设施改造流程标准化。首先是加强技术投入，提高管理水平。随着科技的不断发展，现在对办公物业设施设备管理工作的要求也越来越高。这就要求在今后的办公物业设施设备管理中，要不断加强对技术的应用和投入，通过先进的管理技术、设备维护技术、设备保养技术等，全面提高管理水平，保障办公物业设施设备正常且高效地运转。其次是发挥专业人才的作用。一是不断加强对设施设备管理人员的能力的素质培养和培训，不断提高办公物业设施设备管理人员的水平，使其可以胜任工作。二是针对投入使用以来的服务设施和设备机房在运行中存在的缺陷，聘请专业公司对其改造可行性进行论证，在参考专家的意见之后对设施设备进行更新升级。最后是按照行业规范、环境标准、巡视检查标准进行维修保养工作。办公物业的企业要逐步建立完善的设备设施检查和维修机制，通过标准化的管理机制来开展工作。既要加强对设施设备的检查工作，一旦发现设备存在问题，就要及时进行维修；又要加强对设施设备的保养工作，保证设备的使用寿命、使用效果等。

案例 3-3　美国波音公司的标准化质量管理模式

一架"波音 747"飞机共有 450 万个零部件，每个工厂、每个人都会围绕生产计划，按照专业化分工进行协作，按照规章和程序认真做好本职工作。在车间里，工程师们对每个工人的每项工作进行严格检查，公司也会对生产过程中的各阶段进行监控。联邦航空局任命的检查员对每架飞机的检查多达 800 多次，波音 747-400S 型大型客机研制后接受了 1500 小时的飞行检验、1900 小时的地面检验。这些检验涉及 17000 项不同功能、700 多万个数据。公司副总裁菲力普·康迪特（Philip Condit）先生说："完全杜绝人为的错误，事实上是难以办到的。但我们需要制定清楚的标准化操作管理程序，发现错误马上改正，这是波音的传统。"

波音公司于 20 世纪 80 年代中期开始实施全面的标准化质量管理战略，不断探求并改进管理运作方式，形成了适用于本企业的独特的管理模式。在 1996 年，波音公司编发了旨在减小质量特性波动的生产过程持续质量改进方法，也就是 D1-9000A "先进质量体系"（Advanced Quality System，简称 AQS）。AQS 模式吸收了国际标准

ISO9000 的基本标准要求和统计过程控制方法，并随着质量管理发展以及公司情况变化不断完善。

AQS 模式主要是围绕标准化管理，力图改进工作项目和减少过程波动。波音公司希望 AQS 模式中包括：有知识的人、参与管理、自上而下的战略策划、明确定义和理解标准程序、纠正和预防措施系统、终身学习、将持续改进与价值联系起来、持续改进过程的文件化、与业务计划挂钩、有效的内部审核等。同时要求对产品和过程进行分析，通过与标准的比较识别出需改进的工作项目，并针对每一项目，按 PDCA 循环进行改进。

三、现代办公物业标准化的实施体系

就现阶段而言，我国现代办公物业的标准化正处于起步和发展的阶段。针对目前标准化过程中存在的问题，可以从顶层设计、组织基础、实施应用、宣传推广和监督反馈五个方面提出解决方案。

（一）加强标准化工作的顶层设计

办公物业的标准化是一项系统工程，在现阶段要做好顶层设计，应重点抓好以下六个方面的工作。

第一，做好标准体系规划。以机关事务管理为例，这项工作已经有了很好的基础，国家机关管理局已经组织研究形成了《机关事务标准体系建设总体方案》，要进一步结合"十三五"规划要求，开展机关事务管理标准体系框架研究，重点分析机关运行经费管理、国有资产管理、办公用房管理、公共机构节能管理、国内公务接待管理等主要工作的标准化需求，建立结构化、系统化的机关事务管理标准体系框架。之后还将要围绕并结合近期和中长期目标任务，重点开展一批急需标准研制任务，形成机关事务管理标准化工作路线图。

第二，建立办公物业事务标准化推进实施机制。为统筹协调标准化工作，需要成立办公物业事务标准化领导机构，最好是由负责办公物业事务管理的主要负责人牵头，加强领导和协调，研究制定办公物业事务标准化建设的总体任务、实施步骤和考核目标。

第三，组织制定办公物业事务标准化管理办法，把一些标准化工作管理要求细化、

明确，特别要划清职责，建立标准实施的责任制度。

第四，加强标准化队伍建设，加强技术支撑能力支持，条件具备时，可组建"全国办公物业事务标准化工作组"，建立专家咨询队伍，为办公物业事务标准化工作提供技术支撑。

第五，建立一个标准化工作的信息平台，将标准化工作通过信息平台运行，把工作成效展示在平台上，为科学决策积累数据和经验。

第六，防止"一刀切"的方式。办公物业管理和服务的质量标准受该组织的具体目标、管理服务过程及其实践的影响。在遵循其基本原理并保证实现总的一体化质量标准目标的前提下，不同部门的质量标准在具体细节方面应有所不同。所以，建立标准化体系应考虑现实情况，不可采用"一刀切"的方式。

（二）夯实标准化的组织基础

办公物业的标准化建设是建立在组织的基础上的，因此，提升组织的标准化意识和能力、培养专业化人才和加强理论信息的研究等就显得格外重要。

第一，积极提升组织标准化意识与能力。有些提供办公物业的组织对标准化的认识还停留在建制度、做流程、过"三体系认证"的层面，形成"有序氛围跟着现场管理走、服务质量跟着检查力度走、劳动纪律跟着运营状况走、工作态度跟着思想情绪走"的局面。因此应通过培训以及标准化试点等工作，建立标准化组织，加大资金投入力度，按照"需求导向、合规性、系统性、适用性、效能性、全员参与、持续改进"原则，积极提升办公物业服务的标准化意识与能力。

第二，加强标准化人才培养。物业服务具有劳动密集型的特点，这意味着一个项目需要众多的员工协力开展工作。办公物业管理工作是一项系统的、复杂的工作，必须要在人才培训上下大功夫：从实际情况出发，采取多种形式对员工进行培训教育；有计划地从专业院校招收物业管理及经营方面的专业人才，逐步改变组织中管理人才的年龄和知识结构，向知识化、专业化、年轻化方向迈进；建立公司人才储备库，把有潜力和发展前途的员工列入后备队伍中，并有目的地将其下放到基层进行锻炼，从而形成企业自己的人才库。

第三，加强办公物业行业标准化理论研究。构建标准化科研支撑体系，加强物业行业标准化的国际合作和国际标准采标与研制，不断提高物业行业标准化的技术含量、质量水准和国际化水平。此外，还可以充分利用各类标准化信息资源，加强物业行业标准化、信息化建设，构建权威高效的办公物业管理行业标准化信息公共服务平台，创造沟通、交流和信息共享平台。

（三）推动标准化的实施应用

标准化工作的关键在于应用，标准实施是标准化工作的重要环节，在完成标准化的框架设计之后，应该进一步推动标准化的实施应用。

第一，推进重要标准实施。在标准制定发布后，既要参考借鉴相关物业法律条例，增强标准适用效率；又要推进公开，通过标准向社会公开，积极纳入公共资源采购、公共服务资源交易平台、公务服务社会化准入要求等，强化标准实施，不断提高办公物业事务管理的规范化水平。

第二，开展办公物业事务标准化试点。以机关事务管理为例，参照《社会管理和公共服务综合标准化试点细则（试行）》（国标委服务联〔2013〕61号）要求，国家机关事务管理局与国家标准委联合推进机关事务标准化试点示范建设。在全国选取一批有基础、积极性高的市、区、县等试点单位和试点机构，开展标准化建设试点，为全面推进办公物业标准化建设提供经验借鉴与示范引领。

第三，探索办公物业标准领跑者活动。研究建立并推行"办公物业标准领跑者"制度，让更多的办公物业单位追求更高标准、争做"风向标"，以先进适用标准引领办公物业降本增效、服务质量升级。

（四）强化标准的宣传推广

一方面，要加大重要标准宣传力度。宣传要注重广泛性、普及性，以通俗易懂、喜闻乐见的形式，宣传标准化知识，宣讲办公物业事务重要标准。可以利用世界标准日、重要会议等重大活动，利用多种媒体手段，广泛宣传和深入解读办公物业事务领域的采购标准、社会化服务标准、节约型机关能效标准、服务保障标准等，形成认识标准、关注标准、使用标准的良好氛围。

另一方面，要促进开展标准化学习交流工作。行业协会作为联结办公物业部门之间的桥梁和纽带，应通过研讨、论坛等形式让各方主体之间形成"交互作用"，及时推广典型案例和经验，引导全行业提升标准化的认识，充分调动学习和交流的积极性。

（五）构建标准监督和反馈机制

制定出来的标准并不一定具有科学性和规范性，因此要健全、完善标准实施监督评价和反馈机制，加强监督考评、绩效考核等工作，及时完成对现有标准的评估改进及修正工作。

第一，信息的分级公开。标准制定后可采用多种方式进行监督，但是在接受外部监督时，一定要注意标准的信息分级，由于办公物业服务保障的对象信息可能会具有保密性，并且出于隐私的保护，所以一定要在安全保密的前提下进行部分信息的公开，且在必要的范围内知晓。

第二，完善财务审计制度。一是支出定额和开支标准方面。需要对标准执行中所需要的成本和预期收益进行合理评估，并经过整体研究计算，拟定具备最佳投资的执行清单，尤其是在现阶段办公物业的收益不确定性持续加大的情形下，更需要选用可以尽可能少的成本投入获取更多收益的计划，因此办公物业部门需要严格制定运行经费支出标准和相关开支标准，采用定额定员的方法制定本部门经费预算并按规定安排支出。二是严格资金报销方面。对于纳入财政目录中的办公用品购置费用、接待费用、培训费用、公费差旅费用和运营费用等支出项目，应该按照相应标准规定进行支付。

第三，内外部监管相结合。按照标准化持续改进的内在要求，要采用多种手段开展标准实施监督。可发挥内部监督和外部监督作用。内部监督是自我评价和改进，外部监督是舆论、社会监督和第三方评价。条件具备时，可引入第三方标准化专业技术机构进行评估，深入查找和分析标准实施过程中存在的问题和不足，总结实施效果和实践经验，明确标准优化改进的重点和方向，不断提升机关事务标准化建设水平。

第四，健全评估反馈机制。标准执行的目的是为了提高办公物业服务的质量，因此在评估的时候一定要考虑到顾客的满意度。针对满意度的考量可以通过问卷和访问的调查形式开展，主要应从服务空间质量、服务配套设施、服务与预期的符合度等指标进行考察。在收集到顾客的信息反馈后，负责实施标准的单位应该建立标准化奖惩制度，以奖罚分明、易于操作、充分调动员工的主观能动性和积极性为主要原则，鼓励员工参与标准化建设工作，使其成为标准化实施和改进的主要群体。

第二节
现代办公物业的精细化

在当前现代办公物业日渐发展，行业竞争日趋激烈的形势下，走精细化管理之路，已成为办公物业服务企业的共识，也是行业未来发展的趋势。精细化管理作为一种先进的管理方式，其基本特征就是重细节、重过程，讲究从细微之处去做好每一件事，力争最佳。办公物业服务企业只有树立起精细化管理的意识，强化管理，优化服务，才能真正建立值得称赞的物业品牌，才能在激烈的行业竞争中获得生存与发展。以下将对现代办公物业精细化的基本内涵、主要特征和实现路径进行具体介绍。

一、现代办公物业精细化的基本内涵

在了解现代办公物业精细化的基本内涵之前，需要掌握什么是精细化管理，下面将对精细化管理的概念进行解释。

精细化管理思想起源于20世纪50年代的日本，时称"精益管理"，也叫"丰田生产方式"，最早应用于企业和工业管理，后来被逐步应用到政府管理和社会管理等领域。精细化管理是社会分工的精细化以及服务质量的精细化对现代化管理的必然要求，是在常规管理的基础上，以最大限度地减少管理所占用的资源、降低管理生产成本、使经济效益最大化为主要目标的管理方式。

对于精细化管理的定义，我国国内尚未形成统一的看法，不同的学者从不同的方面和角度提出了自己的看法。下面将对国内部分学者关于"精细化管理"的定义进行梳理（见表3-2）。

表 3-2 精细化管理的定义

学者	术语定义
汪中求	把精准化管理拆开来理解：精者，去粗也，不断提炼，精心筛选，从而找到问题的最佳解决方案；细者，入微也，究其根由，由粗及细，从而找到事务的内在联系和普遍规律；中文中的"化"指的是过程和程度。
	精细化管理是一种管理理念和管理技术，是通过规则的系统化和细化，运用程序化、标准化、数据化和信息化的手段，使组织管理各单元精确、高效、协同和持续性运行。
张喜爱	精细化管理是在日常管理活动的各个环节上，按照相关规章制度严格执行，强调管理的标准化、精细化、高要求和高质量。
王郁	以服务为先、需求导向为其价值内涵，以管理目标的精准定位、管理手段的精密细致、管理过程的高效运行为要素条件，在灵活适应当代社会快速发展变化的环境中追求不断完善、精益求精的管理模式。
高杨阳	精细化管理是一种强调执行力，严格进行格式化、标准化、流程化、制度化管理，深入挖掘常规管理的规律、优化管理资源、压缩管理成本、提升服务质量的一种管理模式。
王阳	精细化管理的实质就是通过规范化、程序化、标准化、信息化的手段，要求每一个环节都要尽可能精细，从而形成一个完美的管理系统，降低企业成本，提升企业效率。

　　了解精细化管理的定义有助于进一步掌握办公物业精细化的基本内涵，下面将对办公物业精细化的概念、要素、前提、意义和表现等五个方面进行详细阐述。

知识库 3-1 "丰田生产方式"

　　20世纪80年代起，以日本丰田为代表的汽车工业开始逐步挑战并取代美国在汽车制造业上的霸主地位，其根本原因还是在于日本实现了汽车生产方式的革新，这个革新既区别于西欧传统的单件生产方式，又不同于美国的大批量生产，被称为"精益生产方式"，而丰田公司正是这种模式的创立者和典型代表。

其采取的措施主要包括以下两点：一是采用不使次品流入下一个流程的系统，各个流程均保证产品质量，从而保证得到高品质的产品。二是通过不断改进（排除不必要的程序）生产流程，以降低产品成本，确保产品拥有一个顾客满意的价格。这两点可以说是丰田生产方式的精髓之所在。为了做到不使次品流入下一个流程，从而确保丰田产品的品质，丰田公司采用了全面质量管理模式，它强调质量是生产出来的而非检验出来的，由生产中的质量管理来保证产品的最终品质。在每道工序进行时均注意质量的检测与控制，保证及时发现质量问题。如果发现问题，便立即停止生产，直到将其解决，从而保证不让问题产品流入下一个流程；另一方面，通过不断地改善措施，彻底地排除生产中的不必要的流程，消除生产中的一切浪费，以实现成本的最低化，从而确保产品的合适价格，并最终达到企业利润的最大化。

正是由于精益管理为日本丰田及其他汽车公司生产出了大量品种多、质量高、价格低的汽车，才使日本的汽车厂商得以在市场上保持着竞争优势，从而逐渐取代美国的霸权地位。

（一）办公物业精细化的概念

在精细化管理的概念的基础上，部分学者也开始研究精细化管理在物业服务领域中的运用，尤其是在办公物业方面的运用，不同的学者从不同的角度对"办公物业精细化"的定义进行了讨论（见表3-3）。

表3-3 对"办公物业精细化"概念的讨论

学者	研究角度	概念定义
常绪东	日常工作	办公物业精细化管理就是在办公物业工作的管理、保障、服务、经营过程中实施精益求精、规范科学的管理。
王德	标准化和精细化关系	办公物业的精细化必须要实施有效的措施，完善科学标准体系，通过标准化的建设，发挥调节和控制功能，提高办公物业事务工作的科学管理和服务水平。
陈利	服务	在办公物业中，服务是基础，质量是保障，要明确发展目标，以社会化和规范化的服务作为精细化管理的基础，从而促使办公物业工作高效开展。

（二）办公物业精细化的构成要素

办公物业的精细化是一个由多要素有机构成的管理模式，具体情况如图 3-2 所示。

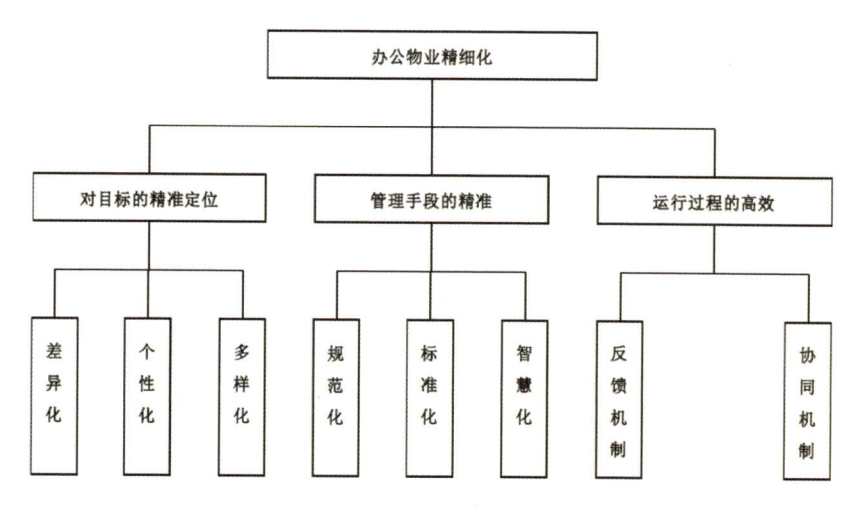

图 3-2　办公物业精细化的构成要素

办公物业精细化管理的第一个要素是对目标的精准定位。由于社会和市场的复杂性和多元化，服务目标的精准定位必然需要在充分了解不同地区、不同行业中各类市场主体的服务需求及其变化趋势的基础上进行。应建立差异化、个性化、多样化的目标定位，而非"一刀切"式、平均化的统一目标。目标的精准定位要求物业及时了解和掌握不同人群、不同区域的实际服务需求，同时还需要对需求的变化趋势建立基本的判断能力。因此，办公物业精细化管理的目标定位需要体现对管理和服务需求的差异特征，根据服务对象的条件和结构差异进行精准的目标定位，才能实现有效的精细化管理。

办公物业精细化管理的第二个要素是管理手段的精准。精细化管理的具体手段应体现规范化、标准化和智慧化的特点。管理手段的规范化意味着需要建立健全并完善行业内部的法律法规体系，以高度严谨的规则意识和法治精神为管理和服务的高效运行提供坚实的制度基础和精密细致的行为规范；管理手段的标准化通过对操作层面的事宜设立统一作业标准，有利于理顺各部门和各主体之间的关系，优化管理流程，提高管理效率，防止经验式管理带来的随意性；网络信息技术的发展，也为管理手段的智慧化创新提供了广阔的空间。在发达的信息技术的帮助下，可以更为准确、及时、快速地掌握和了解运行中的实际状况、出现的问题等各类海量信息，并基于对这些信息的分析和处理，发现各类需求的分布特征与变化特征，找到问题发生的时空规律及其影响因素，为解决措施的制定和实施提供科学、准确、客观的依据和支撑，从而提高管理的精确性、有效性和回应性。

办公物业精细化管理的第三个要素是运行过程的高效。精细化管理以精益求精的目标追求和服务导向为价值内涵，因此要求对社会和市场的快速变化以及多样化需求做出及时准确的回应，就需要修正传统的自上而下的官本位思维，加强管理和服务中的过程意识，尤其需要建立并加强治理过程中自下而上、由外到内的反馈机制以及多元协同治理机制，有效地提高管理和服务的回应性，以此改善并提高顾客对办公物业的满意度。

（三）办公物业精细化的前提

办公物业服务企业实施精准化管理一般需要社会、经济、政治和技术等方面作为前提。

第一，办公物业精细化要把握顾客的需求导向。人们的需求是伴随着社会发展、经济进步、国民素质、城市水平的逐步提高而不断变化的。所以办公物业单位应该根据顾客的差异，精准定位目标的需求，提供目标所需要的服务。

第二，办公物业精细化依赖于市场化进程的逐步加快。我国社会主义市场经济体制实施40多年以来，中国市场的供求关系已经发展到了较高层次，这奠定了办公物业服务企业精细化管理的物质基础，加强了精细化管理的公众接受程度与参与度，并且提供了一定的管理经验。

第三，办公物业精细化依赖于社会的法制化建设。只有建立系统的物业行业法律体系，才能确保办公物业管理的有序实现。相对完善的法律法规体系可以为精细化管理提供法律保障，推动精细化管理深入办公物业领域。

第四，办公物业精细化依靠于现代信息技术的发展。现代互联网和电子通信技术的运用创新了管理的方式和手段，使办公物业单位与顾客、同行之间的信息交流和沟通变得越发频繁，为信息共享提供了有利的条件，有助于办公物业服务企业把握市场的动向、收集顾客的信息以及了解其他公司的先进管理模式，为办公物业的精细化管理打下了技术基础。

（四）办公物业精细化的意义

精细化管理使办公物业服务企业不断完善、不断创新、超越自我。因此，强化精细化管理，是办公物业服务企业流程再造、追求卓越、提升服务、做大做强的重要途径。精细化管理不只是办公物业行业适应市场经济竞争环境的选择，还是行业内部良性成长、化解危机的途径。办公物业行业的精细化，可以促进物业行业整体服务水平的提升；办公物业行业的健康发展，对物业管理的成长也具有强大的推动作用。精细化的管理方式替代了过去简单、粗放的经营管理方式，使办公物业服务企业更加注重细节，追求精益求精的服务，从而形成自己的品牌形象和行业特色。

第一，精细化服务可以推动办公物业行业的专业化进程。物业管理的精细化与专业化是不可分割的，精细化是专业化的前提。只有在精细化的基础上，才能遵循事物发展的自然规律，以市场需求为导向，把精细化的服务理念、服务标准、服务水平和服务品质结合起来。因此，在塑造物业服务品牌的同时，精细化服务也推动了物业管理行业专业化的进程。

第二，精细化服务可以减少或规避物业服务企业风险。物业服务企业风险是指物业服务企业在服务过程中，由于企业或企业以外的自然或社会因素所导致的应由企业承担的意外损失。而物业服务企业风险大部分是因管理不善或因服务不专业、不规范、缺乏法律意识或沟通不畅等原因所致，因此，物业服务企业细化每项服务内容，将精细化服务贯穿于服务全过程，能有效地减少或规避企业风险。

第三，精细化服务可以促进办公物业从业人员素质的提高。现代办公物业管理需要一支掌握一定的理论知识和专业技术的管理队伍，但是目前，办公物业管理行业人才短缺，行业急需一批熟悉相关专业、擅长经营管理和熟练把握政策法规的人才。而体现精细化服务魅力的服务理念、标准、水平、品质，皆建立在专业的规范的服务之上。推行精细化服务，客观上要求物业管理从业人员把物业管理理论同物业服务实践相结合，从专业且规范的服务做起，通过精细化服务提升服务口碑、树立企业的品牌形象。企业利用服务品牌创造并适应企业生存发展的环境，进而吸引和造就一批优秀的办公物业管理人员，使办公物业管理人员整体素质得以快速提高，适应新时代办公物业管理发展的需求。

第四，精细化服务可以提升行业服务质量。古语曰："天下之事，必作于细。"

由此可见精细二字蕴含于每项工作之中。办公物业管理行业的精细化服务既是在日常服务规范化基础上的提升，也是广大业主日益迫切的需要。物业服务企业的精细化服务是多种多样的，它是对物业常规性服务的延伸，更是物业服务质量和水平提高的表现。

（五）办公物业精细化的表现

精细化管理在办公物业工作中的有效运用不仅能够让员工养成精细的工作作风，还是建立全过程、全方位和可持续的良性工作的有力保障。以办公物业为例，精细化管理对于办公物业产生的影响具体表现在以下四个方面。

第一，制度的精细化。制度是要求大家共同遵守的办事规程或行动准则。"没有规矩，不成方圆。"具体来说，在办公物业中，只有将工作规程规范化、程序化、科学化，翔实而细致地规定每一个操作过程的具体要求，才能确保各项工作在实施过程中便捷、高效、不出偏差。比如膳食服务工作，除对工作人员进行必要的知识技能培训（如餐具的收储、摆放、清洁等）外，还要建立相应的管理制度，对设备安全、材料及实物管理、就餐管理、卫生管理、服务员管理、厨房管理等方面进行明确要求；对财务管理员、行政管理员、物资保管员、采购员、炊事员、服务员、切配加工等人员的岗位职责进行量化细化；对饭菜质量、口味、营养搭配等方面进行定期研讨和改进，形成切实可行的制度保障体系，最大限度地满足服务对象的就餐需求。

第二，服务的精细化。服务精细化包含两方面内容：一是把服务的每一个环节拆解到最小单位，落实到每一个细节上；二是针对每一个服务细节，制定出相关的执行标准，形成培训、考核、验收制度，从而实现对每一个服务细节的精细化管理。以办公物业工作中的会议服务为例，为确保会议服务质量，不但要对会议服务人员着装、礼仪、言行举止等方面进行细致的要求，而且要对花卉摆放、座位安排、会议歌曲选用、会后保障等每一个细节都做出详细的规定，还要定期举办会议服务人员技术评比，深层次细化服务内容，全方位、多角度地提升服务质量和服务水平。

第三，保障的精细化。"兵马未动，粮草先行"，其讲的就是后勤保障的重要性。在办公物业中，小到电话接访，大到安全保卫，均需要工作人员做到规范、标准，把每一件事做好、做精。紧紧围绕"三优一满意"，细化责任、量化标准，对办公区进行24小时不间断巡视；对重点部门，如消防控制中心、变压器房、水暖泵房等设置专人进行看管；对外来单位人员及车辆进行登记，统一管理，从而为机关的正常工作提供了切实有效的保障。

第四，考核的精细化。精细化考核能够进一步规范机关工作，提高机关管理水平和工作效率，确保机关工作中各项措施实施到位。办公物业部门需要将考核与日常工作相结合，严格执行岗位责任制、首问负责制、服务承诺制、巡视制、反馈制、第一时间到场制和责任追究制等7项制度，做到"工作安排到了哪里，考核奖惩就跟到哪里"。工作人员要随时携带服务评测卡，请服务对象对每次服务进行满意度打分，评测结果将作为年底考核的重要依据。

案例3-4　山东省昌邑市通过精细化管理保障公务出行

昌邑市机关事务服务中心以《党政机关厉行节约反对浪费条例》为引领，全力打造公车管理服务平台，积极探索推进和建立完善以"务实、高效、便捷、节约"为目标的新型公务用车保障运行机制，多措并举实现节支降耗、遵循"三个严格"（严格公务用车申请、审批和基本信息月度公示制度），坚持一车一单，实施"三定"（定车、定点、定时集中作业和管理员现场监督）原则，并按照过程甄别、事前认定、现场监督、价格比对、过后验收确认等标准化流程组织维修工作，有效杜绝了营私舞弊。

昌邑市机关事务服务中心将军事化管理理念引入平台队伍建设，打造军事化驾驶员队伍。此外，定期开展政治学习，强化驾驶员的体能技能训练，实行车辆统一标识、清洁度统一验收、人员统一着装、工作时间一律正装上岗等制度。

为了锻造便捷精准服务品牌，昌邑市机关事务服务中心遵循"调度统筹无失误，安全作业无事故，服务对象无投诉，规矩红线无碰触"的"四无"品牌标准和服务理念，形成了"召之即来、听从指挥、急难险重、快速反应、不讲条件"的过硬工作作风。公车管理服务53名工作人员始终保持着联系畅通、反应迅速的出车备勤状态，确保应急情况之下8分钟以内安全到达市级机关综合服务中心，15分钟以内安全到达市区各个单位和部门。

二、现代办公物业精细化的主要特征

办公物业单位在引入精细化管理后，在工作上会产生巨大的改变。精细化本身包含"精、准、细、严"四个方面的特征。"精"为精益求精、"准"为准确准时、"细"为细分具体、"严"为严格执行。而精细化在现代办公物业中的特点主要表现为"四精四细"。

（一）现代办公物业的"四精"

四精即"把握精髓、创造精品、精致沟通、精密配合"。一是把握精髓。办公物业服务企业想要不断发展，必须要有能够掌握公司管理精髓的管理层，优秀的管理层能够规范公司的运行机制、找准公司的市场定位、锻造公司的经营理念，让整个公司的运转井然有序。二是创造精品。办公物业服务企业要有效运用组织文化、流程监控、技术革新等手段来指导和促进公司的发展，使公司提供的物业服务更加精致，为公司发展自己的核心竞争力和创建品牌形象创造条件。三是精致沟通。办公物业服务企业需要畅通与客户、其他公司以及公司内部人员和机构的沟通渠道，细化沟通模式。四是精密配合。为了提高公司的管理效率和提升服务质量，公司内部各部门之间以及具有不同分工的机构之间要加强协作沟通，提高配合度和默契度。

（二）现代办公物业的"四细"

四细即"细化市场和用户、细化公司各机构的岗位职责、细化公司的战略目标、细化公司的管理制度"。一是细化市场和用户。办公物业服务企业要明确发展前景和市场定位，精准把握市场的发展动向和用户的需求。二是细化公司各机构的岗位职责。完善公司内部管理机制，明确各个部门的职能职责，做到职责到岗、到人。三是细化公司的战略目标。办公物业服务企业需要妥善制定当前任务、年度计划、中长期目标等战略目标，明确各个时期的任务目标和决策指令，保障目标的可完成性和任务的可操作性。四是细化公司的管理制度。公司内部需要完善激励、考核、监督、晋升等制度。

总的来说，精细化管理精准细化了办公物业服务企业的管理细节，涉及公司的管理理念、队伍建设、机构协作、战略目标等众多环节，促使公司提供更加优质的物业管理服务。

在管理理念方面，始终坚持从源头开始，"以人为本，服务顾客"的理念宗旨，完善服务项目和流程，平衡整体的服务规范。办公物业服务企业以精细化为引领，查找有漏洞的环节并确定主要切入点，然后分阶段处理问题，从而带动整体系统的统筹完善。

在队伍建设方面,以专业的员工队伍为基础,以全面的内部分工为手段,以提高员工的服务意识和水平为目标,进行员工的培养和教育,使整个员工团队拥有共同的价值理念和价值追求,从而提高公司的整体竞争力。

在机构协作方面,既要明确各个部门的职能职责,减少因职责划分不明确而导致的矛盾冲突,又要打造信息沟通和分享的渠道,营造良好的合作氛围,鼓励各部门进行协同工作,形成配合默契的服务团体。

在战略目标方面,根据公司的发展前景和实际情况,对于公司的近期、中期和长远期的发展进行细致的规划,并把公司的战略规划充分落实到公司运行的每一个环节中,推进具体任务的落实和完成。

案例3-5　大连市沙河口区机关办以精细化管理实现高效率服务

辽宁省大连市沙河口区机关事务管理办公室积极构建精细化办公物业管理体系,积极推动各项工作向精细化、高效能升级,打造机关服务的优质品牌。

(1) 注重队伍建设精细化,强化内在动力。一方面,建立优胜劣汰机制,积极引进优秀的管理人员和专业人员;另一方面,内部挖潜,让想干事、能干事的物业员工"有为又有位"。同时规范各岗位的业务操作流程,实现管理过程的指标化,从而达到精细化管理的目的。

(2) 注重服务标准精细化,凸显优质服务。办公物业服务具有综合性的特点,工作涉及面广,日常事务琐碎繁杂,同时责任重大。在日常管理中,沙河口区机关事务办建立了"物业经理统筹管,具体部门分头管,岗位人员具体管"的"网格化"管理模式,并且针对食堂、保安、前台接待、会务、工程等各个部门建立服务标准,做到服务标准化。

(3) 注重细节管理精细化,树立优质形象。因此,机关事务办针对工程、保洁、保安等人员建立了办公物业公共事务管理微信群,并制定了"快、准、细、严"的精准服务目标。快,就是发现问题快;准,就是分工明确定位准;细,就是验收要仔细;严,就是质量把关严。

三、现代办公物业精细化的实现路径

办公物业的精细化管理可以提升物业工作人员的工作能力，降低管理工作成本，提高管理和服务工作的质量和效率。但是，精细化管理是一个复杂的管理模式，在将精细化管理运用到办公物业的过程中，也遇到了诸多问题，精细化管理活动的开展以及管理成效的取得会受到很多具体因素的影响与制约。对于办公物业单位来说，实施精细化管理并不简单。下面将从服务理念、信息化技术、管理体系制度、细节监控和考评机制的角度出发讨论现代办公物业精细化的实现路径。

（一）以服务理念为导向

观念是人们在实践中把抽象的、普遍的想法进行整合，并反过来在人们进行实践时支配人的行为的一种主观意识。正确的观念能提高人的主观能动性，提高生产服务质量。

办公物业单位想要较好地进行精细化管理，首先要在管理理念上进行调整，确立"以业为尊，用心服务"的服务理念，并进行自上而下的理念转变，增强对精细化管理的认识并将其作为基础性管理理念，这是实施精细化管理的先决条件。

在办公物业精细化服务的具体实施过程中，要让所有人包括管理者、普通员工都对精细化服务有深入的感受，并且能自主运用到管理和服务中。这就要求领导者与普通员工共同努力：领导者应该积极引导和启迪工作人员加深对精细化管理的认识，使

他们能够更多地思考与精细化工作相关的创新观点，并对精细化管理进行拓展探索；同时，普通员工也要在工作中逐步树立起精细化管理的理念，体会精细化管理的优越性，乐于接受并将其实践于日常工作中。

办公物业单位也应该注意到，由于业主的差异性和多样性，所以业主对服务需求的种类、方式和质量等也存在区别，因此不能按照"一刀切"或者平均化的手段来提供物业服务。同时，业主的需求也可能因为时间的推移或者其他因素的影响而发生变化，因此也需要对服务进行不断的改进和升级。

精细化服务的服务对象是业主，所以应该最大限度地让业主满意，满足业主的要求，从而实现公司的价值、提高员工的服务水平，并在公司内部营造出为业主精细化服务的工作氛围和企业文化。

（二）以信息化技术为载体

"科学技术是第一生产力"，在办公物业管理工作中，科学技术的运用同样重要，甚至往往会起到事半功倍的效果。从理论上讲，物业管理信息化技术既是物业管理规范化的重要组成部分，也是与精细化服务接轨的重要桥梁，更是衡量办公物业管理水平的重要尺度。

办公物业服务企业可以通过"大数据"形成物业管理数据的大集中和物业管理信息资源的共享，由此来提高工作效率，优化服务质量。当前，物业服务企业要全力做好推广信息化技术的实施准备工作，整合信息资源，实现信息共享，强化精细化管理的载体，不断完善和利用信息化手段，巩固已有成果，力求新的突破。同时要充分利用信息渠道，通过网络完善物业费及其他各项费用的收缴、宣传、告知、咨询等服务功能，不断降低管理成本，提高管理质量和工作效率。

（三）以管理体系制度为基础

体系是组织保障，制度是法制保障。完善体系和制度是落实精细化管理的基础，因此必须建立职责明确、程序简明、运行顺畅、符合法规的办公物业管理流程和岗责体系。在实践中，一要分工协作。二要细化管理，按照各部门的职责分工，细化工作职责，形成统一规范的岗责体系，保证办公物业的管理业务流程环环相扣、运行有序，确保工作效率。三要责任明确，在合理的岗位职责上，进一步将职责细化到人，严格岗位问责。同时，要做到分工协作、整体协调，提高团队战斗力。

精细化管理有三大原则：注重细节、立足专业、科学量化。只有做到这三点，才能使精细化管理落实到位。举一个物业管理中常见的例子，物业服务企业一般是接到业主报修后，再安排工程维修人员。维修人员入户后对业主报修的内容进行检查，待维修完毕后再返回管理处。那么，如果采用精细化的方式，将怎样完成这一过程呢？某物业服务企业在入户维修管理流程中制定了详细的具体程序要求：接到报修—约定时间—工具准备—上门维修—单据归档—工作记录—销单完成。整个过程简洁而不烦琐、规范而不混乱，其优质化的细节服务也得到了业主的一致好评。

（四）以细节监控为关键

办公物业管理细节监控是精细化管理的关键部分。细节决定成败，但细节必须通过有效的监督和控制才能转化为成绩。

要实现对办公物业管理细节的动态管理和有效监控，一是要进一步落实相关的办公物业管理制度，并做好信息反馈。依托现代信息化技术，健全激励机制和监督制约机制，形成有效监控体系，实现"阳光管理""阳光服务"。二是要强化分类管理，分类管理是精细化的重要手段。在实践中，要做好对重点办公物业管理工作的网络动态监控，并严格对相关环节进行有效调控，不断完善各个管理环节。三是要深化对办公物业管理各个环节的评估。建立科学的评估体系，采用共享信息，运用横向、纵向、条块的方法，比较分析各个环节并通过定性定量分析，进一步强化细节监控和物业管理各个环节评估，建立评估模型。四是要实施办公物业管理各项预警制度，从源头遏制问题的出现，进一步降低风险。

（五）以考评机制为保障

只有科学的考评机制，才能形成正确的业绩导向。具体而言，办公物业服务企业首先要加强综合目标考核，在办公物业管理工作中要运用好 ISO 质量管理体系，加强对整个物业管理过程的精细化管理，结合下达的综合目标，使过程管理与目标管理紧密结合，完成上级下达的各项目标任务。办公物业服务企业不仅要物业服务人员完成任务的考核数量与质量，还要考核办公物业管理队伍的综合素质、细化质量效率和过程中服务的优劣等级；不仅要加强系统内部考核，还要注重业主和社会各界以及主管机关的评价，强化精细化管理，结合业主满意度考核其办公物业管理服务水平，形成长效考评机制，激励员工爱岗敬业，推进办公物业管理精细化、科学化。

第三节 现代办公物业的专业化

从目前整体的发展状况来看，被称为"朝阳行业"的物业管理行业被公众认为是门槛低、风险小的微利行业。利润微薄迫使企业要去寻求生存与发展的道路，即不断扩张事业版图，以规模求利润。应该说，做大做强，是所有企业的共同追求；让有实力的品牌企业占领更大的市场份额，使更多的业主享受到优质服务，对行业的优胜劣汰是一件好事。但是，一些企业在扩张管理规模的时候存在一定的盲目性，从而导致企业往往是做大了但并没有做强。因此，物业服务企业在扩张时，应注意朝着专业化方向发展，既可以提升自己的竞争能力，又可以促进整个现代办公物业行业蓬勃发展。

知识库 3-2　瑞士：物业管理与社区管理相结合

瑞士的居民社区以地理位置划分，一个社区中往往有多家物业服务企业在管理。每栋居民楼都有一名物业管理员，负责楼内的清洁卫生、楼周围绿地的修整，管理员一家必须住在楼里。凡住户需要服务的，大小事情都可以找管理员，管理员需将修门窗、换家具、粉刷房屋、修理更新电器等需求及时通知物业服务企业，住户也可以打电话给物业服务企业，告知其诉求。物业服务企业则及时联系与其有业务关系的各类专业公司。有关专业公司很快便会给住户打来电话约时间，登门服务。负责此事的物业服务企业技术服务部一般只有一两个人，一切服务都已社会化。社区内的公园，不论大小，一律免费，体育健身场所对本社区居民有优惠。

瑞士物业管理的特点，就是为房主和住户提供方便的生活条件和优质的服务。物业小区的管理不搞大而全，而是按社区的安排将服务设施出租，以物业管理促进社区建设，以物业建设推动社区管理，使物业管理与社区管理相协调。

一、现代办公物业专业化的主要内涵

传统物业管理的内在属性有社会属性、市场属性；现代化的办公物业在宏观和微

观两个方面都将发生根本性的变化。专业化逐渐成为现代办公物业的突出属性。

（一）传统物业管理的内在属性

传统的物业管理具有社会属性。我国物业管理起源于1981年，当时成立的第一家物业服务企业主要是为了满足东源丽苑业主高品质的居家生活的需要，为其提供完善的小区管理服务，物业服务企业承担房屋维修、供水、供电、机电维修保养、小区治安、小区清洁卫生以及绿化养护等职能。自此以后，深圳乃至全国房地产开发商逐渐意识到物业管理对地产开发的推动作用，纷纷将物业管理作为一个销售卖点，在政府倡导下，成立自己的物业管理部门。这些行业先行者的初始目的非常单纯，即在赚取管理费的同时为业主提供全方位的服务，进而为开发商服务。

传统的物业管理具有市场属性。作为企业，物业管理行业从诞生开始，按市场经济规律，便应该有鲜明的市场属性。依照经济学观点，企业进入市场，最基本的动机便是获取经济利益。无论是经济行为短期化的企业，还是经济行为长期化的企业，都有一个共同点，那就是早日获利。而物业管理行业面对的事实却远非如此。以深圳为例，深圳的物业管理是在率先打破了我国实行30多年的福利型房管模式后，逐步建立起来的企业经营型房管模式。因此，它带着政府指导和管理的痕迹，受政府调控的影响还很大，这其中又特别体现在管理费价格的制订上。深圳目前执行的是政府规定的行业"保本微利"原则，有严格的政府指导价体系，任何一个企业的收费都不能超出这个价格体系规定的范围。因此，从整体而言，物业管理行业基本上还是一个带有福利特征的不完全竞争行业，这决定了物业服务企业的经营原则不能完全是盈利原则。因此，从经济学上来讲，物业服务企业并不能称为完全的企业。

从以上分析不难看出，传统的物业管理行业，其社会属性远远大于市场属性。因此，有人说："物业服务企业更像政府，而非企业。"

（二）现代办公物业专业化的内在属性

随着我国社会主义市场经济体系进一步完善，在充分完成国企体制改革和建立健全社会保障的前提下，住房体制将完全实现分房货币化和商品化。由此，我国物业管理现行体制在宏观和微观两个方面都将发生根本性的变化。

第一，物业管理的行业管理将由政府管理为主向行业协会管理为主过渡。物业管理的行业管理主要工作，如资质评审、培训、投诉处理、创优考评以及行业行为规范等均由协会来完成，而政府则主要做好相关的立法和司法工作。

第二，物业管理日常事务从物业服务企业自管向社会各专业化公司过渡。物业管理的日常工作诸如清洁、绿化、房屋维修、机电等均分包给各专业化公司去做，而物业服务企业要做的则是对这些工作的调度、协调和监督。

第三，社区事务由物业管理向政府或社会过渡。随着社会物质文明和精神文明的高度发展，治安状况不断好转、住宅区内原本属于政府行为的治安、社区文化、计划生育、装修税收等工作将从物业服务企业回归到政府，如确有特殊政府行为的工作需要企业来做，也完全采用代理等形式的企业化经营。

（三）现代办公物业专业化的主要表现

现代物业管理能够作为一个独立的产业存在，是在世界科学技术突飞猛进，中国进入WTO后，人们的生活同科技进步、同世界潮流息息相关的历史大背景下产生的。现代办公物业专业化的主要表现有以下几点。

第一，现代办公物业专业化，是基于市场的物业管理专业化来进行的。以前在少数大型公司内部，也有部门的分工与协作。但这种分工与协作往往是在企业内部，由企业通过组织协调来实现的，它受制于企业的规模和管理水平；更重要的是这种大型公司的数量是极其有限的。然而，物业管理专业化是通过市场来进行分工协作的。无论企业规模大小，只要能遵守市场规则，就都能在这种专业化模式运行的市场中找到用武之地。

第二，现代办公物业专业化不仅是物业服务企业内部的专业化协作，还包括行业间的专业化分工与协作。现阶段办公物业的专业化管理存在一定差异。通常所说的物业管理的专业化，其实只是物业服务企业内部的具体专业分工与协作，而真正意义上的专业化管理是指物业管理行业内，包括与相关行业间的专业化分工与协作，也就是将管理内容细化后发包给清洁、秩序维护、设备维修等专业化公司，然后由物业服务公司对专业公司的工作进行监督验收，从而达到对物业进行管理的目的。

第三，专业化管理是国外物业管理最显著的特点，值得国内物业管理专业化进程借鉴。物业服务公司将自己的服务社会化，一般只负责整个住宅小区的整体管理，具体业务则聘请专业的服务公司承担。在具体管理方面，国外物业通常采用封闭式管理，管理者对楼宇内治安、防火、清洁卫生、水电供应等全面负责。楼宇内还有安保人员24小时巡岗，保证楼宇大厦的绝对安全。在为业主服务方面，物业服务公司做的也比较周到，管理人员充分考虑业主衣食住行等方面的需求，提供如车辆保管、绿化养护、洗衣熨衣、看护儿童、护理病人、代订代送报刊、通报天气预报和股市行情等服务，尽可能地满足业主现实和潜在的服务需求，让每个业主都感到舒适方便。

二、现代办公物业专业化的基本要求

近年来，物业管理行业内争夺市场份额的竞争日趋激烈。如何制定经营策略，拿到市场主动权，并且不断推动物业服务企业的专业化升级，是每一个物业服务企业需要思考的问题。

（一）现代办公物业专业化的影响因素

任何一个行业内的企业都有其明确或含蓄的竞争战略。企业可以通过制订计划建立明确的专业化竞争战略，也可以通过企业各部门的活动来确立明确的竞争战略。从根本上说，制定竞争战略包括某个企业准备如何参与竞争，企业的目标是什么以及如何贯彻这些目标等问题。

近年来，物业管理行业内以争夺市场份额而开展的竞争日趋激烈。我国加入世贸组织后，国外先进的物业管理模式对原本就残酷的国内物业管理行业带来更加白热化的竞争，物业服务企业在面对"内忧"的同时，还要面对"外患"，这里所说的"外患"指的是国外专业化、技术型物业服务企业对国内市场份额的蚕食。

知识库 3-3　现代办公物业的五种竞争力量

现代化的物业服务企业将面临五种竞争力量：新进入者、替代服务、服务供给方专业公司、服务需求方（业主、住户）及现有竞争者。

虽然这五种力量共同决定行业竞争的激烈程度及获得能力，但其中有一个或几个力量在战略中起关键性的支配作用。我们知道，一个物业服务企业，其服务产品专业程度越高、技术附加值越高，其吸引和诱发顾客需求的欲望就越强，其盈利能力也就越大。在我国物业管理发展过程中，一些物业服务企业较早地意识到了这一问题，并已成立了一些相对专业的服务公司，如电梯公司、清洁公司、外墙清洗公司及楼宇智能化公司等。这些公司的运作实践证明了专业化物业管理无论是在集约化、资源有效整合应用方面，还是在适应市场需求的能力方面都有传统物业服务企业不可比拟的优势，因此也就显示出了较强的生命力。这就告诉我们，专业化发展是现代物业管理发展的必然趋势。

（二）现代办公物业专业化的优越性

与传统的物业管理模式相比，现代办公物业专业化有多方面的优越性。以下从三个方面来论述。

首先，现代办公物业专业化使大型设备得以使用，企业人员结构更精简。目前物业管理服务收费标准高，让消费者难以接受，其主要原因就是成本投入过高。大量本可以由机器从事的生产，在现阶段都由人工完成，所以劳动生产率低下，生产成本高。只有实现了基于市场的专业分工与协作，物业管理才有可能实现高效的机械化劳动，使用大型设备，大大提高劳动生产率，将使企业的人工劳动量降到最低。这样既可以精简员工结构，又可以节约工资支出，降低管理难度，减少管理开支和决策失误，降低管理成本。

其次，现代办公物业专业化能够提高员工的专业化程度，最大限度地满足消费者需求。当专业化分工由市场实现时，一方面，对生产性的专业公司而言，它面对的是整个市场，其专业队伍的人员规模再也不必受限于企业的生产任务量了，其员工的专业化程度将会大大提高，进而提高生产效率和服务水平。另一方面，对管理型的项目公司而言，它所面对的是整个市场，有许多专业公司可供其挑选，这时它才真正实现了作为一个消费者的选择权。而在这种选择中获得的满足又是由最终的消费者——业主所享受的。这些管理型的项目公司经过重重筛选后选定的专业公司，其员工专业程度一般较高。可让消费者的需求得到最大限度的满足。

最后，实现现代办公物业专业化可以降低物业服务企业的服务价格。由于市场的活跃，大型设备的使用，生产效率的提高，人员随之精简，工资支出会减少，管理成本也会下降；加之员工专业化水平的提高，服务水平的上升，物业管理的成本会有效降低，服务价格会随之下降。

案例3-6　现代办公物业专业化与清洁卫生

清洁卫生是我国物业管理中日常服务的一项重要任务，也是物业服务企业成本支出中的一项主要内容。目前大多数物业服务企业仍然采用人工清扫方式，劳动效率低，生产成本高。有的企业想要引进大型清扫设备，却又由于企业所管物业的规模有限，设备利用率不高，单位成本较高，所以无法推行。如果实行了现代办公物业专业化，成立专业性的清洁公司，它所面对的就是整个市场，而不是某个小区，其设备的利用率将会大大提高。这样成本就会大大降低，从而改变目前这种低效的生产局面。

（三）现代办公物业专业化的主要体现

在现代化办公物业的专业化服务中，业主可根据服务等级缴纳物业费，也可以选择混搭物业"菜单"，还可以通过数据了解真实的物业服务。

案例3-7　北京市《住宅物业服务标准》

为规范物业服务行为，提高服务水平，实现物业服务的专业化，北京市住房和城乡建设委员会、北京市质量技术监督局联合发布了《住宅物业服务标准》（以下简称《标准》）。以地方标准形式发布物业服务等级标准，这在全国尚属首例。这标志着北京市住宅小区物业费按住房面积全额收取的时代即将终结，物业服务好坏将有具体的衡量标准。《标准》的发布有利于业主发现物业管理的核心价值，实现对物业服务内容的量化考核，构建质价相符的物业服务市场环境。

据了解，过去北京实行过三个等级的物业服务技术标准，此次增加到五级，对物业服务具体的内容划分得更加详尽。一级标准为最低标准，向上递增，每一级标准高于且包含相应低一级的标准。

北京市住建委物业处处长于良表示，服务服务企业级别越高，提供服务内容越多，服务质量也越高。根据质价相符的原则，业主若选择更高标准的物业服务，物业费的标准也会相应提高。今后，若物业服务不能达标，业主便可在合同到期后不再续约。

事实上，物业服务本身具有无形性和即时性的特点，因此难以量化评估，而《标准》对物业服务事项予以细化，对服务频次、深度、结果等进行定量描述，几乎每项服务内容均设立了量化的维修养护、检查要求，改变了物业服务质量不可追溯、价格难以评估的现状，可以作为评估物业服务质量，测算物业费的依据。

首先，业主可根据服务等级缴纳物业费。五级物业服务标准对物业服务事项做了科学分类和细化，对进一步提高物业服务质量，规范物业服务行为，促进业主和物业服务企业间和谐互信关系的建立都将起到积极作用。

其次，业主可选混搭物业"菜单"。业主在确定物业管理方式前，可根据小区实际情况以及业主需求，选定相应的物业服务标准。业主可以直接选择不同的物业服务标准，也可以将标准中所涉及的所有具体服务内容单个抽出来，组成符合自己需求的组合式菜单。比如，物业服务企业为对保安要求高但对卫生要求低的小区业主，量身打造混搭"菜单"。

最后，由于长期以来宣传引导的不足，业主对物业服务的认识仅停留在保安、保洁等内容上，忽视了房屋使用安全管理。为此，应当强化物业共用部位和共用设施设备的维修养护管理，包括房屋结构、建筑部件、空调系统、二次供水设备、排水系统、照明和电气设备、电梯、水井、消防设施设备等的日常运行和维修养护。

知识库 3-4　物业服务企业部分服务内容

（1）客户服务中心工作时间：工作日不少于 12 小时、节假日不少于 8 小时，其他时间设置值班人员。

（2）每年第一季度公示上一年度物业服务合同履行情况、收支情况、本年度收支预算；每年第三季度公示上半年物业服务合同履行情况、收支情况。

（3）水、电急修 15 分钟内，其他报修 30 分钟内到达现场；由专项服务企业负责的设施设备应在 30 分钟内告知。

（4）业主或使用人提出的意见、建议、投诉在一个工作日内回复。

（5）每年至少公开征集一次物业服务意见，问卷完成率应在 85% 以上，并公示整改情况。

（6）每年至少组织 3 次社区文化活动。

（7）重要节日进行美化装饰。

（8）有条件的提供室内清洁、洗衣、做饭、洗车、财物保管、票务代理等特约服务。

（9）每年对空调系统进行一次整体性维修养护。

三、现代办公物业专业化的推进

现代办公物业专业化是社会生产力发展到一定阶段的内在需求，是市场经济发展的客观规律。企业推进现代办公物业专业化，将使自己的服务变得更专业、更精细、更完美。

（一）现代办公物业专业化推进的必要性

专业化是社会生产力发展到一定阶段的内在需求；调和供需内在矛盾急需物业服务的专业化程度；专业化发展是新时期物业管理的必然趋势。

第一，专业化是社会生产力发展到一定阶段的内在需求，是市场经济发展的客观规律。"一体化、统而全"物业服务模式的提出、发展，具有鲜明的时代背景，是政府职能转换的产物。社区作为一个社会生活的共同体，其主要功能是直接满足居民衣食住行的社会生活需求。营造安全、整洁、舒适、优美、便捷的人居环境。而对于社区居民个性化、多样化的心理需求。任何发达的行政系统都难以照顾周全。于是，在转制改革中，市场机制将社区中大量新生、繁复的综合性作业服务交由物业服务企业承担。物业服务企业作为服务的提供方，接受业主大会的选聘，在物业区域内向业主提供以保修、保安、保洁、保绿为基础的常规性综合服务。从当时社会生产发展的内在需求来看，实行一体化的物业服务模式是对传统体制的一次革新，是一个进步。

"一体化、统而全"的服务模式已经不适合现代办公物业的要求。专业化、集约化的服务模式才是物业管理进入成熟阶段所应该采取的发展模式，它是现代化大生产社会专业分工的必然结果。

第二，调和供需内在矛盾急需物业服务专业化程度的提高。以前的物业管理矛盾多多，一方面在于业主对物业服务的认可度不高，内心又追逐物美价廉的超值服务，对质价相符的理解失之偏颇，再加之少数物业服务企业懈怠于贯彻服务质量标准，导致投诉率居高不下；另一方面在于物业服务企业自身服务模式存在弊病，大多数物业服务企业实行"一体化、统而全"的物业服务模式，在这种模式下要满足各项服务需求，就必须配齐各种专业设备和各类专业人才，大大增加了管理成本和企业自身负担。

解决供需内在矛盾的根本途径是应用专业化、集约化的物业服务模式，并切实提升专业化程度。随着现代物业管理的发展，物业科技含量、知识含量越来越高，物业运作程序更加复杂，业主对服务的要求也更加严格。物业服务企业应用专业化的物业服务模式，将保安、清洁、维修等作业以合同形式外包给专业公司去做，定期对专业公司进行考核评价，按照市场公平竞争、优胜劣汰的原则进行选择。这种社会化专业化的经营模式，不仅能最大限度地发挥人力资源优势和专业优势，有效地降低服务成本，更能提升服务的整体水平，减少业主因服务期望值过高而产生的投诉。

第三，专业化发展是新时期物业管理的必然趋势。新时期物业服务企业竞争战略的制高点是物业管理的专业化发展方向。物业专业化的发展预示着我国物业管理市场将迎来新一轮观念革命。通过这场观念革命，物业管理将摒弃传统的、大一统的管理模式，采用全新的专业化管理模式，这一模式更有助于强化新时期物业管理市场的竞争优势，巩固并提升市场特有的竞争力。可见，物业专业化发展方向是新时期物业服务企业发展的必然趋势。

（二）现代办公物业专业化推进的现实意义

首先，企业坚持提供物业专业化服务，其服务将会做得更专业、更精细、更完美，并可以在提高服务质量的过程中不断更新服务内容，在竞争中寻找更多商机。

其次，企业提供物业专业化服务，有利于节约管理成本、共享资源，有利于实施品牌管理及实现在管理与服务上的统一，体现品牌特色。此外，企业凭借优质和人性化的专业管理服务，可以实现规模管理带来的系列经济效益和社会效益。

最后，企业按专业化发展要求，可以组建起专业服务管理机构，如保安公司、保洁公司、绿化公司、工程维修公司等，统一物业管理专业服务标准，统筹物业管理专业服务安排，提高资源的配置和使用效率。

（三）现代办公物业专业化推进的一般过程

没有规矩，不成方圆。专业化管理是强化物业服务企业服务意识、提升服务质量的前提。专业化管理能最大限度地提高工作效率，实现由"人治"到"法治"的转变，进而实现专业化服务的管理规范化、标准化、制度化、程序化。其推进的一般过程如下。

第一，统一物业服务的标准规范和服务理念。突出抓好宣传和贯彻标准的工作，按照"横向到边、纵向到底"的原则,加强学习、领会和运用物业服务标准规范,通过组织"每周一考核"活动,建立经常性的教育培训机制,让员工明白该干什么、怎么干、应干到什么程度,真正做到全面了解、正确把握和自觉执行。

第二,深化物业服务管理模式形成"我的区域我负责,我的职责我履行"的有效管理机制。成立考核领导小组,按月考核各区各项服务指标完成情况,按季度向住户进行服务满意度书面调查。考核结果将进行排名公示,与月度生产奖金直接挂钩,调动管理人员的工作积极性,使物业服务专业化管理模式得到有效落实。不断地强化管理工作,做到职责明晰、任务明确、责任到人、监管到位,用制度去完善管理。

第三,强化物业服务过程的监督管理。物业服务企业通过持续加强"规范管理年"活动等自查自改工作,完善物业服务质量监督管理办法及配套实施细则,落实物业服务的标准化服务、规范化管理,注重加强环卫、绿化、维修专业化服务过程的监督管理工作,以"走动式"管理的方式将"日查、周检、月考"落实到位,有效提高整体服务水平。在"日查"过程中,楼长和环卫保洁、绿化养护和维修作业的操作人员一起作业,严格执行标准规范,加强了第一现场的质量控制。管理人员对管理区域坚持每日巡查,及时协调各专业化服务管理工作。在"周检"过程中,主管领导带队组织物管办公室管理人员进行定期不定时的周度检查,进行现场检查,并用数码相机记录在提供专业化服务的过程中存在的问题。在"月考"过程中,根据第一手监督管理考核结果,结合"周度检查"情况对专业化服务队伍进行考核。通过积极开展管理创新和管理实践活动,用制度完善管理,理顺监管考核工作程序,全面推进物业服务监管的规范化、标准化、精细化、信息化,有效地完善了规范管理的长效机制。

第四,推进物业服务专业化工作计划的落实。为了进一步加强对专业化服务队伍的管理,提高服务质量,按照"巩固、深化、推进、加强、提升"的工作原则,将专业化服务队伍纳入物业服务企业的日常管理工作中,物业服务企业坚持每周召开一次由物业服务单位管理人员和专业化服务队伍负责人参加的生产会,并借助多媒体讲评周度检查结果。此外,及时落实整改周度检查中出现的问题,从而取得较好的实际效果,有效提高物业服务管理人员发现问题、分析问题、解决问题的能力,进一步强化其工作责任感。物业服务企业用生产会的形式组织物业服务工作人员"回头看",帮助其整理工作头绪、清理未完善的工作,总结提炼"工作亮点",研究制定"改进措施",统一员工的思想,明确其工作目标。

第五,完善与用户的沟通机制。在日常监督管理过程中,物业服务企业不断完善与用户的沟通机制,开展住户座谈会、接待日活动和服务人员满意度的测评工作,真诚地接受批评、虚心地听取意见,不断提升服务质量。积极推行"首问"责任追究制和定期回访制,诚信服务业主,虚心接受业主的监督,疏通其投诉渠道,掌握其需求和愿望,让业主的"怨气"有处发、"不满意"有处投诉、"好的建议"有处表达。

第四节 现代办公物业的品牌化

物业管理品牌是指企业在运营过程中，有计划地对企业形象进行设计和塑造。以优质的服务和专业化的运作树立品牌，是现代办公物业服务企业的发展之道。

案例 3-8　中油阳光物业：专业化管理、品牌化发展

中油阳光物业管理有限公司是按照中国石油"集约化经营、专业化管理、一体化协调发展"的战略部署组建的专业公司。公司成立于 2007 年，注册资金为 5000 万元，主要负责中国石油在国内各中心城市办公楼宇的建设和服务管理工作。

经过近八年的发展，公司物业管理总面积约 160 万平方米，员工约 2200 余人，管理区域辐射全国 10 个省、市，已成为拥有 12 个分公司、2 个子公司和 1 个控股公司，服务项目涉及写字楼、酒店、工业厂区、住宅小区等多种物业类型的综合性企业。公司拥有持有各类专业技术任职资格的员工 139 人，持有各类国家职业资格的员工 765 人。目前，公司具有国家物业服务企业一级资质，连续两届当选为中国物业管理协会常务理事单位，2013 年和 2015 年，公司两度荣获由中国物业管理协会评选的"全国物业管理综合实力百强企业"称号，并获得了全国"物业管理绿色节能示范企业"称号。

中油阳光物业服务企业始终坚持以打造专业化管理、品牌化发展的服务公司为己任，不断扩大经营规模，在标准化体系建设、员工队伍建设、企业文化建设等方面都取得了可喜的成果。

一、现代办公物业品牌化的主要内涵

在物业管理行业日益激烈的市场竞争环境下，实现物业管理品牌化经营已成为企业发展壮大的必经之路。只有了解物业管理品牌化的含义，才能以优质的服务和专业的运作树立品牌。

（一）物业管理品牌的定义

不同的学者对物业管理品牌的定义有不同的理解，有的从微观考察，有的从宏观角度进行考察。

王鉴忠将物业管理品牌理解为，被物业管理行业相关部门、社会公众所认可，拥有一定的口碑和较大的企业规模，能提供高品质物业服务的企业品牌。就我国物业管理品牌的发展来讲，物业管理品牌主要可以分为物业服务企业品牌和物业服务品牌，企业品牌和产品品牌通常情况下又是合二为一的。

刘锡荣、赵琼等认为物业管理品牌是企业在运营过程中，有计划地对企业形象进行设计和塑造，对管理项目进行改进和提高，最终使公众和业主对企业形象和项目品质有深刻的理性认识和感性体验而达到识别、记忆、偏好的目的。物业管理品牌，通常是由企业品牌及其项目品牌两方面构成。物业服务企业品牌是企业公众形象和综合实力的体现，消费者主要表现为对企业的态度、情感和认知；物业项目品牌代表物业服务企业的单个项目品牌，具有时间上的短暂性特点，往往在项目运作期间具有较大的知名度，持续的多个项目品牌建设往往是企业品牌建设的重要环节。

赵海霞通过对物业服务企业实践经验的总结，认为物业管理品牌构成的要素主要有：物业服务企业的声誉、形象以及形成和影响物业服务企业声誉、形象的一系列因素，包括物业服务企业的特殊名称、注册资金、管理业绩、装备水平、社会评价、业主管理委员会的反映、政府意见；负责人的管理经历、社会地位与影响力；管理层的素质；专业技术人员的职称或技术等级；等等。此外，还包括公司物业管理服务的项目、收费标准、服务态度、服务深度等方面。

（二）现代办公物业品牌化的基本要点

自从物业管理业务形成专业化管理及服务模式以来，物业服务企业始终以实现社会效益、经济效益、环境效益和心理效益的同步增长为目标，努力从各方面提升物业管理及服务质量，打造优质的物业服务品牌，使物业服务企业所服务的对象能从物业服务中感受到经济发展、社会进步所带来的实惠。现代办公物业品牌化的基本要点如下。

首先，准确的定位是现代办公物业品牌化的前提。精品物业的质量和影响力有助于物管企业品牌效应的产生，物业服务企业可以借助精品物业的影响力和知名度，推动自身的品牌知名度，从而产生"推波助澜"的作用。一个好的物业首先应具备良好的的硬件设施，即主体建筑、附属设备、配套设施以及良好的交通条件等，在此基础上才能从事完善、专业的物业管理。

其次，物业服务企业管理的服务者与服务对象具有确定性。物业服务企业要管理的服务者为本企业员工，他们对企业有着深厚的感情，对企业的基本状况也比较了解，管理与服务者本人也是被服务的对象。物业服务企业要服务的对象具有确定性，为小区、社区、企业等。所以，物业管理人员与服务人员要注重做好对业主的服务工作，了解其人员状况，进行分类管理，以高度的责任心及良好的态度定期上门服务，为业主提供必要的帮助，体现物业的温暖，打造服务品牌。

此外，以优质的服务和专业化运作树立品牌。作为物业管理服务行业，为所服务的居民和企业等业主提供服务是物业服务企业的经营宗旨。创立企业品牌，必须以提高服务质量为目标，有针对性地将提供优质服务作为系统工程去建设。物业服务企业除了要高质量地完成保养、维修、治安、绿化、卫生、家政等常规物管项目外，还应致力于探索物业管理服务的内涵，注重服务创新，形成品牌化的服务体系、现代科技服务体系以及超前的预见性服务体系，为业主提供深层次的、个性化的、多样化的服务，实现社区物业管理服务和文化教育服务一体化，凸显服务个性，突出品牌优势。

最后，专业化的优秀人才队伍是打造品牌的关键。物业服务看似简单，似乎没有特别高的技术要求和专业性要求。但其实，现代物业管理不只是打扫卫生、站岗放哨和维修，而是一门专业，要求服务人员具备现代综合知识、社会经验和专业技能。例如，保安人员不仅要学会在巡逻中发现问题，还要学会擒拿格斗；不仅要具备保安知识，还要掌握电工知识、消防知识以及治安条例等法律法规知识；维修工是物业服务企业的基本技术力量，应钻研相关的维修技术，成为本行业的行家里手。

知识库 3-5　物业管理品牌化的理念

现代化物业服务品牌化进程在本质上不同于市场化的物业管理，虽然它也具有社会化、专业化、企业化、经营化的特点，其基本业务也是进行日常维修保养和计划修理工作，使其房屋建筑、机电设备、供电供水、公共设施等都处于良好的工作状态，但它的服务对象具有特定性，物业服务企业品牌化进程在管理与服务中就具有特殊性，不仅要发挥它的社会性、市场性，还要考虑打造具有特色的服务品牌。

良好的服务理念是打造品牌的前提。物业服务企业要树立"业主至上"的服务理念，树立主动为业主服务的思想，不能以自我为中心。在工作中要换位思考，想想"如果我是业主，我会如何想、如何要求"等问题，以热情服务感动业主。物业服务工作无大小之分，要牢记"凡是业主的事都是大事"，将"物业服务无小事"贯穿到工作的方方面面。实施品牌化服务，以自己的行动去帮助人、感染人，共建和谐的品牌化办公物业。

二、现代办公物业品牌化的重要价值

物业管理品牌化提高了政府的工作效率；给广大住户创造了一个文明、优美、舒适、安全的生活居住环境，增加了许多就业机会。

（一）现代办公物业品牌化的现实意义

物业管理行业在我国国民经济中具有不可替代的地位和作用。物业管理是城市化的一个重要特征，是社会经济生活发展到一定阶段的客观产物。随着城市化进程的加快和住房制度改革的深入，房屋产权多元化和私有化程度的提高，物业管理的品牌化已经成为无法回避的现实要求，并有力地推动了社会发展。实现现代办公物业品牌化，具有深刻的现实意义。

首先，提高了政府的工作效率。以前，由于没有规范化的制度与管理，业主经常要找政府解决物业管理中发生的矛盾与纠纷。政府常常忙于处理这些事务，但问题又难以得到妥善解决。品牌化物业管理的开展为以往许多无人管、无人问、难以管的事情找到了一个"总管家"。物业管理中的具体事务都有人专抓专管、及时处理，业主几乎不用找政府，各类问题就能得到妥善解决。

其次，给广大住户创造了一个文明、优美、舒适、安全的生活居住环境。通过实施品牌化物业管理，共有设施设备有人管理、维修，公共卫生有人清扫，环境绿化、美化有人保养、维护，邻里关系有人协调，车辆道路、小区保安有人负责，营造了一个良好的生活空间。

最后,发展物业管理品牌化进程,可以增加许多就业机会。目前纳入管理的物业仅占存量房地产的一小部分,如果将绝大部分物业纳入管理范围,可提供的就业岗位将相当可观。因此,物业管理行业的品牌化发展对于我国实施就业和再就业工程也具有重要的意义。

(二)实施现代办公物业品牌化的必要性

实施物业管理品牌发展战略的目的是树立行业"排头兵",加快行业发展。在全球经济一体化和区域经济集团化的今天,一个行业如果没有一批代表行业形象,体现行业综合实力、科技水平、管理水平、服务质量和企业文化,在国内外市场上叫得响的品牌企业,就难以确立行业的社会地位和形象。这是因为,品牌不仅代表企业形象、关系企业兴衰,还是反映一个城市企业的综合实力和经济竞争能力强弱的重要方面。物业管理作为一个全新的行业,要达到"规范发展物业管理业"要求,就必须打造一批物业管理品牌企业,争当行业的"排头兵",使物业服务企业学有先进、赶有榜样,提高行业的整体管理水平,加速行业的发展。

我国的物业管理经过多年的实践,已经涌现出一批像中海、万科、金地、福田等物业管理品牌企业。但是,目前我国物业管理品牌企业数量仍然太少,远不能满足物业管理行业发展的需求。因此,在物业管理的新一轮竞争已进入了品牌竞争时代的条件下,实施物业管理品牌发展战略,加速发展和打造一批物业管理品牌企业,对我国物业管理行业来说是一项十分紧迫的任务。

实施物业管理品牌发展战略是我国物业服务企业应对加入世贸组织挑战,进入国际市场的需要。从国内市场上来看,我国加入世贸组织之后,有大批国外物业管理品牌企业进入我国的物业管理市场,我国物业服务企业面临着前所未有的人才竞争、市场竞争以及在管理服务水平和收费价格等方面的冲击和挑战。

从国外市场上来看,加入世贸组织也给我国的物业服务企业带来了到国际物业管理市场上争夺物业管理项目的发展机遇。我国物业服务企业要想在市场经济条件下求生存、求发展,适应国外物业服务企业大举进入的形势,并在国际物业管理市场上一显身手,就必须拥有物业管理的"奥林匹克队",实施品牌发展战略。只有适时地打造一批综合实力强、管理水平高、服务质量好、企业形象好、社会信誉度高的物业管理品牌企业，才能在同国外物业服务企业的激烈市场竞争中获胜，拿到相应的物业管理项目。要实现这一目标，我国的物业管理行业必须从起步较早，已经形成大气候的深圳、广州、上海、北京、南京等城市入手，进一步引导、深化、完善初具雏形的物业管理品牌企业，使之成为进入国际物业管理市场的先锋。

实施物业管理品牌发展战略是实现物业管理行业可持续发展的需要。可持续发展作为一个受到大众普遍认同的发展模式，正在成为世界发展的主导模式。我国物业管理行业要实现可持续发展，必须实施品牌发展战略。如果一个行业没有一批在国内外市场上具有核心竞争力的品牌企业，就难以确立行业的社会地位和形象。因此，我国的物业管理行业要想实现可持续发展，同国外物业服务企业竞争，就必须加速实施品牌战略，打造一批物业管理品牌企业。只有适时打造一大批物业管理品牌企业，实施物业管理可持续发展才有坚实的基础。

实施物业管理品牌发展战略是提高行业整体素质、保障消费者利益的需要。在经济全球化趋势进一步加强、国际竞争更加激烈的今天，适时推出一批让产权人、使用人满意，能代表我国物业管理行业最高管理服务水平的物业管理品牌企业，不仅是物业管理行业发展的客观要求，还是物业管理行业求生存、求发展、上档次、上水平的必然选择。因为物业管理行业是为产权人和使用人服务的行业，而产权人和使用人花钱买的就是高标准的管理、高质量的服务。因此，在同等价格下，必须选择管理水平高、服务质量好的品牌企业，这样才能为产权人和使用人提供质价相符的管理和服务，使消费者的利益得到保证。

知识库 3-6　现代办公物业的品牌化竞争

目前，我国物业服务企业超过两万多家，从业人员达 237 万多人。全国物业管理的覆盖面已占物业总量的 30%，经济发达城市达到 50% 以上。这一现状改变了香港管理公司曾经在大陆扮演重要角色的格局。初期在住宅小区小心翼翼尝试的物业服务企业，很快推及商业大厦、大型购物中心、公寓别墅，且正在向福利房、直管房、单位自管房等领域全面渗透。

各类物业管理书籍的出版，物业管理进入高等教育系统，这些都标志着我国物业管理已由感性认识世界进入理性认识世界，特别是我国加入世贸组织后，随着业主维权、自律意识的增强，市场招投标机制的规范运作，物业市场必将重新洗牌，少数一流强势品牌企业必然会更具竞争实力，甚至会出现市场垄断现象，而一大批中小型弱势企业只能在路边找点快餐充饥，甚至会面临被市场淘汰出局的命运。

进入21世纪以后，物业管理市场的竞争愈加激烈。新一轮的竞争已进入品牌竞争阶段。这是因为，品牌不仅是企业的生命，而且是企业发展的基石。在国内外物业管理市场竞争日益激烈的情况下，打造一批中国物业管理品牌企业，同国外物业服务企业进行角逐并力争处于不败之地，具有至关重要的意义。

三、现代办公物业品牌化的体系构建

现代办公物业品牌化是一个逐渐形成的过程，对我国社会和经济的发展起到了巨大的推动作用。但是现代办公物业的品牌化发展过程中尚存在许多不容忽视的问题和难以解决的矛盾，需要经过实践进一步解决。

（一）现代办公物业品牌化的发展概况

我国物业管理品牌化有一个逐渐形成的发展方式。

第一阶段，物业管理作为房地产开发的配套服务往往会随着知名房地产公司的物业管理项目而迅速崛起。随着业主对物业服务需求的逐步提高，物业管理项目在一定情况下也成为房地产商售卖房屋的主要吸引力，通过增加投入打造物业管理品质吸引住户。在房地产商的支持下，此类物业服务企业较为容易形成品牌，从而形成良性循环，与房地产商形成双赢局面，如万科地产促进了万科物业品牌的建立，万科物业通过高品质的服务提升了万科地产的品牌价值。

第二阶段，是深圳物业服务企业"北上西进"。深圳物业管理在我国物业发展初期便脱颖而出，经过不断发展壮大，已经在全国形成了众多知名品牌，并迅速占领了内地市场。如今，深圳物业服务企业在内地市场通过委托管理、顾问管理和合作管理等方式管理的物业面积已超过3000多万平方米，深圳物业在全国品牌格局的竞争中也已经取得了令人瞩目的成绩。

第三阶段，国际物业管理品牌进驻中国。城镇化的进展为我国物业市场带来了极大的发展机遇和市场潜力，物业管理行业将吸引更多的国际物业品牌以其更加成熟的运作模式进入，成为中国物业管理品牌的竞争者之一，这无疑将会加快我国物业管理品牌的建设步伐，加快物业管理品牌格局的形成。

知识库 3-7　我国物业管理品牌发展模式

目前而言，我国物业管理品牌发展模式主要可以分为两种，即单一品牌模式和主副品牌的发展模式。

单一品牌发展模式是企业较为常用的一种模式，即品牌具有一致性，公司和项目使用一致的品牌，避免了项目品牌开发的一系列成本及开发风险，固定品牌也方便客户识别和记忆，使项目和公司能够相互支持，共同发展。

主副品牌模式的运作模式主要是，较为成熟和知名度高的主品牌带动多个副品牌发展。企业通过主品牌的品牌效应让客户了解副品牌并逐渐建立信任度和合作关系，有利于通过多个副品牌抢占不同的细分市场。主副品牌相互牵制和带动，两者必须保持一定的一致性，共同协调发展。其企业项目品牌多采用"公司名称＋项目名称"的模式。

（二）现代办公物业品牌化存在的问题

物业管理的品牌化发展虽然对我国社会和经济的发展起到了巨大的推动作用，但是作为一个新兴行业，在其品牌化发展过程中尚存在许多不容忽视的问题和难以解决的矛盾。它们会制约物业管理行业的有序和健康发展。

第一，物业管理覆盖面小，发展不平衡。目前，我国的物业管理由于受市场经济发育程度、对物业管理的认识、地区经济发展水平和居民收入水平等因素的影响，覆盖面仍然偏小，物业管理品牌化在我国仍有巨大的发展潜力。

第二，从业人员素质偏低，管理服务不到位，影响物业管理品牌化向高水平、深层次发展。由于物业管理是一个新兴行业，目前尚未建立起系统、完善的行业管理标准和从业人员行为规范，从业人员水平参差不齐。加之一些物业服务企业忽视企业人员的自身建设，既不经常开展职业道德教育和专业技术培训，又没有建立严格的各级各类人员岗位责任、工作标准和考核标准，使管理服务的观念、内容、质量很难到位，管理水平不高，服务质量不好，甚至摆不正服务与被服务的关系。

此外，物业服务企业中人才缺乏的现象较为普遍，突出表现为"三多三少"。一是传统的继承型房产管理人才多，新的创新型物业管理人员少；二是单功能人才多，多功能人才少，即能胜任单一普遍岗位工作的人才多，能胜任多个岗位工作的复合型人才少；三是初级管理人才多，高级管理人才少，特别是能担任部门经理以上职务的人才更少。

第三，体制陈旧，规模效益差，物业市场发育缓慢，竞争机制尚未完全形成。物业服务企业这些年来像雨后春笋般出现，但其中很多是由国有企业、行政事业单位的房管所或后勤管理部门转制过来的，仍然运用国企体制，尚未真正建立起社会化、专业化、市场化、品牌化的物业管理新体制。这些物业服务企业转制以后带来了原有企业的沉重包袱，沉淀了大量所谓的国家职工，虽然名称改了，但实质运作状况和管理体制并没有改变，这些素质不高的人员进入市场后并不能按照市场机制来运作企业。因此企业必然出现这样或那样的问题，也使得行业的良性发展受到限制。

物业管理是市场经济的产物，理应按照市场经济的要求，将物业服务企业推向市场，通过招投标聘请物业服务企业，实行优胜劣汰。但是，目前除少数城市外，绝大多数城市的物业管理市场尚未形成，仍由主管部门或开发企业委派或指派物业服务企业为业主提供服务。这种封闭的自我保护式的管理方式，不仅有碍物业管理市场的发展，而且使得被委派或指派的物业服务企业难以产生危机感和紧迫感，进而缺乏为产权人、使用人服务的意识。

第四，物业管理法律、法规不够完善，物业品牌化发展缺乏良好的法治环境。实施物业管理20年来，虽然国务院已发布了一部国家级的《物业管理条例》，1994年以来，建设部等国家部委局也单独或联合颁发了《物业服务企业财务管理规定》《关于物业服务企业代收费用有关营业税问题的通知》《物业服务企业资质试行办法》《物业管理委托合同示范文本》等行政规章或行业规范。但是，由于物业管理在我国是新兴行业，各种相关的配套法律、法规均在探讨和制定当中，所以还没有形成完整、系统的体系，特别是截至目前,绝大多数城市出于各种原因还没有制定具体可行的管理法规,所以对政府职能部门、小区业委会、广大住户和物业服务企业各方在物业管理中的地位、作用、职责权利关系等,不能及时加以调整和规范,使行政管理和物业管理关系难以理顺,多头管理问题久拖不绝。

案例3-9 我国物业品牌化发展情况

从我国物业管理的发展实践看,南方、经济发达地区、沿海城市、大城市开展早、发展快;北方、经济不发达地区、内陆城市和中小城市推进较慢。经济发达地区与经济不发达地区在物业管理方面的差距相当大。

目前,我国的物业服务企业大致分为四类:房管部门翻牌的物业服务企业、依附于开发商的物业服务企业、对单位自管房实施管理的物业服务企业和真正意义上的物业服务企业。绝大多数物业服务企业存在着管理规模小、规模效益差、亏损严重、发展后劲不足等问题。全国两万多家物业服务企业,其中最小的企业仅管理两万多平方米的物业。在物业管理起步早、发展快的深圳市,各类物业服务企业有1200多家,其中21家成规模的企业合起来,管理面积也不过7000万平方米,最小的不足10万平方米,

甚至建两栋楼的开发单位也成立了一个物业服务企业。由于管理规模小、经济效益差，许多物业服务企业不得不靠主管部门或开发企业的"输血"维持生存，这一现象已成为物业服务企业面临的难题。

（三）现代办公物业品牌化的体系构建

现代办公物业品牌化要做好物业特色定位策略。简言之，物业特色定位就是确定地位，明确目标和方向。没有定位，企业便只能在市场竞争的迷雾中穿行。物业服务企业在创建品牌的整个过程中，不论是企业的内部经营管理业务，还是承包到外部的物管项目，以及为业主提供的服务，都应维护自身品牌价值，从而促进企业品牌的成长。

实现现代办公物业品牌化，要关注集中优势策略。物业服务企业在创建品牌的整个经营管理过程中，必须聚集有限的资源锁定一个个要害核心问题并能持续地、坚决地加以攻克，以实现管理中的杠杆效应，为打造物业品牌创造可能。这便是集中优势策略的要旨。

集中优势策略在创造物业管理品牌实践中的具体运用主要体现在以下几个方面。一是地点，即选择一个代表性的物业管理处作为品牌特区。一个成功的作家会有一篇代表作，一个著名的歌手会有一首成名曲，一个将军也必定会有一场使他扬名的经典战役。由此，要成为知名品牌企业，无论如何，都要精心打造一个能体现企业品牌标志的榜样管理处。这样就能以点带面推动整个企业的品牌创建工作。二是人点。兵不在多，关键在将。创建物业品牌类似于开山辟路。如果没有一位骁勇善战的良将打造品牌，便只能是纸上谈兵。三是物点。这是指在具体的物业管理项目运作过程中为了打造品牌，必须抓住重点问题，不能没有目标或盲目地出击，应力争实现服务质量、服务形象、服务能力、服务特色、服务效果的突破，促进物业服务企业的发展。四是亮点。在物业管理各敏感区域与业主零距离、面对面的窗口形象管理上，要集中力量把物业管理做精、做细，力争形成好的口碑，从而直接提高物业品牌的知名度和美誉度。

实现现代办公物业品牌化，要布置好硬件载体策略。物业服务企业品牌的内涵是内隐的，因此，除上述一些途径以外，我们也应该重视物业本身直观的、具象的载体。比如说在住宅小区物业里的环境小品，写字楼、办公区物业里的雕塑、陈设等。这和以上的一些途径比起来，这些设施或许需要物业服务企业做一些追加投入，但是它所起到的效果是非常明显的。

总之，物业管理发展到今天，谁也不再否认物业管理是一个朝阳产业。但绝大部分的从业者也承认今后的几年将是物业管理发展的艰难时期。因为扩大再生产由外延向内涵转变已成为大势。作为服务行业的物业管理经过二十多年的粗放式经营，也应及时做出这样的调整，建立起符合自身特点的物业服务企业品牌将是物业服务企业发展的根本途径。

品牌是物业服务企业的生命和灵魂，物业服务企业的每一位员工都要像爱护自己的眼睛一样爱护它。因为，创建一个物业服务品牌可能需要公司全体员工数年不懈的积累和苦心经营，而毁掉一个服务品牌可能只需要在顷刻之间。

事实上，物业服务品牌的后期维护要比前期创建更加困难，没有严格、科学的管理考核机制，物业服务品牌的生命力是不会长久的。许多昙花一现的品牌已经为我们敲响了警钟。因此，物业服务品牌创建成功之后，物业服务企业也决不能懈息，必须让全体员工真正做到像爱护自己的眼睛一样爱护自己企业的服务品牌，一丝不苟地做好每一项工作，使自己企业的服务品牌保值增值。

案例 3-10　物业的品牌化管理模式

物业管理模式有：万科的从初创时期的"业主自治"到现阶段的"无人化管理""个性化服务"模式；中海的"规范化发展网络化运营，信息化管理，专业化增效"模式。物业管理的类型也应有本企业的特色。无论是商品房、政府开发的物业还是工业区、学校、医院等特殊物业，每个企业都应该有所为有所不为。如中海主要外接高档物业，万科重点是万科地产的物业，等等。

物业管理终极理念的提炼和概括有待于业内人士去进一步研究和探索。其思路应该是：物业管理除了管物，更是服务于人。人的服务总是由低级向高级提升，由物质向精神深入，直至抵达业主居住需求的最高境界，即心灵上的栖息放松和超然物外的满足。万科四季花城的社区环境和氛围就趋向于这种理念。据此，物业管理的最高理念其思想内核应该是让业主实现"心灵家园诗意居住"的梦想。这应该成为每一位现代物业管理人执着追求的目标，并以此来极大地提升企业的物业品牌形象。

第四章

现代办公物业的实践创新

我们要改革,但是步子要稳,不能要求过急。改革更重要的还是要从试点着手,随时总结经验,也就是要"摸着石头过河"。

——陈云

引导案例:北京市机关事务管理局探索新模式

近年来,北京市机关事务管理局以加强政府自身建设、提高机关行政效能为目标,在机关事务管理方面进行了一些尝试和探索,取得了一些效果。要做好机关事务管理工作,必须坚持"筑牢思想、服务中心、深化改革、依法依规、科学管理"的思想理念。

科学的管理方法和模式能够起到事半功倍的效果。多年来,北京市机关事务管理局坚持用科学手段做好机关事务管理,注重做好顶层设计与规范,明确指标管理体系,通过及时、高效、充分的信息获取,规范、有效、科学的信息利用,统筹机关事务管理的全过程,做到把管理跟进、把服务做细、把办法更新、把手段升级。经过20多年的改革发展,北京市的机关后勤改革经历了政企分开、后勤管理职能与服务职能分开、后勤服务社会化改革等阶段后,逐渐摸索出集中统一管理和社会化服务相结合的新路子,在做实管理、做强保障、做优服务上都取得了积极的成效。经过总结,大致上有三种模式。

(1)"2-5-1"管理模式。即"两集中、五统一、一共享"。"两集中",是在集中办公区采取固定资产集中管理、公用经费集中管理。"五统一",是资产、办公用房及办公用品等统一标准、统一规格、统一供应、统一采购、统一结算。"一共享",是服务设施资源共享。除窗口服务大厅、计算机房、文印室、会议室等由入驻集中办公区的各单位集体使用外,在日常管理中,机关各单位提出的带有共性的办公设备需求,均集中安排在公共区域,由各单位共享。通过"2-5-1"模式,进驻集中办公区的市级行政机关管理和运行成本降低,工作效率提高,综合效益明显。

(2)委托管理模式。北京市中环和槐柏树街办公区有两大数据中心机房,面积2100平方米,承担市属26个委办局、下属各级3800个信息点的互联和政务外网业务。针对机房所有权分散、运维重复低效的情况,管委会采取集中托管方式,由各委办局向管委会移交管理权,设备统一登记造册。通过招投标将运维权交给专业机构,按照合同实行监督管理，提高了资产管理的专业化水平。

（3）大数据管理模式。北京市机关事务管理局引进并改造了"久其固定资产网络管理"系统，实行"大数据"智慧管理模式。该系统涵盖了资产配置、资产处置、日常业务查询、资产报表、卡片库的管理（查询）等业务，建立起一套完整的国有资产管理信息系统和规范的资产信息管理体系，实现了集中办公区内各单位互联互通，为资产预算编制、闲置资产调剂、资产使用效率评估等各项工作提供了准确数据和技术支持，并与市财政局携手，实现了对各单位国有资产的动态管理。为建立资产管理来源可循、使用状态可查、去向可追、责任可究的全过程追溯体系，打下良好的坚实基础。

第一节

现代办公物业的模式创新

现代办公物业的模式经历了从传统型到现代型的转变，随着社会经济的发展，传统的办公物业模式已经不再适合市场经济时代的要求，办公物业的模式迫切需要转变。

由于我国办公物业的模式转变主要体现为机关后勤物业模式的转变，因此，下面将以政府机关物业为例研究现代办公物业的模式创新。本章的第一部分将首先介绍我国办公物业的传统模式并进行概要评价；第二部分将围绕我国怎样进行服务社会化改革，建立现代化办公物业模式，即普遍外包型服务模式，并从外国的管理模式中获得启发和经验；第三部分是办公物业模式的转变，主要涉及为什么要转变以及如何有效转变的问题。

一、办公物业的传统模式

以政府机关办公物业为例，改革开放以来，中国政府办公机关楼的物业管理贯彻落实中央有关会议精神和历次政府机构改革总体部署，解放思想，转变职能，调整机构，创新体制机制，完善制度标准，积极稳妥推进，前后大体经历了三种模式：1993年之前的单纯供给型服务模式、1993年以来的以经营型服务为主的模式，以及目前即将建立的普遍外包型服务模式。

下面将重点介绍传统的单纯供给型服务模式和以经营型服务为主的模式。

（一）单纯供给型服务模式

我国机关后勤保障体制是从革命年代为军队提供后勤保障的供给制沿袭下来的。在建立社会主义市场经济体制之前的长期计划经济体制环境中，传统的机关后勤保障模式是单纯供给型服务，是传统地设立后勤编制对办公用房进行"谁建设谁使用、谁使用谁管理"的分散模式。

旧的机关办公楼管理模式是与当时的社会大环境和政府机构相关职能相适应的，

其主要特点是，在组织形式上采用"大而全"或"小而全"的封闭式运行；在管理上单纯采用行政手段；在服务上强调保证供给；在分配上实行平均主义，不计成本、不搞核算、不讲效益。

旧的机关办公楼管理模式有如下不足之处。

第一，具有自办制的弊端。由于计划经济条件下未形成相互竞争的服务行业市场，各单位（部门）都实行房屋管理自办制，政府机关、学校、工厂、医院都有自己的房管所（科），与办公楼（区）相应的安全保卫、绿化、卫生、维修等工作都由相关单位自己进行，人们既无花钱买服务的观念，客观上也无提供相应服务的社会供应商。

第二，以事养人特征明显。无论是政府机关还是企事业单位，从事办公楼（区）运行管理的都是单位员工（极少数为临时工），所有工作人员无论是管理岗位还是操作岗位，均按编制、级别实行管理，只要有人员编制，单位就发放工资。管理人员个人收益与工作效率无直接关系，干好干坏一个样，以事养人特征明显。

第三，分散管理情况严重。面广量大的各级机关、企事业单位都设置了房管机构，就政府机关而言，各系统各部门重复配置后勤队伍，资产部门化、部门利益化现象普遍，形成了机构重叠、职能分散、队伍臃肿、成本居高不下且服务质量低等问题。

总体上看，这一时期的后勤服务虽然坚守为机关服务的宗旨，也曾在一定程度上探索推动服务社会化，但是相互之间的行为主体仍是本部门机关与服务中心及其所属企事业单位，不同部门之间往来的也是体制内的单位，而且经费几乎完全来源于财政供给，因此这种传统的单纯的供给型服务，极易导致管理服务保障效率不高、人财物资源浪费等问题。

（二）经营型服务为主的模式

在建立社会主义市场经济体制大背景下，1993年国务院机关事务管理局（现国家机关事务管理局）和中央机构编制委员会印发《国务院各部门后勤机构改革实施意见》，明确了机关后勤改革的目标、原则和步骤，并在职能划分、机构设置、编制管理和经费预算等方面做出具体部署。

当时人们普遍认为，后勤部门在同机关相对分离的前提下，转实体、办实体，利用余力向社会开展经营服务，大力发展后勤经济，既是弥补行政经费不足、减轻财政负担的一个重要手段,也是适应市场经济发展需要,增强后勤部门自我生存和发展能力,逐步推进后勤服务社会化的有效途径。因此,后勤部门职能由管理、服务扩展为管理、服务、经营,并按照"企业化管理、商品化服务、市场化经营"的思路进行改革,形成了"小管理、大服务、多实体"的新格局。这一阶段可细分为推动企业化改造和建立结算制度两个阶段。

第一,推动企业化改造阶段。我国推动机关后勤单位的企业化改造,主要是在组织形式、管理手段、人员编制和经费供给四个方面进行改革优化。一是组织形式上,机关后勤部门由行政型转为事业型,撤销机关行政司(局),设立机关服务中心,取得事业法人资格,依法兴办经济实体,参与市场竞争;其他后勤服务单位则大多数由事业型转为企业型。二是管理手段上,机关服务中心实行单独核算,与机关建立有偿服务的经济核算关系,并可对外开展经营服务,以及实行多种形式的承包经营责任制。三是人员编制上,将原来的行政附属编制和后勤事业编制统一改为事业编制,并从严控制在编人数,规定其只能为机关精简后行政编制在编人数的15%左右,以减少"吃皇粮"人数。四是经费供给上,变拨款制为核算制,由全额拨款转为差额预算和定额补贴,力争在2000年之前实现自收自支和企业化管理。此外,机关将能够用于经营开发的非经营性资产、设施,交给服务中心开发和经营,增强创收能力;机关通过直接投资和低息借贷,扶持服务中心改造服务经营设施,开辟新的创收渠道,即所谓"放水养鱼"。

知识库4-1 "放水养鱼"的智慧

2018年3月5日,国务院总理李克强代表国务院向十三届全国人大一次会议作政府工作报告。李克强在作政府工作报告时说,在财政收支矛盾较大情况下,要着眼于"放水养鱼"、增强后劲。

我国经济是一片汪洋大海,其中活跃着数以亿计的市场主体。只有涵养源头活水、适时开闸放水,市场主体才会茁壮成长、发挥稳就业保民生的作用。"放水养鱼",不仅反映经济发展内在规律,还契合我国传统文化之道。"养"的背后是不浮躁、不功利的心理状态,是着眼长远、放眼未来的深久考量。

"放水养鱼"，以"放"促"养"，最终的落脚点在"鱼"的成长。从我们党的执政理念看，对市场主体进行"放水养鱼"，恰恰体现了以人民为中心的发展思想，彰显了全心全意为人民服务的宗旨追求。新冠肺炎疫情发生以来，党和国家坚持人民至上，紧紧依靠人民，不断造福人民、牢牢植根人民，集中精力抓好"六稳""六保"，在税收金融、投资消费、外贸内需等领域出台一系列惠企利企稳企的政策举措，全力解决企业用工、资金、原材料供应等需求，最大限度降低疫情产生的影响，携手企业共渡难关。正是在"放水养鱼"中，企业熬过了"寒冬"，迎来了"暖春"，中国经济在危机中育新机、于变局中开新局。

1996年国务院机关事务管理局印发《关于加强机关服务中心建设若干问题的意见》，对服务中心的性质和任务、权利和义务、管理体制和财务、经费、资产管理、与机关的关系等进一步予以明确。至此，机关后勤改革的第一步任务基本实现。不过，1998年《关于中央党政机关与所办经济实体和管理的直属企业脱钩工作的实施意见》要求机关与所办经济实体和直属企业在职能、财务、人员、名称方面"四脱钩"，但明确服务中心所办福利性、保障性经济实体暂不脱钩。这在很大程度上致使服务中心所属企事业单位至今"尾大不掉"。

第二，建立结算制度阶段。1998年，国务院办公室转发国务院机关事务管理局和中央机构编制委员会《关于深化国务院各部门机关后勤体制改革意见》的通知，其中提出建立和完善结算制度、加强服务中心资产和财务管理等内容，全面明确了机关与服务中心的工作关系、核算关系、产权关系和收益分配关系；2000年，国务院机关事务管理局印发《关于建立机关后勤服务费用结算制度的意见》，对结算的项目、方法和资金等进行规范；2002年印发《中央国家机关办公楼（区）物业管理服务基本项目收费参考标准》，发布了机关办公楼（区）物业管理服务基本项目的收费参考标准；2005年印发《后勤服务费用结算管理暂行办法》，对结算的范围、标准、方式等做出规定。据统计，当时约有一半的部门建立和执行了后勤服务费用结算制度。

此外，1999年、2000年财政部和税务总局先后印发《关于国务院各部门机关服务中心有关税收政策问题的文件》，对服务中心为机关内部服务取得收入、有关会议经费，给予一定年限的暂免相关税费。这在一定程度上减轻了服务中心的经济压力。

虽然经营型服务模式是办公物业服务社会化的一次有效尝试和突破,但这种集后勤管理、服务、经营于一体的模式,既不符合事企分开、管办分离的要求,更因先天不足和后天不力而难以可持续发展。具体的问题表现如下。

第一,后勤服务经营单位的改革仅停留在浅层次上,实际工作内容和运行方式基本上维持原样,或者只是在原有设备设施和功能基础上简单扩大,并没有深入改造、优化资源配置、转换运营机制。

第二,后勤服务经营单位的管理人员,大多是行政转岗干部,而且整体上年龄偏大、知识欠缺,真正懂经营、会管理的不多,业务素质能力与市场经济体制要求有很大差距。

第三,后勤服务经营单位的发展,大多依然走上项目、铺摊子、求数量的老路,而且摊子多、规模小、水平低,无法形成规模效应,经不起市场风险,发展后劲更不足。

第四,后勤服务经营单位名义上有法人资格,但其财产大多是占用机关的行政性资产,有经营权无所有权,不能独立承担经济责任,实际上并非真正自主经营、自负盈亏、自我约束、自我发展的完全市场行为主体。

二、办公物业的现代模式

我国正处于现代化办公物业模式的探索和发展阶段,正在以后勤服务社会化改革的方式,尝试建立普遍外包型服务模式。下面首先对我国预期的现代办公物业模式的特征进行分析;然后再以机关后勤为例,从后勤服务社会化改革的角度讨论如何构建普遍外包型服务模式;最后结合外国的现代办公物业模式,从中获取经验启示。

(一)现代办公物业模式的特征

现代办公物业模式的主要特征有政治性、市场性、服务性、复杂性、时效性、综合性、经济性等,下面将分别进行详细阐述。

第一,政治性。现代办公物业模式往往具有很强的政治性,尤其是对于政府机关后勤单位来说,因为政府机关后勤主要是为各级党政领导、党政机关部门和党政机关干部职工服务的,被党和国家赋予了神圣使命。政府的后勤服务必须根据党和国家的相关路线方针政策,按照各级机关后勤事务主管部门的政策要求,遵照现行法律法规,紧握党政机关中心工作、重点工作开展,为党政机关履行职责提供全过程、一系列的保障服务。机关后勤保障能力的高低，直接影响着党政机关中心工作、重点工作的顺利开展，一旦在机关后勤服务过程中产生偏差，往往将造成负面的政治影响。这就要求全体机关后勤服务人员从讲政治的角度，满怀责任感，认真地对待每一次服务工作。

第二，市场性。现代办公物业模式积极适应市场经济的规律、特点和要求，发挥市场在后勤资源配置中的决定性作用。凡是需要市场化的，就要引入竞争机制，如职工食堂、会务会议、保洁、保安等方面，加大向社会购买服务力度，更多更好地发挥社会力量，把该由社会办的事交给社会办，该由市场办的事交给市场办。凡适合社会力量承担的，都可以通过招标、委托、承包、采购等方式交给社会力量承担，提高各项服务的社会化和专业化水平，实现机关后勤服务由内部自我服务为主向由社会提供服务为主转变，实现机关后勤服务保障主体和保障方式的多样化。

第三，服务性。办公物业管理工作本身就是一项服务工作，主要目的就是服务，根本属性就是服务性。现代办公物业模式要求为办公单位运转提供强有力的后勤保障，创造较为良好的工作环境。同时，要努力为业主的日常工作做好各项服务，尽力为业主提供各种便利，解决好业主的后顾之忧，全身心地投入工作，特别是会务服务工作

水平，往往影响会议的质量，直接影响着单位的形象。对于政府机关来说，后勤服务除了承担本级政府部门的后勤服务相关工作，有时候还承担上级领导部门、上级对口单位和同行的服务工作，为上级党政机关的领导干部和工作人员进行服务。为此，地方政府后勤工作者更需要做到热情、主动、耐心、细致，用良好的服务能力和优秀的服务技能，高质量地完成后勤服务工作。

第四，复杂性。现代办公物业模式的服务涉及面广，工作量大，任务繁多，具有很强的复杂性。财务资金的使用、物资管理的调配、办公设备的维护、水电风暖的维修、餐饮伙食的准备、安全保卫的保障、日常卫生的清理、机关绿化的养护等各项综合性服务管理工作都由物业后勤管理部门管理。机关后勤管理工作涉及面广，往往关系到干部职工的切身利益。这就要求后勤服务保障人员具有全局观念、大局意识，加强服务全过程的沟通、控制与协调，提供热情、周到、细致、安全、准确、及时、优质的后勤服务。

第五，时效性。时效性是现代办公物业模式的又一显著特点，后勤管理工作是动态的行为，贯穿于物业活动的全过程，后勤服务工作的开始和结束都有明显的时效性，每项服务工作都因活动的具体需要有着严格的时间要求，任何后勤服务工作超出它严格的时效性都将变得毫无价值。水电维修要及时处理，办公设施要及时到位，各项经费要及时拨付到位，会务服务要时刻不差。时效性是衡量后勤服务工作质量、效率的重要标准，没有时间观念的后勤服务谈不上服务水平，特别是一些紧急突发的任务必须集中全系统和全社会的力量、按要求不折不扣地完成。所以后勤服务必须有很强的时效性和时间观念，对办公物业单位的办事效率有很高的要求。

第六，综合性。现代化的办公物业也对后勤服务工作提出了具体要求，必须根据后勤服务任务的特点、变化和轻重缓急，及时做出相应的安排、部署和调整。对综合性较强的工作，要充分调动整个后勤管理队伍的力量，统筹协调，在各司其职的基础上能够做到互相帮衬，这也要求后勤管理人员在具有专业技能的基础上，要做到一专多能。在新技术、新产品大量使用的当下，专业技术种类繁多，每一个后勤管理人员都需要拥有一种或几种专业技能并进行科学管理，就能进一步使办公物业服务各项工作逐步实现精细化、标准化、规范化、制度化。

第七，经济性。对现代化政府机关后勤管理而言，后勤管理不仅仅是事务性工作，还是经济性工作。由于地方政府往往都存在财力有限、财政负担大等问题，地方政府后勤服务工作更需要精打细算，利用最低的财政资金做出最多、最好、最妙的事。地方政府机关后勤服务工作需要对机关后勤各种资源进行合理高效的配置，把每一点财政资金都用在刀刃上，开源节流。同时要利用市场经济的原则、研究机关后勤服务资源（人、财、物）的争取、获得、分配、开发、利用、管理、回收等问题，使之能有效融合，全面实现机关后勤服务的政治效益和经济效益，从根本上做到少花钱，多办事，办好事。

（二）普遍外包型服务模式的构建

近年来，按照党的十八届三中全会关于"推广政府购买服务，凡属事务性管理服务，原则上都要引入竞争机制，通过合同、委托等方式向社会购买"的要求，中央国家机关后勤服务社会化改革扎实推进，目前服务项目外包率已达七成以上，一些省、区、市，尤其是党政机关集中办公区的后勤服务社会化水平更高，其中物业、餐饮等服务项目普遍实现了外包，为下一步加快后勤服务社会化改革夯实了基础。

2011年中央对分类推进事业单位改革做出全面部署；2012年《机关事务管理条例》颁布实施，对加快后勤服务社会化改革提出明确要求；2013年，国务院对政府向社会力量购买服务做出具体部署；2014年，党的十八届四中全会要求"深入推进依法行政，加快建设法治政府"；2015年《国务院关于机关事业单位工作人员养老保险制度改革的决定》及其配套政策出台，明确了机关事业单位参保的政策规定。这些都为加快机关后勤服务社会化改革、完成后勤服务社会化的任务提供了有力指导，营造了良好的政策环境和舆论氛围。

同时，我国服务业快速发展，2015年服务业占国内生产总值的比重已达50.5%，首次占据"半壁江山"，为加快机关后勤服务社会化提供了有利的外部条件。

下面将对建立普遍外包型服务模式的基本思路、主要原则和具体内容三个方面进行详细阐述。

第一，建立普遍外包型服务模式的基本思路。在全面深化改革的大环境中，根据事业单位分类改革和加大政府向社会力量购买服务力度的部署要求，结合单纯供给型服务模式和经营型服务模式中存在的体制机制没有完全理顺、效率不高、事企不分、管办不分以及经费不足等问题，并考虑当前机关后勤工作的实际情况，大致将后勤服务社会化改革的基本思路归纳为：以加快后勤服务社会化为主线，推进后勤保障由内部自我服务为主向由社会力量提供服务为主转变，实现管办分离；推动经营类后勤事业单位转企改制并有序脱钩，实现事企分开；切实调整机关服务中心功能定位，建立健全符合经济社会发展水平和机关运行实际需要的机关事务管理体制和服务保障运行机制。

第二，建立普遍外包型服务模式的主要原则。想要以后勤服务社会化改革促进普遍外包型服务模式的建立，一般要遵循以下四个原则：一是坚持保障公务、厉行节约。坚守保障机关正常、高效运行的宗旨，依法管理、依法保障、依法服务，不断降低行政成本，推进节约型机关建设。二是坚持社会化、市场化。机关自身需要的事务性管理服务，凡不涉密的，都应当向社会力量购买，实现服务供给主体多元化和供给方式多样化。三是坚持管办分离、事企分开。切实调整机关服务中心功能定位，基本不再自办后勤服务，所属经营类后勤事业单位转企改制，建立更加符合实际的后勤管理体制和服务保障运行机制。四是坚持统筹兼顾、稳步推进。和机关转变职能、行业协会商会与机关脱钩改革、培训疗养机构改革等相衔接，不搞"一刀切"，妥善处理好改革发展稳定的关系。

第三，建立普遍外包型服务模式的具体内容。在推动后勤服务社会化改革的具体实践中，应该围绕以下三方面的内容，确保改革落地落实。

首先，加大机关向社会购买后勤服务的力度。如前所述，在安全保密前提下，机关办公区后勤服务，凡是市场能够提供的，都应当向社会力量购买。积极发挥市场在后勤资源配置中的决定性作用，同时贯彻落实中央八项规定精神、关于完善主要由市场决定价格的机制和简政放权、转变职能、优化服务等要求，严格按照市场价格对后勤服务收费；修订后勤服务项目标准；健全后勤服务监管制度标准；切实加强业务和政策指导，不断增强后勤服务规范化、专业化、精细化水平。

其次，推进经营类后勤事业单位转企改制。经营类后勤事业单位要完成转企改制，核销事业编制，注销事业法人，依法办理企业工商注册登记，建立现代企业制度，并与原直接主管单位建立以国有资产为纽带的产权关系。其中，要妥善安置转制单位现有事业编制人员，依法处置转制单位占用的国有资产，防止国有资产流失。

最后，建立更加符合实际的后勤管理体制和服务保障运行机制。按照十八届四中全会关于做到重大改革于法有据和推进机构、职能、权限、程序、责任法定化等要求，切实调整机关服务中心功能定位，主要是机构性质、职能、编制和经费四个方面。

一是关于机构性质。按照事业单位分类改革精神，机关后勤管理职能理应由行政机构承担。但为贯彻落实国务院"约法三章"要求，把机关后勤工作中的行政管理职能和服务职能分开，可将机关后勤单位定性为机关直属的公益一类事业单位。

二是关于职能配置。按照《机关事务管理条例》规定，应当对机关事务工作实行统一集中管理。但鉴于财政部门规定机关运行经费和国有资产管理的直接主体不能是事业单位，以及目前各地各部门机关事务管理职能分散的实际情况，建议机关服务中心主要承担后勤服务管理工作和受机关委托承担其他的机关事务管理工作。

三是关于人员编制。加快机关后勤服务社会化，推进由养人办服务转变为直接购买服务，将涉及人员队伍规模压缩和机构编制精简。但因目前机关服务中心人员队伍规模较为庞大，而且接收了历次政府机构改革中的分流划转人员和安置军转干部等实际，建议按照"内部消化为主，多渠道妥善安置"和"实名管理，确保稳定"等原则，通过过渡期退休等自然消化方式减员，直至出现合理的事业人员队伍规模。

四是关于经费保障。一要结合深化财税体制改革，充分论证后勤服务社会化改革的成本投入，兼顾社会化服务的远期效益和社会效益，强化财政预算保障和宏观调控职能，确保机关购买社会服务得到充足的经费支持。二是合理界定后勤服务经费的列支标准和范围，明确列入机关行政经费预算，统筹把握预算经费的投向投量，适量增加社会化改革前期的经费投入，缓解经费供需矛盾。

（三）外国的现代办公物业模式及经验启示

下面将对美国和英国的办公物业模式进行介绍，并从中找到对我国建立现代化办公物业模式的经验启示。

我们先来看看美国机关办公楼管理模式。美国联邦政府机关事务工作由联邦总务署（General Services Administration）统一管理。联邦总务署负责为政府各部门提供办公场所并负责其物业管理，其特点体现在三方面。

一是法制健全。1949年，根据国会通过的《联邦资产与行政管理服务法》，联邦总务署依法集中统一管理机关办公用房，其日常物业管理涉及《公共建筑法》《公共建筑增补条例》《联邦购买条例》《联邦财产管理条例》等法律。联邦总务署内设了专门负责法律事务管理的总顾问办公室，1995年又成立了政府政策办公室，负责统一组织制订、修订政府机关事务工作的政策法规。

二是物业管理市场化程度高。美国是市场经济体系最为完善的国家，形成了高度分工协作的物业管理市场运作体系。在管理联邦政府机构办公场所方面，联邦总务署的签约专业人员按照惠而不贵的标准，从尽可能多的承包商中招标选定承包商，承担各办公场所清洁服务、房屋维修、公共设施维护、保安等物业服务。联邦总务署各地区办公室大楼经理、预算分析员、建筑工程师、材料监管和技工等专业人员负责对物业服务进行监督检查。联邦总务署非常注意控制办公用房的运营管理成本，每年都会考核各地区中管理办公楼的具体指标——"每平方英尺运营费用"，并与当地私营公司进行比较，以此衡量各地区办公场所管理工作绩效。

三是实行租金制度。租金制是联邦房地产资源分配与调节的重要手段，联邦政府各机构使用联邦总务署提供的办公用房，都要按面积向总务署交纳租金，租金将会被列入其部门预算，国会根据职能和人员审批每年的租金预算。

我们再来看看英国政府机关办公楼管理模式。英国政府没有专门的机关事务管理部门，一般是各部门自行管理所属办公楼等资产。以贸工部为例，其下属的房地产及设施管理局，主要职责是管理贸工部部委办公楼（坐落在英国各地的29座建筑），确保这些建筑物的妥善管理和良好保养，并负责贸工部的财产保护、保安、卫生与安全等方面的事务。此外，它还为整个贸工部及维多利亚区（贸工部所在区域）提供邮件收发、翻译复印、文字处理和搬运服务。

政府办公楼（区）的日常管理、维护管理，即物业管理、保障办公楼设备设施正常运转的服务管理，多是承包给社会上专业化公司来进行的。这样一来，管理和服务均实现了专业化。房地产及设施管理局下属的设施管理处主要通过合同来加强对这些承包商的管理。这是英国贸工部近几年来采取的模式。该模式取得了较好的效果，真正体现了物有所值的原则。

虽然不同的国家有不同的实际情况，但是依然可以从英、美等发达国家的模式中总结和归纳出有用的经验启示。

第一，市场化和社会化是政府机关办公楼运行管理的必然趋势。在公共服务都实行合同外包、企业化运作的今天，发达国家的政府机关基本上全部实行了内部事务的市场化外包。这样既可充分利用社会资源，又促进了物业管理等相关行业的发展。中国各级党政机关的内部事务管理，如机关办公楼的运行管理，必然要突破各种阻碍，摆脱内部封闭运行的束缚，逐步走向市场化道路。

第二，分工协作的专业化管理才能适应服务型、节约型政府建设的要求。一方面，现代化的办公大厦建设档次高，除了传统的房屋维修、园林绿化等内容，还有大量先进设备设施，如安保、消防、空调、电梯、楼宇控制、会议系统、办公智能化系统等，传统的"值班扫地型"后勤人员与运行管理的实际要求差距甚大；另一方面，为使党政机关集中精力搞好经济社会建设，机关事务管理部门服务保障的任务越来越重，而为了响应建设服务型、节约型政府的号召，机关事务管理部门只有引进社会上的各类专业技术管理人才，才能保证政府机关办公楼的正常运转。

第三，应重视政府办公楼运行管理的制度创新和绩效考核。发达国家的政府机关内部服务都实行了市场化，但并不是同一模式，如美国、澳大利亚等国实行的是预算租金制，加拿大、英国、新加坡实行的是由专业的物业服务企业提供专业服务的模式。与上述国家相比，中国各级党政机关的情况更加复杂，东部发达地区的省政府和西部落后地区的县政府，在机关办公楼的运行管理上不可能也不应该采用同一模式。因此，政府机关事务管理部门应鼓励各级机关进行各种大胆的创新和尝试，各自寻找有利于建设服务型、节约型政府的办公楼运行管理模式。同时，无论运用何种模式，都应该像美国联邦总务署每年考核办公楼的"每平方英尺运营费用"一样，对政府办公楼运行管理情况进行绩效考核，以提高机关运转效率，节省有限的社会资源。

三、从传统模式到现代模式的转变

办公物业由传统模式过渡到现代模式是适应社会发展和市场需求的总体趋势，包括政府办公物业在内，都在积极探索现代化模式的建立。在这样的趋势下，需要进一步研究为什么会出现这样的转变以及如何有效地推动模式的转变。下面将从新旧办公物业模式的比较、办公物业模式转变的必然性和建设现代化办公物业模式的途径三个方面分析说明。

（一）新旧办公物业模式的比较

政府机关办公楼近几年才开始实行市场化物业管理的初步尝试。从传统的管理模式向市场经济条件下物业管理方式转变，必然在目标、体制、手段及效果等方面有巨大的差别，相对而言，市场化的模式较传统模式存在如下的优势（见表4-1）。

第一，通过竞争机制引入社会化服务，打破了传统机关后勤的封闭性和"小而全""大而全"等自我服务的旧格局。传统模式采用行政手段直接实施行政福利型封闭管理，而现代物业管理是一种按服务质量、服务内容、服务深度计价的商品化、专业化、社会化的经营管理活动。

第二，从管理机制上看，在现代化物业管理中，由于房屋产权人和物业服务企业有权在竞争的物业管理市场中互相选择，政府机关各使用单位可按优胜劣汰的市场法规择优选择物业服务企业，鞭策物业服务企业不断提高服务水平。

第三，改行政事业性质的福利型、亏损型管理为企业性质的货币化、经营型管理。市场化的物业管理实行有偿服务，建立服务费用结算制度，改变了机关后勤工作长期以来的供给制、福利性和不重视成本核算、无偿服务的局面，体现了服务的商品属性，同时减轻了财政无限投入维修、养护资金的负担。

第四，政府机关办公楼引入社会化物业管理后，在环境质量、安全秩序和后勤人员的服务态度等方面与传统管理方式相比，会出现明显不同和改善，办公区会呈现出一派整洁、文明、便利、舒适、典雅的良好氛围。

表 4-1 新旧办公物业模式对比表

模式 比较项目	传统模式	现代模式
管理单位性质	行政或事业单位	企业单位（物业服务企业）
体制背景	计划经济体制	市场经济体制
管理手段	行政手段	经济、法律手段
管理方式	福利性、行政性的部门管理	社会化、专业化、企业化的统一管理
管理机制	指令性的终身制	竞争性的选择制
服务性质	无偿服务	有偿服务
管理理念	以物为中心	以人为本
管理内容	单位的房屋管理和维修	全方位、多功能的服务

（二）办公物业模式转变的必然性

办公物业模式的创新升级，是现代办公物业管理走向规范化、程序化、优质化的必然要求，是进一步提高办公物业管理、服务、保障工作质量，提升工作档次和水平，创建现代办公物业事务工作品牌的需要。因此，继续制定和完善各项制度和标准，深化和细化现代模式建设，不仅是促进现代办公物业管理工作高效运转的重要保障，还是适应时代要求和社会发展的必然趋势（见图 4-1）。

办公物业模式从传统型转变为现代型，意味着办公物业的管理宗旨以效能物业、责任物业、服务型物业等现代管理理念为主,注重管理和服务的系统化、专业化、精细化、标准化，昭示着办公物业从传统经验管理向现代专业化科学管理迈进、从粗放管理向精细化管理转变、从封闭管理向开放式管理的发展。

第一,实施现代办公物业模式是传统经验管理向现代科学管理迈进的内在要求。传统的后勤物业体系往往依靠经验的、直观的、线性思维决策,缺乏通盘考虑和周密决策,会导致办公物业工作盲目追求"大而全"的系统,形成庞大的机构体系和人员冗余的状态。在如何计算员工的工作效率,如何评估员工的工作成绩等方面往往依据经验思维来判断,缺乏科学统一的标准,这必然导致物业管理和服务的资源浪费、工作效率和服务质量的低下。

泰勒的科学管理原理是现代专业化科学管理的重要思想起源,该原理主要强调工作事务的量化、细化、流程化、标准化,通过进行工时和动作研究,制订合理的工作定额、工作标准和薪资水平,为每一项工作挑选一流的员工,以达到科学选人用人、提升工作效率的目的。因此,现代科学管理能够确定管理的体制机制、基本工作制度、基本工作方式和法律责任标准等一系列重大问题,最终用科学化的、标准化的、系统化的管理方法全面代替了过去的经验管理方式。

第二,实施现代办公物业模式是粗放管理向精细化管理转变的必然选择。现代办公物业工作点多、线长、面广,承担着繁重的管理和服务任务,"吃喝拉撒睡,桌椅板凳柜,砖瓦灰沙石,动力水电气"就是对办公物业事务琐碎繁杂的形象描述;同时,办公物业事务部门管钱、管物、管人,是相对敏感的后勤部门,易出现管理漏洞、制度盲区。而传统的粗放管理缺乏对人、财、物的计划、组织、监督、指挥、评估,造成工作边界不清、责权不清、职务分析不明的问题;同时缺乏科学而准确的预算定额,并对预算的执行缺乏明细管理,导致成本高昂、人为浪费和营私现象严重。粗放式的管理模式中,即便有一些管理制度规定的约束,但由于制度不健全,仍存在一些管理盲点,如制度不及时调整、互相推诿、责任不清、奖罚不明等;存在员工人为破坏制度、不执行工作也无人管的情况;还存在员工不按管理制度的要求去办,不按规范操作的事件。标准化的工作内容、程序、规定没有制定出来;有些工作制度、程序、标准、规范以及工作计划没人去实施,没人去督导、检查,从而出现"没有落实到位,没有落实到人"的现象。

精细化管理强调精准性和精确性,通过量化人、财、物管理中的计划、组织、监督、指挥、评估环节,将操作方法、使用工具、机器、材料及作业环境标准化;对水、电和其他能源成本精打细算，对"购、存、领、耗"每个环节都实行精细化的成本管理制度，严格执行和管控成本管理核算制度，科学合理地确定项目定额、从而达到以最少的消耗、最小的成本来获取最好的效果的目的；将职责职能的分解落实具体化、明确化，要求每一个人把工作做到位，对工作负责，对岗位负责，做到"人人都管理，处处有管理，事事见管理"。精细化管理通过梳理、修订、完善各项规章制度，注重制度运行中管理流程环环相扣的紧密联系，避免出现制度漏洞、管理真空，切实做到用制度管权、用制度管事、用制度管人。

第三，实施现代办公物业模式是封闭管理向开放管理发展的关键所在。传统的封闭的管理体系由于不阳光、不透明、缺乏外部监督，容易出现员工偷懒或因暗箱操作而被人们所诟病的现象。办公物业事务庞杂、敏感、琐碎，吸引着每一个顾客的关注，牵动着每一个业主的神经。开放制度的完善，比如预算管理制度细化到具体项目、预算定额和标准透明，将管理者和一般员工的权力责任、体制机制、基本工作制度、基本工作方式和职能职责等一系列重大问题部分公开，有利于使内外部监督相结合。通过规范管理、完善开放制度，进一步优化资源配置、提高服务效率、改善制度过程、提升管理科学水平。

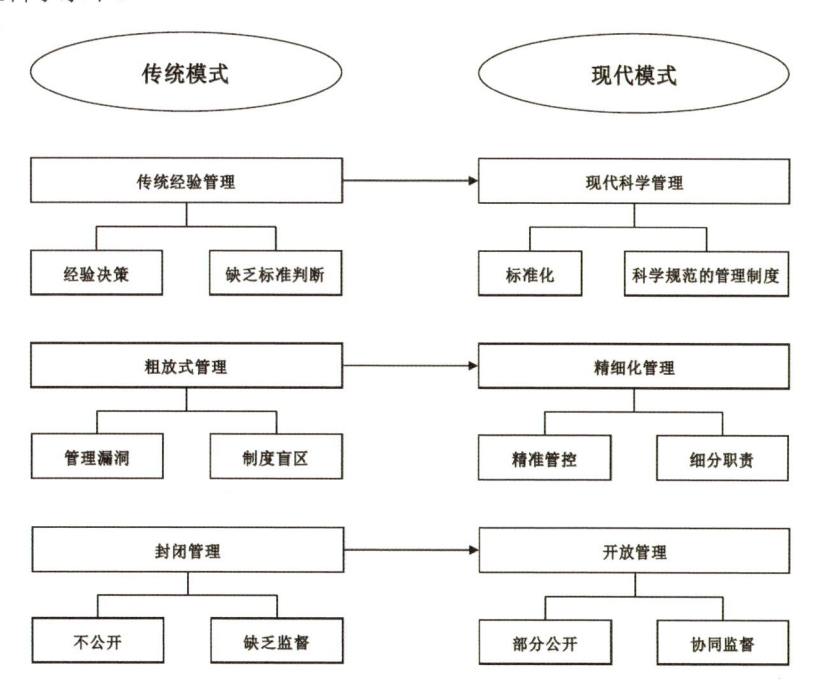

图 4-1 办公物业模式转变的必然性

（三）建设现代化办公物业模式的途径

建设现代化的办公物业模式、促进服务模式转型升级是一项长期而艰巨的任务，是一项繁重而复杂的系统工程，不可能一蹴而就。我们要以新时代习近平中国特色社会主义思想为指导，按照建设体系、创新机制、科学管理、强化队伍的总体思路，做到打响一个品牌、强化两个武装、实现三个转变、落实四项措施、统筹五项关系。

第一，打响一个品牌。服务品牌是服务质量的载体，是具有知名度和信誉度的个性化服务标识。办公物业单位要积极创建服务品牌，赢得广大业主和社会的认可，这是立身之本、发展之基。现代化的服务品牌应该具有先进服务理念、鲜明服务特色、卓越服务艺术、优秀服务技术等特征。要打响服务品牌，就要强化品牌意识，注重服务质量，确保服务品牌信誉，不断提高服务对象的满意度。

第二，强化两个武装。既要抓硬件建设，又要抓软件建设，做到两个方面共同发展。一是以现代化的服务理念武装头脑。以社会化、专业化、制度化的现代化服务理念来指导办公物业后勤工作，树立现代服务意识、深化服务理念、创新服务方式、拓宽服务内容、提高服务水平。二是建设现代化的办公物业服务设施，要积极推进现代化后勤服务设施的建设。优质先进的现代服务设施是提高服务效率和质量的基础，先进的服务设施可以有效提高工作精确程度、降低劳动力成本，从根本上提高服务水平。同时要积极推进后勤保障的信息化建设，利用现代信息技术，比如互联网、大数据等高新技术手段，构建信息化保障服务平台，为建设现代化后勤提供有力支撑。

第三，实现三个转变。办公物业的现代化模式建设要实现三个转变，即从事业型的养人办后勤转变为企业型的用人管后勤；从封闭式的自我垄断服务转变为开放式的市场化竞争服务；从保障能力粗放的发展方式转变为集约化发展方式。转变的主要途径主要有以下几点：开放市场、引入竞争、创新机制、优化设施、强化管理、人才强业、构建体系、科学发展。

第四，落实四项措施，在服务、机制、管理和队伍四个方面寻求改革。

首先，服务社会化求跨越。服务社会化是建设现代化办公物业模式的难点，是转型升级的关键。总的来说，目前资源配置没有充分市场化，内部缺乏竞争，社会化程度和专业化水平较低。要解决这个难题，必须从以下几个方面着手：一是积极推进市场化改革，既要请进来，引进社会优质的服务企业，为机关提供优质高效的服务；又要走出去，推动现有后勤服务单位发挥自身优势，积极参与市场竞争，不断壮大自我发展的能力，达到提高效率、降低成本、提高服务保障水平的目的。二是积极推进有序竞争。进一步完善后勤物业服务的评价考核体系，加强定性和定量考核，促进有序竞争；同时在机关后勤部门之间，建立有偿服务的结算机制和优胜劣汰的竞争机制。三是积极推进专业化。要不断提高服务人员的专业技能，推出专业化的服务产品，占领服务的细分市场，推进后勤服务专业化发展。

其次，机制创新求突破。机制创新是建设现代化办公物业、推进服务模式转型升级、提高服务水平的"牛鼻子"，牵一发而动全身。要按照"态度坚决、方法得当、措施果断、先易后难、稳步推进"的方针，全面推进服务单位改革和机制创新。概括起来是三句话：管理靠才能、岗位靠竞争、分配靠业绩。因此，现阶段需要建立和完善三个机制：一是建立管理人才选拔机制。树立干事创业的用人导向，坚持业绩面前论英雄，把肯干事、能干事、干成事的人才选拔到关键管理岗位。通过公开竞聘，充分走群众路线，切实做到择优聘用，打破管理岗位的终身制，实行聘任制。二是建立优胜劣汰的岗位竞争机制。改身份管理为岗位管理，定员定岗、精简机构、精干队伍。按照精简、高效的原则设定工作岗位，采取管理人员与工作人员双向选择竞争上岗的办法，实行全员聘用制。双向选择落选的待岗人员，待岗期间组织培训之后，安排上岗。三是建立注重业绩的分配机制。改变"干多干少、干好干坏一个样"的大锅饭状况，通过定性和定量考核相结合的办法，实行以量化管理为主、群众和领导共同参与的绩效考核方式。重业绩、重贡献，将资源向优秀人才和关键岗位倾斜。

然后，管理科学化求实效。科学化管理是建设现代化办公物业模式的支点，是增强后勤保障力的助推器。要综合运用现代管理科学的基本理论、方法、技术和手段，着力构建办公物业新的管理体制和管理模式，在实现后勤管理科学化上求实效。一是制定长远发展目标。长远发展目标对提高办公物业后勤科学管理水平具有十分重要的作用，是服务单位整体性、长期性、系统性的发展谋略，能解决干什么、靠什么和怎么干三个方面的问题。二是制定和完善制度。一方面，对现有的制度进行完善，对尚未健全的制度要抓紧健全、互相矛盾的制度要抓紧理顺、已经过时的制度要抓紧废除；另一方面，及时总结改革创新的新成果、新经验，用制度的形式加以固定，形成促进发展的长效机制。例如引进全面质量管理方法，以服务质量为中心，以全员参与为基础，通过PDCA循环，即计划（Plan）—执行（Do）—检查（Check）—行动（Action），将服务质量检查后总结的成功经验形成制度。同时，要下大气力、花真功夫，抓制度的落实，把各项制度真正落到实处。三是克服"短板效应"。管理学中的"木桶原理"，又称"短板效应"，它告诉我们一只木桶能盛多少水，并不取决于桶壁上最长的那块木板，而取决于最短的那块，要想提高木桶的容量，就应该设法加高最短的那块木板。因此，要认真查找管理中存在的薄弱环节，找准"短板"，突破瓶颈，提高科学管理水平。

最后，建设人才队伍求支撑。要大力实施人才战略，全方位加强人才开发、引进、培养和使用，抓住培养内部人才、吸引外部人才、用好现有人才这三个环节，特别是要加大高素质人才和专业人才的引进力度，着力建设服务管理人才、专业技术人才两支队伍。建立能上能下、能进能出，有利于优秀人才脱颖而出的人事管理机制和环境。

第五，统筹五项关系。一是要正确处理目标一元性和模式多样性关系。各地的社会发展和实际情况不同，深化现代办公物业改革，建设现代化办公物业模式的途径方式不可能采取"一刀切"的方案，应该紧密结合实际，因地制宜，做到殊途同归。二要正确处理经营与服务的关系。没有经济支撑，建设现代化办公物业模式便是无米之炊。因此，要做到经营与服务齐头并进、相互促进、相互提高。三要正确处理各项改革间的关系。建设现代化办公物业模式要与本地区的经济体制、行政体制和社会保障等改革相衔接、相协调，既要创造性地推进改革，又不能与其他各项改革背道而驰。四要正确处理改革、发展和稳定之间的关系。改革力度与发展速度要与广大职工的承受能力相适应，反对盲目的一蹴而就，要做到有情操作，循序渐进，稳定和谐。五要正确处理系统推进与可持续发展的关系。统筹考虑改革的各个方面，使资源配置更加科学、富有效率地做到系统推进，同时兼顾可持续发展的战略要求，尽可能地降低管理和服务成本，节约能源和资源，努力构建环境友好型、绿色环保型的办公物业模式。

第二节 现代办公物业的流程变革

现代办公物业的流程变革是在理论基础上的实践创新,在这一章节,首先对流程变革的基本理论进行梳理,然后介绍现阶段办公物业服务企业的具体流程,最后是结合理论和现状,对现代办公物业的流程变革进行展望。

一、流程变革的基本理论

威廉·凯丁格(William Kettinger)在 1995 年指出,流程变革是通过变革信息、技术、人员和组织之间的结构来改进和重新设计业务流程,以达到大幅度提升组织绩效的目的。根据他的定义可以看出,流程再造是一个复杂的动态过程,为了更好地理解现代办公物业的流程变革,下面将梳理流程再造理论和组织变革理论,从理论的角度进一步说明。

(一)流程再造理论

流程再造理论,也称业务流程再造理论,是在第三次科技革命后针对之前所流行的分工理论的反思和批判的基础上所产生的。下面将从流程再造理论的提出背景、主要观点和启示三个方面进行详细描述。

1. 理论提出的背景

从 18 世纪末期到 20 世纪中叶,当时西方国家主要遵循的是以亚当·斯密(Adam Smith)为代表的分工理论,其主要的思想就是把工作分解为最简单和最基本的步骤,以此来提高劳动生产率,使企业大批量地生产商品,从而获得经济效益。亚当·斯密的分工理论自 1776 年提出以来,就一直深深地影响着西方企业的生产,但是该理论的提出基于当时社会生产力低下,商品出于供不应求的状态,只要企业能生产出商品,基本就能卖出去。

第三次科技革命到来后,市场环境发生了翻天覆地的变化,自动化生产线等新型技术的投入使用,让劳动生产率得到了巨大提升,出现了商品供大于求的市场现象。

进入20世纪80年代，卖方市场逐步转向买方市场。随着顾客地位的提升，他们的要求也越来越高，甚至变得有些挑剔。他们不仅追求物美价廉，而且开始追求能让自己满意的个性化商品。这样一来，企业所处的相对稳定的经营状态也发生了改变，企业在关注产品质量的同时，还需要关注产品上市的速度、产品的创新和售后服务等。在这种情况下，单纯提高企业的生产效率已经没有多大意义，新的管理方法的出现已是必然。

1990年，美国麻省理工学院教授迈克尔·哈默（Michael Hammer）在发表于《哈佛商业评论》的论文《再造工作：不要自动化改造——彻底铲除》中首次提出了业务流程再造（Business Process Reengineering，简称BPR）的概念。1993年，哈默和计算机科学公司的战略管理咨询公司董事长詹姆斯·钱皮（James Champy）合著《改革公司》一书，明确提出通过业务流程再造来实现企业自身彻底改革的思想。这标志着突破了传统分工理论限制的流程再造理论的思想体系正式形成。

2. 理论的主要观点

流程再造理论是一个比较完整的系统理论体系，下面将从流程再造的概念、方法和评估三个方面的观点进行介绍。

第一，流程再造的概念。关于流程再造的定义，现阶段还没有统一的界定。国内外不同的学者从不同的角度出发，对流程再造的具体概念提出了自己的看法。迈克尔·哈默基于组织结构再造的角度，认为业务流程再造就是对企业的业务流程进行根本性的再思考和彻底性的再设计，以便在衡量绩效的重要指标如成本、质量、服务和效率等方面取得显著的改善。托马斯·达文波特（Thomas Davenport）基于信息技术再造的角度，认为信息技术不仅是根本性的改变企业运作方式的一种自动化或机械化力量，它和业务流程再造更是一种循环关系，这就是新的工业工程观点，它代表了一种新的跨组织的协作观。

我国学者芮明杰基于运营机制再造的角度，认为再造流程应该从顾客需求出发，以企业流程为改造对象，对流程进行根本性的思考和分析，通过对构成要素重新组合，产生更有价值的结果，以此实现企业流程的重新设计，从而实现获得绩效的巨大改善。

第二，流程再造的方法。国外学者威廉·凯丁格（William Kettinger）率领自己的团队对业务流程再造的方法技术做了大量的研究工作，通过从市场部门、咨询公司、工具技术供应商收集数据、整理分析，再依据生命周期法的结构框架，最终将业务流程再造的主要步骤分为六个（见图4-2）。

```
战略决策阶段 ──────→ 再造计划阶段
                           │
                           ↓
流程再造设计阶段 ←────── 流程问题诊断阶段
    │
    ↓
流程再造阶段 ─────────→ 不断改进阶段
```

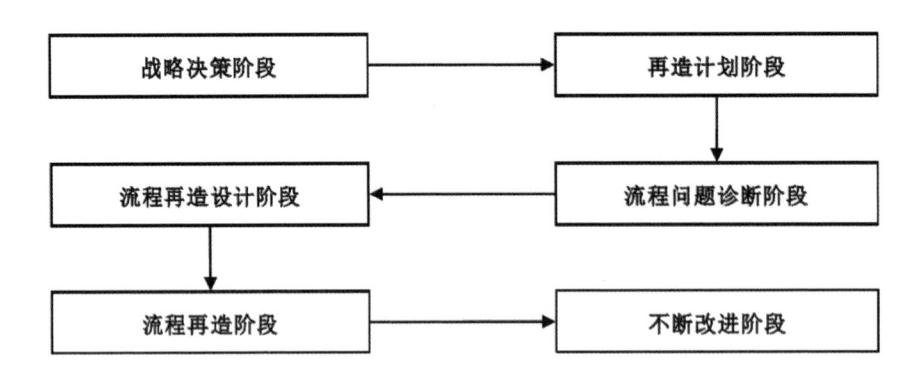

图4-2 流程再造方法框架

战略决策阶段：争取管理阶层的投入并发掘再造机会，包括结合企业战略和新涌现的信息技术，选出需要再造的企业流程，并定义再造工程的规模和方法。

再造计划阶段：精心筹备再造工程，包括再造工作组，建立再造目标，计划并通告利害相关人员及职工。

流程问题诊断阶段：记录并批判地分析现有流程的病症所在。

流程再造设计阶段：设计新流程以及新的组织结构和新的信息技术平台，包括人力资源、组织结构再设计和信息技术再造设计。

流程再造阶段：根据现有的人员和技术改造结果，运用新的管理技术进行流程再造。

不断改进阶段：总结评估再造结果，并使之融入全面质量管理的工作之中。

第三，流程再造的评估。将新的业务流程投入实施之后，必须对新流程的运转状况进行相应评估，从中发现问题并不断改进。分析国内外学者建立的业务流程再造评估体系，不难发现，大多数评估体系都是围绕流程设立若干指标，然后才运用一些特定的方法进行评估。传统的评估指标体系建立在成本和财务模型基础之上，米多里（Medori）和史迪波（Steeple）按照竞争优势和企业成功因素对应列出了六项指标，即质量（提供供应商）、成本（减少存货）、柔性（减少启动次数）、时间（减少提前期)、交货(按照时间表完成任务)和未来成长(新产品引进)。上述六项指标虽然非常重要,但是也存在一些问题。一是传统的财务指标体系鼓励短期决策;二是传统会计很难区分一般性支出;三是财务指标不能全面反映业务流程再造给企业带来的变化。

有学者认为流程评估应考虑顾客的满意度,要从更全面的角度设立指标。罗伯特·卡普兰(Robert Kaplan)和大卫·诺顿(David Norton)提出平衡计分卡模型,依据流程再造后企业的财务、内部业务流程、学习与成长、客户四个方面因素,建立业务流程评估体系,将上述因素分别细化到四个层面上:角度、使命、关键问题及具体指标,构建一个4×4矩阵评估模型。我国学者刘飚、蔡淑琴、郑双怡提出了一套综合体系,认为指标体系由业务流程效率、业务流程成本、业务流程顾客满意度和业务流程质量四个宏观指标构成,综合型指标体系从更全面系统的角度对再造后的流程进行了评价。

3. 理论的启示

办公物业单位在进行业务流程再造时,对那些与目标流程高度一致的关键的核心流程,可以进行持续的、渐进的改进;对远未达到理想状态的关键的核心流程,只能进行根本性的、迅速的变革;对与组织战略、目标流程高度一致的非核心流程,则少投资或直接外包,尽可能简化甚至取消;对与组织战略、目标流程不一致的非核心流程,则取消或转移到能带来更高附加值的环节中去。在具体实施上可以分为三个阶段:

第一阶段为发现准备阶段。应摸清各部门的分工及其相互关系,在此基础上确定哪些流程可划入再造范围,从而提出再造要求与目标,然后进行初步的影响分析,即对前面纳入可行性范畴的项目加以审议。对审议分析项目可能涉及的各部门,要查看其有哪些要求,并进行初步的成本收益分析,从众多的备选项目中选择最优项目,以明确再造工作的总体范围。

第二阶段是重新设计阶段。业务流程的再造工作具体包括审核方针、业务规章、成本、增值、收入、工作流程等内容,重点是理清相互关系,然后输入模型定量内容,最终形成现有流程的详细模型,为设计新流程做准备。在这一步骤中,特别要弄清楚在现有业务流程中存在哪些问题，界定新的业务流程备选方案。新的流程设计一般是根据组织变革的具体目标修正整个工作流程，使各种变量都反映在工作流程中，然后再对各个环节进行优化，形成一个可供实施的方案。

第三阶段是具体实施阶段。要选择最适宜的方案，即收益最大、成本最小且冲击最弱的方案。实施方案要时刻准备好应急措施，随时更新定位模型及其他资料。

案例4-1　IBM信用公司的流程再造实践

IBM信用公司是IBM下属的融资公司，主要负责向购买公司产品的顾客提供贷款业务。起先，公司作业流程十分复杂，处理一份融资申请单，需要涉及6个部门，时间为6天。但分析发现，真正处理一份申请单的时长仅为90分钟，出问题的是公司的业务流程。为了提高效率，公司采取了一系列的变革措施。消除不必要的环节是实施流程再造的主要措施，并且信息技术的投入使流程再造成为可能。首先，公司取消了审核员、拟约员、估价员及文秘，仅以一个交易员代替；其次，公司开发出一套精密的电脑系统软件与之配合，为交易员提供必要的指南。在进行变革以后，公司减少了九成的作业时间，大大降低了人工成本，并且增加了100倍的业务量。

（二）组织变革理论

组织变革理论一经提出，便成为管理学界研究领域中的一个焦点问题。组织变革，也就是用行为科学及相关管理方法，对组织的结构、规模、职位设定、组织关系和工作方式等进行系统化调整和革新，以适应内外部环境变化，从而提高组织效能。下面将从组织变革理论的发展历史、主要观点和启示三个方面进行解读。

1. 理论的发展历史

伴随着世界经济与技术的持续发展，组织的内部条件与外部环境不断发生变化，组织要面对越来越多的风险与竞争，因此组织适应性的提高就显得格外重要。而组织提高适应性的一个重要途径就是进行变革。于是，库尔特·勒温（Kurt Lewin）在1946年首次系统地提出了组织变革理论，之后出现了许多关于组织变革的论述，相关研究也经历了几个主要阶段。

在 20 世纪 70 年代，人们提出了星座组织结构的概念，简单地讲就是由众多独立但在产权或管理上相互联系的多个公司组成的集合体，如我国的企业集团、比利时的控股公司、法国的工业集团等。星座组织理论使企业的边界向市场推进了一步，同时企业内部组织结构的刚性也在逐渐变小。

到 20 世纪 80 年代，奈思比特（Nesbitt）提出的企业重建理论受到广泛的关注，企业重建理论指出，企业要创造一种最适合员工工作的环境，应放弃原有组织结构，设计出适合沟通的形式、自我管理、弹性工作时间、利润分享和弹性福利等。与今天企业实践中非常流行的员工持股计划、在家办公、福利自助餐等管理方式非常相似。

20 世纪 90 年代哈默和钱皮一起编写的《企业再造工程》，使流程变革成为变革的主流，他们提出要把企业的活动、事件、业务流程当作组织设计的基本元素，使原来支离破碎的工作流程（包括业务流程和管理流程）得到整合。

大致可以看出，组织变革理论的主题沿着结构变革—文化变革—流程变革的轨迹进行。而今天，更多学者从实践中发现，单一内容的变革并不能满足企业的需要，组织变革是一种系统性、全方位的升级革新。

2. 理论的主要观点

国内外学者研究组织变革的历史比较久远、内容也比较全面，下面将梳理组织变革的概念、动力因素、阻力因素和模型图。

第一，组织变革的概念。组织变革的概念和内涵一方面随技术的进步和组织外部环境的变化而不断拓展；另一方面，变革的思想、理念、技术、过程、结构、文化、方法也随管理的实践与研究的深入而日益丰富和深化，因此很难对组织变革的定义进行统一的界定。下面将对国外学者具有代表性的观点进行梳理（见表 4-2）。

表 4-2 组织变革的概念表

学者	概念定义
李嘉图（Recardo）	组织变革是为改变组织成员行为而做的一些策略性调整，是对组织结构进行的有计划改进，包括增减职位、重置任务与更换人员等独立事件，其关注重点较多地聚焦在组织结构层面。
摩根（Morgan）	组织通过变革的过程，可使组织更有效率地运作，达到均衡的增长，保持合作性，并使组织适应环境的能力更具弹性。
韦伯（Webber）	组织变革通过改变成员态度或行为、政策制度与框架结构等一系列事件来提高绩效。
迈克尔（Michael）	组织变革是指组织经营行为与环境变化无法协调时，组织为适应环境变化而从事的调整过程。
戴斯勒（Dessler）	组织变革是旨在增进组织效能而改变组织的结构、技术或人员的方法。
利维（Levy）	组织变革是组织在以惯例无法处理像以前连续运作的情况下，为了生存而在每一组织结构上做的重大调整，包括组织使命、目标和企业文化的变革。

第二，组织变革的动力因素。组织变革的动力因素是指能够推动组织进行变革的有利因素，不同的学者对组织变革的动力因素有不同的分类。西拉格维（Szilagvi）认为组织变革的动力可分为外部力量和内部力量。外部力量包括技术、产业变迁、国际贸易、企业及政府、人口驱动等；内部因素包括组织结构、组织流程及人员行为等。坎特·斯坦（Kanter Stein）和托德（Todd）认为造成组织变革的因素主要分为三类，一是企业内部权利系统的变迁，比如重要人事变动、经营权转移等将直接或间接导致企业结构、制度或文化的改变；二是企业成长过程中主导因素的变迁，比如组织生命周期、组织成立的时间和存续的时间、组织成长的转变；三是环境变迁，包括超环境、一般环境、产业环境、竞争环境的变化，比如市场偏好的改变、原料市场价格变动、新兴竞争者进入产业等。

第三,组织变革的阻力因素。在研究组织变革的阻力因素的观点中,约翰·考特(John Kotter)的理论目前为人们所广泛接受。考特认为,存在四个最为普遍的因素使得人们抵制组织变革。首先是狭隘的利己主义。人们抵制变革的首要因素是作为个人,害怕失去自己的既得利益,如权力、自由、威望、友谊和参与决策的机会等。因此,在这种条件下,他的抵制仅仅出于狭隘的利己主义,对组织和同事的利益考虑甚少或根本不予考虑。其次是误解或缺乏信任。当一个人没有充分理解变革的动因和意义时,他就必然是一个抵制者;而当个人与变革的倡导者之间缺乏信任时,他就更可能对变革的目的、内涵或结果产生误解。在一个缺乏信赖的组织中,组织变革无时无刻不被误解。然后是不同的判断与评价标准,由于每个人对变革的认识不同,如变革的内容、潜在的成果、对个人的影响(或效用)等,从而导致对变革的评价不同。倡导变革的人总是较多地看到变革的积极方面;相反,抵制变革的人则较多地看到变革的代价。最后是对变化缺乏适应能力。组织中的人反对变革的原因可能还来自缺乏对新结构的适应能力。他们在理智上清楚地理解变革的必要性和意义,但是由于他们担心无法适应新的结构、新的技术、新的方法、新的竞争等,因此在感情上无法接受。但只要对变革方案做适当调整也还是可以争取到他们的支持的。

第四,组织变革的模型图。组织变革的模型图是通过构建图表的方式对组织变革的环节和步骤进行详细解释。下面将介绍一个具有重要影响力的组织变革模型——勒温变革模型。库尔特·勒温提出了一个包含解冻、变革、再冻结等三个阶段的有计划组织变革模型(见图4-3),用以解释和指导如何发动、管理和稳定组织变革过程,这个组织变革模型也叫作"力场"组织变革模型。

解冻阶段:此阶段通常包括将那些维持当前组织运行的阻碍力量加以减少,有时也需要一些刺激性的主体或事件。

变革阶段:此阶段是改变组织或部门行为,以便达到计划目标,包括组织结构及过程变革,以形成新的行为、价值和态度。

再冻结阶段:此阶段使组织稳定在一个新的均衡状态,它通常采用支持机制加以完成,也就是强化新的组织形态、文化、政策和结构。

如图4-3所示,在组织未开始变革之前,由于抵制力量和驱动力的共同存在,形成了一个相对平衡的体系，也就形成了一种平衡的状态；但是组织一旦寻求变革，想要达到预想的状态，势必会导致抵制力量的出现，只有通过解冻，减少抵制力量，才能够进一步开始变革；最后在新的平衡体系上完成再冻结，形成比较稳定的新的平衡状态。

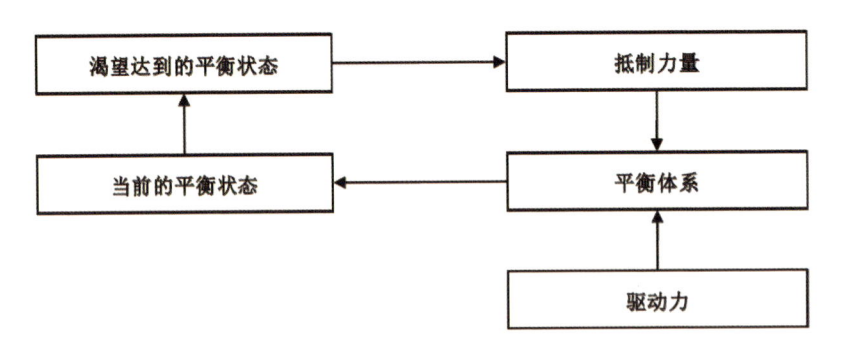

图 4-3　库尔特·勒温的组织变革模型图

3. 启示

建立现代化的办公物业，需要对现有的组织结构进行变革，包括职能结构、组织机构、管理流程、运行机制等方面的变革。

首先是职能结构的变革。通过分析组织为实现战略目标所必须具备的基本职能，并从这些基本职能中寻找确定对实现战略目标起着决定作用的关键职能，然后再进一步设计执行这些职能的机构。

其次是组织机构的变革。组织变革不仅要正确处理纵向的组织结构问题，还应同时考虑横向的组织结构问题，比如每个层次应管理哪些部门、部门内部应设置哪些职务和岗位以及怎样处理好它们之间的关系，以保证彼此间的协调配合。长期以来，办公物业在横向结构上普遍存在的问题如下：分工过细、过死；机构臃肿；人浮于事；矛盾多，扯皮多；效率低。对机构设置，变革的方向之一是推行机构整合，对此要适当强化专业分工，实行连续一贯的管理，实现管理过程一体化。

之后是管理流程的变革。针对原有流程环节多、成本高、效益差的问题，真正从用户需求出发，采用一体化、自动化等措施，对管理流程进行彻底改造，给服务对象带来更多的方便和利益，并使企业获得更多的效益。

最后是运行机制的变革。组织变革还必须建立同市场经济相适应的、有利于充分发挥全体员工积极性的、具有企业特色的动力机制与约束机制。第一，培养企业内部共同遵守的正确的价值观，用价值观来约束和监督员工的日常工作和服务。第二，改革旧的薪酬、人事、晋升制度，引入竞争机制，真正做到经营者能上能下、员工能进能出、收入能升能降。第三，改革旧的考核制度，科学设立考核标准和内容，严格按照考核结果进行奖惩。

二、现代办公物业的主要流程

总的来说，现代办公物业的流程比较完整，下面将主要流程划分为三个阶段，首先是前期阶段，办公物业服务企业接管到入驻前的准备流程；其次是中期阶段，办公物业服务企业正式进行物业服务，开展物业工作的具体流程；最后是后期阶段，物业服务企业对前中期流程的执行情况以及物业人员的服务质量进行考核和总结，并不断改良。

（一）前期接管流程

随着政府部门办公物业招投标制度的深入实施，许多办公物业服务企业面临着一个个全新的物业项目。这时，办公物业的管理稍有不慎，就可能陷入工作扎堆、首尾不顾的境地，因此一个科学有效的接管流程至关重要。在对目前办公物业的大致流程进行梳理和总结后，将现代办公物业的流程归纳为以下四个阶段：管理方案策划阶段、前期介入与准备阶段、管理启动与试运行阶段、全面运作阶段。

第一，管理方案策划阶段。本阶段分为办公管理目标策划以及策划机构设置两个部分。根据该办公单位的建筑档次、特点、是否混合使用等实际情况，结合办公楼市场形势进行综合分析，确定对该办公单位的管理档次，提出管理目标、管理标准、管理项目和管理方式。本阶段的目标是确立对该办公单位管理的总纲，为此建议邀请开发商和业主共同参与，并综合相关专家的意见，确定管理方案。在确定了管理标准和方式后，要根据需要对未来机构设置及管理人员编制进行策划，并确定主要管理人员。

第二，前期介入与准备阶段。实践证明，前期介入对以后的办公物业管理起着至关重要的作用。本阶段可划分为两个小部分：管理前期准备和工程前期介入。成功的管理前期准备可为后期办公物业管理的实际运作打下良好的基础，减少随意性，最大限度地规避管理风险。本阶段的前期准备工作有：制订办公物业管理前期的成本预算；制订办公物业管理具体开展方案；编制办公物业管理所需的各种文件，包括《管理公约》

《用户手册》《租赁合同》《装修指南》《车场制度》《消防预案》《办公大楼管理规定》等。办公物业管理的前期准备阶段一般在物业竣工前半年开始，需要熟悉物业管理相关制度和相关文件的人员参与，如果那些已经通过了ISO9001质量管理体系认证的公司想把新项目纳入这个体系中，则需要更多的准备和文件。

　　工程前期介入的目的是从物业管理的角度对该办公楼的功能、使用、施工、设备提出意见和建议，为今后投入使用创造条件，最大化地节约资金，为办公物业管理打下基础。办公物业服务企业应该在前期介入时就把工作重点放在熟悉办公大楼结构和发现办公区域可能会存在的问题或者缺陷上，以期能够先行一步，对问题及早发现，为后来的物业接管工作做好准备。现代办公大楼的自动化程度很高，办公物业管理前期介入对参与人员的专业要求也很多，要有丰富的经验和专业的知识，因此，办公物业服务企业应注意积极储备这样的人才。

　　第三，管理启动与试运行阶段。办公物业管理的接管验收不同于开发商和施工单位的竣工验收，它要更详细一些。接管验收时，要软硬件一起抓。软件是指相关图纸资料，包括竣工图纸、验收合格证、设备买卖合同、设备说明书、用电许可证、消防合格证、电梯准运证等。交接时要仔细清查上述资料，因为齐全的图纸资料将给今后的管理工作带来方便。硬件是指房屋及设备设施，硬件的接管要从严从细，对于各系统和设备，如供水系统、供电系统、消防系统、电梯、应急发电机等，均须试运行一段时间，由工程人员仔细观察运行情况，记录运行参数，严格检测是否符合技术规范要求，发现问题及时报相关方维修整改；验收房屋时要注意细节，如窗把手、门锁等是否损坏，对卫生间、窗台等要做防水检验，发现问题及时报开发商或施工单位，并要求其在办公人员正式入驻前修好。这些问题必须在办公人员入驻前解决，若在接管后才发现，将难以及时解决，从而影响办公物业服务企业的服务质量，甚至带来不必要的麻烦。

　　接管验收结束后，物业服务企业要按照前期的策划方案正式开始办公物业管理服务，办理客户入住手续、建立物业的档案资料、客户资料、执行日常管理工作等，在试运行过程中，要严格按照计划执行，及时发现问题，及时更改。同时要注意加强与业主之间的沟通，宣传办公物业服务企业的管理方式和管理制度，并根据业主的意见及时调整计划，使管理方案更加符合实际需要。

第四,全面运作阶段。按照改进后的工作方案对办公大楼进行正常管理,内容包括设备维护维修、环境绿化、安全管理、有偿服务等,这个阶段强调的是不断追求客户满意度和持续改进服务水平,以实现效益最大化。

(二)中期服务流程

办公物业服务工作涉及日常工作中的方方面面,包括保洁、保安、工程维修、环境绿化、停车服务、礼宾服务、商务服务、社区文化服务等,以及更高层次的服务需求,像会议筹备、宴会安排、外出考察安排、培训安排等,此外,还涉及量身定做的保健方案和恢复计划等深层次服务。针对这些服务项目,无论采用自营还是外包的方式,办公物业服务企业都应根据客户的需求,按照方便、实用、周到、让客户满意等人性化原则,根据低成本、高效率和有效配置资源的经济原则,对现有服务流程进行优化,设计出新的服务流程,满足客户的需求。一般来讲,办公物业服务企业有多少种服务项目,就有多少类服务流程。下面以常见的设备设施报修为例,说明优化服务流程的执行过程。

第一步,客户用办公室座机(或其他电话)拨打物业客户服务中心电话,反映具体情况。

第二步,客户服务中心座席代表接听电话,同时信息系统自动根据电话号码在其电脑屏幕上显示该客户的相关信息,作为座席代表通话时的信息参考。

第三步,座席代表点击信息系统中"设备设施维修"功能,并记录通话内容。

第四步,负责设备设施维修的项目经理收到信息系统发来的新任务通知,并通过工作终端了解该项任务的具体内容。

第五步,项目经理联系客户,确定入户查看时间。

第六步,项目经理入户查看,与客户确定维修内容、工时等。

第七步,项目经理向维修工人分派任务单。

第八步,维修工人携带工具以及必需的材料,按操作规程要求入户,维修前给受损的物件照相,然后开始维修,维修后再给修复后的物件照相,完工后需要客户在任务单上签字确认,最后向项目经理汇报情况并取消任务单。

第九步,座席代表电话回访客户,听取客户对本次维修工作的意见和建议。

第十步，如果客户评价为不满意，从第四步开始再一次触发服务流程；如果客户评价为满意，则本次维修工作结束。

第十一步，申报维修费用。

第十二步，批准、拨付维修基金。

优化服务流程在执行过程中的每一步都必须录入信息系统中，以便进行服务流程监控、维修进度查询、员工绩效考核、客户信息库补充、企业知识库补充等。这种规范化的服务流程，也不会因企业员工的工作调动而影响服务信息的完整性。

现代化的服务流程，体现了科学管理的思想，是指导服务工作的原则，也是服务工作的规范，全体员工都必须遵守；服务流程不可随意变动，在一定时间内要相对稳定。同时，需要用信息化技术固定，即采用计算机软件技术加以固化，以保证其及时性、高效性、稳定性和规范性，将人为干扰因素降到最低程度。在流程执行过程中还要对服务全程进行信息化全记录，从而为科学、有效的管理提供信息基础保证。

（三）后期评估流程

一个服务流程执行得是好是坏，由参与这一流程中的所有人决定。因此，需要对服务流程中的关键环节进行工作参数取样（参数对照表需要在流程设计和软件固化前提前制定），并将其与考核指标比对，根据比对结果，按绩效考核办法决定对具体执行人的奖惩。

一个服务产品的好坏，不是由物业服务企业自己说了算，而是要由客户来评判。因此，需要建立业主评价服务质量的制度。办公物业服务企业要经常分析评价的结果与客户需求之间的差距，并将其作为服务流程、服务内容、服务质量改善的动力和目标。

三、现代办公物业的流程变革模型

通过流程变革的理论分析，可以看到业务流程变革管理是一个系统的变革过程，它涉及企业管理的方方面面，一个小的变化可能会导致其他各个部分的变化。而且在现代的企业管理过程中，越来越注重人的因素对企业管理的影响，对现代办公物业的流程变革的再思考，不应该只偏重于一些与流程相关的硬性规则，如组织结构、基础设施、管理机制等，还应该强调有别于流程硬性规则的软因素，如人力资源管理、企业文化等。

我们把办公物业服务企业看成一个具有自组织功能的系统，在环境的影响下，组织对环境的变化做出反应，通过内部流程的运作为客户提供满意的产品或服务。在组织内部，可以把影响业务流程的组织子系统因素分为硬的因素和软的因素。硬的因素是指与组织的战略、结构、系统、方法、程序等相关的显性因素，人们通过设计一些组织制度来实现组织的战略目标；软的因素是指组织内与人相关的，无法明确表达出来的因素，如领导的行为、组织内成员之间的沟通、工作方式、组织文化管理等。环境的变化要求企业内部将硬和软两种因素的变革结合起来。一般情况下硬的因素对流程的变革有直接的影响作用，它们的作用是单向的；而软的因素既对流程变革产生影响，同时它们也受到变革后的流程的反作用，即新的流程对组织内成员的行为、态度以及企业文化的变化都会产生一定的影响。

在具体的流程变革中，硬的因素可分为战略管理和基础设施，其中与战略管理相关的是企业目标战略和信息系统战略的制定；基础设施可以分为组织结构基础设施和信息技术基础设施。软的因素分为人员管理和组织文化，人员管理主要探讨企业领导

和员工在变革过程中不同的行为；组织文化主要表现为组织的知识能力和学习能力。把这些影响流程变革的因素用图形的方式表达出来，便形成了流程变革管理的模型框架（见图 4-4）。

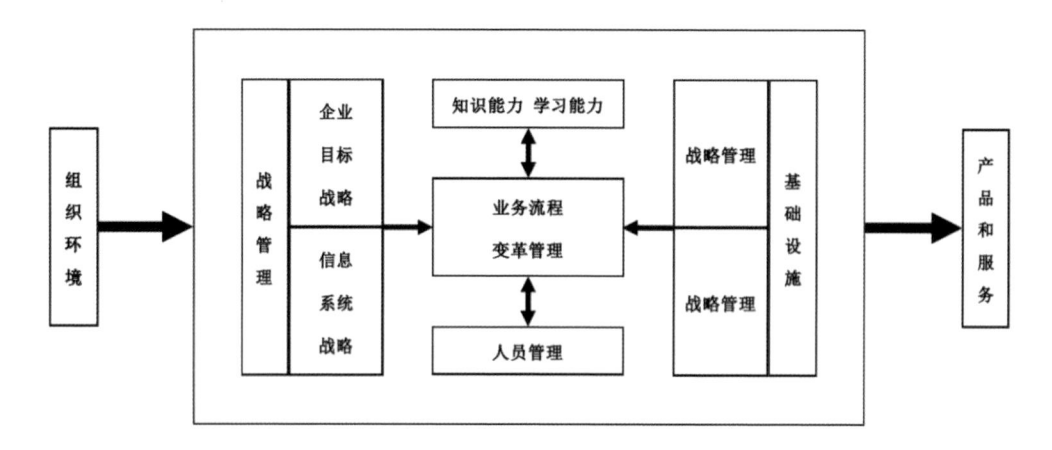

图 4-4　流程变革的模型框架

根据流程变革的模型框架图，下面将从战略管理、基础设施管理、人员管理和组织文化四个方面对现代办公物业未来的流程变革进行展望。

（一）战略管理

战略管理包括企业战略规划和信息系统战略规划，这两者要互相对应。现代信息技术对企业的战略组织和管理都具有很大的影响，流程变革往往伴随着先进 IT 技术应用从而提升企业内部的管理能力。研究表明，信息系统与企业管理的战略对应性越好，企业从信息技术应用中获得的价值则越高。组织内部任何一个具有战略性的 IT 投资都不是孤立的，它必然会引起企业的组织变化、流程变化或者组织的战略调整等，所以企业的 IT 战略必须与企业战略相呼应，才能达到组织内部各要素之间的平衡。

（二）基础设施管理

基础设施包括组织结构基础设施和信息技术基础设施。传统的组织结构都是以职能来划分的，以次标准划分出来的各组织各自为政，协调起来比较困难，而且工作效率低下。而在基于流程的组织模式中，组织是围绕业务流程运行的，职能单元只为业务流程提供服务性支持。这种组织结构的管理层级将大大简化，使沟通变得轻松，组织变得横向化和扁平化。信息技术基础设施是指将公司战略转变为技术方案，支持企业内部信息系统有效运行的各种IT资源。

（三）人员管理

人员管理是指支持企业运营活动的人力资源，这些资源包括领导、管理人员以及员工。人力资源在流程变革管理中是极为重要的资源，一般变革项目总是希望变革涉及的人员能够快速适应和掌握新的工作方式。面对变革，处于不同位置的人员会产生不同的反应。人的本性是不喜欢变化的，人们更倾向于维护现状，所以在流程变革过程中如何引导和管理人的问题是一个复杂而迫切的问题。

对于高层领导来说，变革是一种机遇，通过变革战略方向和经营机制，可以提高企业的经营效率和效益，从而增强企业的核心竞争能力。而对包括各级中层管理人员在内的大多数员工来说，变革是一种风险，可能意味着他们已有职权的丧失，他们的个人专长无法发挥，并需要重新学习新的技能。这既不是他们所追求的，也不受他们的欢迎。因此，高层领导与员工之间观念上的差异可能会导致流程变革的预期目标无法实现。

为消除这种分歧，办公物业服务企业的各层人员应从不同的角度来对待流程变革。高层领导者应密切关注市场动态，把握市场的发展趋势，明确公司现有的资源，为公司制定合适的战略目标；中层管理人员的主要任务是理解战略变革的意图，制定适合本部门发展的变革方案，协调好整个变革项目的进程；而大多数普通员工的角色是积极参与和适应变革，要以高度的热情支持变革，而不是成为变革的障碍。

（四）组织文化

企业文化是指通过行为规则表现出来的一系列共享价值观和信念。组织文化把组织内部的学习能力、知识能力整合起来，学习能力是指组织对新事物的接受和适应的能力；而知识能力是指组织目前所掌握的知识程度，包括知识的产生、获取和保存的机制。

组织文化是影响办公物业服务企业为顾客提供服务的要素之一，必须同组织的战略相呼应，且应根据需要进行改变。组织文化影响组织的行为，从而影响整体战略的制定，同时组织文化是在不断发展的，如果不加以适当管理，它就会产生消极影响。

相反，如果管理得好，组织文化就能够促进组织在已有优势的基础上进一步创新和发展。

综上所述，在办公物业服务企业实施流程变革的过程中，要注意以下几个方面：一是目标，既要有宏伟的远景目标，又要有具体而精确的实施目标。二是内容，要将硬性变革和软性变革相结合。三是规模，规模取决于资源，包括人力、资金和时间等，大规模变革通常具有紧迫性，风险较大；小规模变革则可以凭借较小的风险带来大量变革的机会。四是范围，范围是指在组织内部变革所牵扯的广度，既注重整体变革，又注重局部变革。五是速度，指变革在组织内推行的速度，通常取决于组织驾驭变革的能力、环境条件以及变革的类型，一般来说，变革速度要快慢结合、有条不紊。六是顺序，要遵循从硬到软或从软到硬的顺序，从硬到软的顺序是指变革先从结构、系统等硬性内容开始，再波及工作方式等软性内容；反之则为从软到硬的顺序。哪种顺序更佳，取决于公司或组织的历史、文化和所处的环境等。七是方式，要采用自上而下或自下而上的方式。具体的方式因领导风格而异，自上而下的方式是指由管理者的职位和权力去决定组织的未来和变革方法，这种方式有时带有强制性。自下而上的方式是指员工广泛、主动地参与制定有关组织未来的重要决策。

第三节
现代办公物业的场景再造

现代办公物业的场景再造基于场景化思维，对现代办公物业的服务水平、价值理念和功能模式等进行优化革新，以满足业主的需求。以下将具体介绍场景及场景化思维的有关理论，并基于场景化思维的启示对现代办公物业的价值变革和功能创新进行展望。

一、场景化思维与现代办公物业

随着场景时代的到来，场景化思维成为新型思维，其核心是基于场景的用户服务思维，对现代办公物业的服务具有一定的启示。下面将对场景的概念及其延伸、场景化思维的内涵和场景化思维对现代办公物业的启示三个部分进行具体说明。

（一）场景的概念及其延伸

场景一词，最早出现在戏剧或影视剧中，指的是戏剧或影视剧中的场面、情景，它是在特定的时间、空间内发生的有一定的任务行动或因人物关系所构成的具体生活画面，相对而言，是人物的行动和生活事件表现剧情内容的具体发展过程中阶段性的横向展示。在戏剧和影视剧中，场景作为基本元素，它是由人物、时空、事件（行为）、环境（包括社会环境和自然环境等）等要素组合成的，强调的是以人物活动为中心、以塑造人物为主题的动态描写的生活画面。但由于场景包含了人的因素，是在已有环境（包括自然环境和社会环境等）的基础上契合了文化、制度、习俗、行为、心理等要素所构成的生活画面，融入了对人们的生活、生活方式和行为模式的理解。

场景的这层内涵，使其被其他领域所广泛引用，其含义也得到了进一步的发展。如在社会学领域中，社会学家埃尔温·戈夫曼（Erving Goffman）认为，场景是根据所处的环境、特定角色、特定的行为等因素构成的生活场面，注重的是人类的社会和行为。在传播学领域中，著名传播学者约书亚·梅罗维茨（Joshua Meyrowwitz）基于埃尔温·戈夫曼（Erving Goffman）和马歇尔·麦克卢汉（Mashall McLuhan）的理论，提出的场景是超越地域的信息系统的场景，他认为场景是超越物质上定义的社会场合，并且有着自己的规则和角色预期，是由我们扮演的和观看的社会角色综合决定的。在城市社会学领域中，芝加哥大学社会学教授特里·克拉克（Terry Clark）认为，场景的构成是生活娱乐设施的组合，这些组合不仅蕴含了功能，还传递着文化和价值观。在计算机领域中，有学者认为场景是智能空间在某一状态下所包含的情境信息及其所需执行动作的集合，体现用户意图的高级情境（高级情境是指不能由感知设备直接获取，而由基本情境通过情境融合推理得到的情境数据）。

而随着"互联网+"时代的到来，场景的内涵也逐渐渗透到互联网领域，这个时代的场景已经被赋予了更多的含义，在更加强调对人及其行为关注的同时，也非常注重行为的时空特性的重要性，并透过具有时空特性的人类行为关系的表象，关注新时代下的场景实质——理解人类真实的场景需求，以获得对场景的真实认识和评价，注重的是以人为主体、以人为中心的精准化服务理念。因此，互联网时代下的场景可以理解为基于特定的时空领域范围，以人为中心，以需求为导向，以感知设备为载体，以事件为表现形式的行为序列总和。该定义下的场景是人物、时间、空间、事件、背景等因素构成的统一体，它更加关注人类行为的时空立体感和行为事件的整体性和关联性（即行为事件发生的来龙去脉），能更好地理解人类生活方式、行为模式、思维范式等规律。

（二）场景化思维的内涵

从上述有关场景的概念可以看出，场景不但包括硬件要素，如地理、时空，还包括软件环境，如用户心理、社交氛围等。两者共同构建了用户场景，而这种用户场景是引发用户需求的重要因素。因此，在场景时代，场景化思维的核心是以用户特定场景作为出发点，挖掘用户在特定场景中的服务需求，进而展开相应的服务适配，实现基于用户场景的服务。

因此，所谓的场景化思维，实际上是基于用户场景的服务思维。而用户、场景和服务就成为三个主要环节。这主要包括三个方面的能力：首先是场景平台的辐射力，即以平台建设为基础，产生辐射不同场景、不同用户和不同商家的能力，这是场景化思维的基础；其次是场景的连接力，这是场景化思维的关键，能否实现场景与用户、场景与服务之间的有效连接，重建用户与服务之间的关系，是树立场景化思维的关键路径；最后是场景的服务力，重建连接实际上就是通过连接为用户提供适合特定场景的用户服务，而用户服务能否达成将成为最终的检验标准。因此，场景化思维实际上就是要求服务的提供者在场景的辐射力、连接力和服务力上下功夫，打通场景、用户和服务之间的关系，为服务场景的构建做足准备。

（三）场景化思维对现代办公物业的启示

下面将从场景化思维的三大能力的角度出发，即场景平台的辐射力、场景的连接力和场景的服务力，分析场景化思维对现代办公物业的启示。

第一，加强平台化建设以扩大场景辐射力。现代办公物业服务企业需要树立以场景为基础，以客户为中心的宗旨理念，注重扩展平台本身的场景辐射力，构建能够辐射多种服务、多个领域、多种场景、多种类型的用户群体及个体的服务平台，体现服务平台的辐射力和吸引力，这是当前场景时代多元化服务的最基本模式。这种辐射多种场景的平台，一方面聚合多种服务功能，满足了客户对于一站式服务的需求；另一方面，又能够满足客户的个性化服务需求。

案例 4-2　百度地图的平台化建设

百度地图 App 基本实现了以场景为基础，以用户为中心的平台化建设。百度地图除具有基本的地图功能之外，还有发现周边服务的功能。该功能就是以 LBS（Location Based Service，简称 LBS）系统为技术支撑，为商家提供平台，为用户提供入口，实现用户与周围商家的服务连接。在百度地图的周边服务中，还有"发现美食""酒店出行""休闲娱乐""旅游景点""车主服务"等选项，涵盖了不同用户需求，基本覆盖了用户日常生活所有场景。可以说，百度地图已经突破了传统的指引交通、提供交通服务的功能，它实际上就是一个超级入口。定位系统可以根据用户行为轨迹，对用户使用场景进行精准定位，提供以场景为基础，辐射周围商家、公共服务机构的信息。就平台本身来看，它的功能更加多元化、多样化，不但能为用户提供基础交通信息，而且能够引导用户进行消费。

第二，加强场景化传播以重建用户连接。除了具备基本的平台辐射力，在信息的传播上，场景化思维的一个重要体现就是需要进行场景化传播。场景化传播更加注重传播的场景性，它关注的不仅仅是空间要素，还包括该空间中用户的心理、行为轨迹和社交氛围。同时，无论是对用户场景的判断还是信息的推送匹配，场景传播都要求以更加智能化的载体为中介。因此，场景传播实际上就是以场景为基础，以用户为中心，以智能终端为载体，以需求为导向的适时信息适配和体验。对于现代办公物业服务企业来说，加强场景化传播以重建用户连接，需要做到以下几点：

首先，需要对客户所处场景进行定位分析。例如，客户是在办公室里、停车场，还是在会议室里，不同的空间环境就意味着不同的服务需求。这需要通过定位系统来分析客户的大致活动位置，勾画客户的活动轨迹，预测客户行为方向。

其次，需要进一步了解客户需求。客户需求的产生，主要分为主观因素和客观因素。主观因素包括客户的心理、客户情绪、客户喜好和习惯等。利用传感器和大数据技术对这些主观因素进行挖掘和分析，获取有价值的数据，是了解客户信息的第一步。客观因素包括客户此时此地所处的场景，例如：客户是在会议室还是在休息区？客户

如果在会议室，他是否希望提供茶水服务？如果客户在休息区，他是否会翻阅最新的报刊？不同的场景都会激发客户不同的服务需求。了解客户需求实际上就是以技术为支撑分析客户主观需求和客观场景的过程。

最后，需要重建客户与信息和服务之间的连接。智能化服务的一个基本特点就是能够进行智能化信息匹配和推送。现代办公物业服务企业需要利用智能化的信息技术，实现信息、服务与客户需求之间的精准化、智能化匹配。

第三，加强场景服务力以满足客户体验。在场景时代，客户不再仅仅满足于一般的物业服务，传统的物业服务已经不能适应新的发展需求。在客户成为场景的中心和重心的情况下，客户体验变得更加重要。良好的客户体验能够增加平台对客户的吸引力，也能增加客户的认同感和满意度。因此，如何提升客户体验已经成为关键。优质多元的服务已经成为未来办公物业的重要趋势，未来办公物业的发展需要以客户需求为中心，建立服务系统。

总的来说，在场景时代，用户、场景与服务成为重点。如何理顺三者之间的关系，重建基于场景的用户与服务之间的连接，依然是各办公物业服务企业需要关注的问题。在未来，场景这一重要因素依然会发挥重要作用。随着技术的不断发展进步，基于场景的物业服务将会进一步呈现出平台化、场景化、服务化和智能化的趋势。

二、现代办公物业的价值变革

在场景时代，现代办公物业服务企业要树立以业主为导向的理念宗旨，增强与业主之间的联系，并努力提高自身的服务水平。对于办公物业机关来说，必须要改变过去的传统物业思维，重塑办公物业管理服务的思想体系和行为准则，即重塑办公物业的价值理念。此外，办公物业机关还需要矢志不渝地探索，其中最关键的是要学会当业主的好保姆、好管家、好朋友，将业主放到第一位，不断满足业主日益增长的需求。

（一）当一个好保姆

要当一个好保姆，办公物业机关及其从业人员首先要转变思想观念，特别是要改变其对服务定位、服务姿态、服务意识和服务行为的理解。

第一，摆正位置。办公物业管理行业实质上是一种服务性的行业，办公物业管理的从业人员必须以一个服务者的身份全心全意为物业所有者和物业使用人提供管理服务。在这种情况下，业主是物业的主人，物业服务企业是业主聘请的管理人。虽然业主和物业服务企业是委托与被委托的双方，在法律关系上是平等的两个独立主体，但办公物业管理单位应以低姿态出现，提供好的服务，把自己定位成为业主服务的人。

第二，端正姿态。如果办公物业管理单位的职员都能以较低的姿态做好自己的本职工作，受理业主的报修，主动热情地提供服务，及时帮助业主排忧解难，业主就会认可其服务，满意其工作。除此之外，办公物业管理单位在为业主提供的各项管理服务和与业主相互交往过程中也应该礼让三分尊重业主，以换取业主的尊重。

第三，改革机构。办公物业管理单位还需要改革机构，以适应服务为先、寓管理于服务之中的需要。在现代办公物业管理的形势下，办公物业管理单位应该简化机构，适当增加服务岗位，让更多的物业从业人员站在服务的第一线，从而使服务工作的效率大大提高。

第四，规范服务。办公物业管理单位必须从规范服务入手，与业主保持心与心的交流。办公物业管理单位可以制定员工服务守则，明确每一个员工的行为规范、语言规范、接待规范，约束和规范员工的行为。有条件的办公物业服务企业应建立质量保证体系、环境保护体系和职业安全卫生体系，这些措施都是确保规范服务的基本手段。制定了员工服务守则后，员工接听业主电话就会按标准语言、规定词句和礼貌语气来讲话；员工到业主家维修保养，临行前会先考虑好业主可能的潜在需求，同时带好一个工具箱、一双鞋套和两块布毯，确保离开时不给业主留下丝毫的麻烦；员工安全巡视就会认真做好每一项记录，确保每一项工作都能留下痕迹，日后有据可查；员工在进行保洁时就会佩戴一只小腰包，内装刷子、刮刀、抹布等小工具，人到哪里，保洁工作就做细做好到哪里；到了雨天，小区门口就会出现公司为小区业主提供的方便伞。只要时刻心系着业主，业主就必然看在眼里、记在心里。

（二）做一个好管家

办公物业管理单位应管好、用好业主的财产，通常要把握以下几个重点：

第一，用好管理费。管理费是办公物业管理服务中最主要的经常性支出，办公物业管理单位在其收支上应把握预算和使用控制两个环节。预算应合理、细致，应尽可能用最少的支出得到计划的效果。

第二，控制好公共能耗。公共能耗是物业运行的日常支出，是业主承担的又一笔大的开支，特别是较高档的非居住物业，如办公楼、商务楼的公共能耗费几乎与管理费相同。所以办公物业管理单位必须在能源节约上花大力气，可以在冷暖空调的合理供应、电梯营运的合理安排、照明灯具的合理选择上不断探索，使业主的每一分能源费用都用得合理。

第三，保养好房屋、设备、设施。办公物业管理单位接管物业之后，其物业的保值、增值是通过对房屋、设备、设施的日常保养和计划保养来实现的。物业好比一辆自行车，日常保养和定期保养做得好，它可以用十年、二十年，甚至更长；反之，光骑不养，日晒雨淋，用不了半年、一年就会变成一堆破铜烂铁。所以，一个好的办公物业管理单位必然会在物业的保养上充分体现好管家的本色。

（三）做业主的好朋友

办公物业管理单位要树立"做业主好朋友"的观念，但要将这一观点真正实现是件不容易的事。办公物业管理单位必须被业主认可和接受，才有可能成为业主的好朋友。因此，办公物业管理单位还要注意做好以下几项工作：

第一，与业主保持沟通。沟通是朋友之间保持友谊的基本方法。没有沟通，没有情感上的相互交流，就不可能成为朋友，因此，办公物业管理单位从接受委托、实施管理服务开始就应通过各种方式与业主保持沟通。具体可以采取设立公告栏、指示牌、专用信箱、服务信息、服务期刊、影视图像、网络信息等方式进行，还可以通过服务接触、会议接触、会谈接触、走访接触等方式进行。在沟通中与业主增加了解，增强信任，继而增进友谊。

第二，为业主提供社区服务。社区服务是物业管理发展到一定阶段的产物，是物业管理服务的延伸和发展。办公物业管理单位如能满足业主的这种需求，在物业区域内开展多种形式的便民服务、代办服务和特约服务，并提供一些无偿服务，如为业主准备雨伞、备用轮椅、修车用的工具箱等。社区服务无论是有偿的还是无偿的，只要办公物业管理单位真心实意为业主着想，每一项服务都体现对业主无微不至的关怀，时间久了，业主就会将心比心、以情换情。

第三，为业主组织文化活动。业主还会对办公区环境、文化生活有新的要求。办公物业单位如果主动因地制宜、因势利导地组织各业主开展这方面的活动，便能让办公区内的业主在紧张工作之余放松一下，对各部门相互间的文化交流、情感交流以及业务往来都会带来莫大的好处。如果做到这样，办公物业管理单位与业主成为好朋友就可以说是水到渠成的事情。

（四）不断满足业主日益增长的需求

物业管理的服务对象是人，物业管理的服务宗旨是"以人为本"，而人的需求、人的欲望又是无止境的，特别是随着我国社会经济的高速发展，业主的工作环境越来越好，相应地，他们对办公物业管理服务的需求也在日益增长。面对这种形势，办公物业管理单位如果还是因循守旧，还是按照传统的观念和思维模式来进行经营运作，则必然会被市场所淘汰。一个有前瞻性的物业服务企业，不但要按照与委托方的约定做好自己分内的事情，还要时刻观察和分析业主对办公物业管理服务的潜在需求和欲望，及时做好服务延伸：

第一，要认真做好服务需求分析。当物业服务企业接受物业管理委托时，除了进行正常的管理方案策划，还要认真地做好服务需求分析。具体操作可以参照市场营销分析的方法，对委托方的物业概况、人员构成、文化层次、服务需求等进行调查，然后进行需求的分析，从中寻找服务机会，最后进行方案策划、可行性分析等。

第二，要变被动为主动。办公物业管理要不断超越业主日益增长的需求，则必须根治传统物业管理造成的不良习惯。不能被动地提供服务，不能做算盘珠子，拨一下动一下，而是要树立现代的服务理念，按现代管理服务的观念和思维模式，不断开展创新工作，主动策划服务，主动提供服务，主动完善服务，牢牢掌握服务的主动权，想在业主需求的前面，做在业主需求的前面。

第三，要细致地做好服务工作。从事物业管理的人员都能切身体会到，物业管理是一项很细致的工作。设备人员每天要保证所有物业设备、设施的安全运行；安保人员要每分每秒注视物业区域人流物流的变化，防范各种意外；保洁人员要不停地清扫，同时不得影响业主的正常工作与生活；管理人员既要保障管理服务的正常运作，又要热情为业主提供接待服务，认真为业主做好档案管理、资金管理等工作。稍有半点松懈，就必然会产生不好的结果，给业主工作、生活带来损害；给企业品牌、企业形象带来损害；甚至引发与业主之间的矛盾、纠纷等。为此，办公物业管理单位要将"管理来不得半点松懈，服务来不得半点疏忽"作为从业员工的座右铭，时刻提醒每一位员工认真细致地做好每一项管理服务工作。

第四，要拓展从业人员的技能和知识。办公物业管理服务看似平凡、简单，但在实际运作中并非如此。其一，现代办公物业已经拥有许多现代的科学技术，需要办公物业管理人员拥有各门专业科学技术和专业科学知识，能够用科学的头脑运行、维修、保养现代物业的房屋、设备和设施。其二，现代办公物业管理不仅要提供公共性的专业服务，还要提供非公共性的社区服务。办公物业管理从业人员每天要接触各种各样的人，处理各种各样的事，没有基础的科学知识，不懂社会学、管理学、心理学、公关学等，也无法为业主提供科学的服务，获得较为理想的服务评价。为此，办公物业管理机关也可以将"用科学的头脑为业主服务，用科学的服务让业主满意"作为座右铭，时刻提醒员工掌握科学知识，用科学的方法使服务更加有效。

三、现代办公物业的功能创新

伴随着"以业主为导向，以服务为宗旨"的价值观念的建立，现代化的办公物业不仅要在服务功能的类型上进行创新，还要对服务的范围和内容进行创新，形成统一的标准。

现阶段现代办公物业的功能主要包括治安保卫、卫生保洁、会务接待、设备设施管理和紧急事件处理等。

（一）治安保卫

良好的治安保卫工作，有利于创造良好的治安环境，保证内部财产以及员工的人身安全避免不法侵害，促使业主单位在安全稳定的环境中运营。一方面，良好的治安环境可以树立正面、良好的部门形象，消除内部的不良风气，鼓舞员工士气；另一方面，良好的治安环境有利于减少经济损失，增强业主的安全防范意识，建立一种安全稳定的发展运营秩序，使业主效益最大化。

第一，出入管理。出入管理可以划分为人员出入管理和物品出入管理，下面将分别以表格的形式对服务标准进行细致规定。

一是人员出入管理。根据进出人员的类型可以划分为工作人员、外来办事人员、无手续来访者、上访人员和强行闯入者，对这些人员有不同的管理标准（见表4-3）。

表4-3　人员出入管理标准表

人员类型	管理标准
工作人员	由智能系统自动识别或查验出入证；因故未携带出入证的，可输入身份证号码供智能系统识别。
外来办事人员	须征得驻办公楼（区）相关部门同意后，凭单位介绍信或本人有效证件办理登记手续，填写会客单，凭会客单进入；手续不全或接待单位不予接待的，禁止进入。
无手续来访者	须经人事保卫处同意，办理登记手续后方可进入。
上访人员	不得随意进入办公楼（区）。禁止推销员、散发广告人员以及衣冠不整人员进入行政中心。
强行闯入者	对不出示证件、不按规定登记、不听劝阻而强行闯入者，坚决不予入内，必要时通知其所在单位或公安机关进行处理。

二是物品出入管理。总的来说，进入办公楼（区）的物品必须符合国家卫生检疫标准和安全防范要求，并由门卫值勤人员检查登记。物品出入管理标准如下（见表4-4）。

表4-4　物品出入管理标准表

物品类型	管理标准
货物	货物进入办公楼（区），须按规定履行登记手续，运货车辆须按门卫指引的路线行驶，并停靠在指定位置。
大件物品	携带大件物品进入办公楼（区），必须有相关部门签发的大型物品出门证，经门卫值勤人员核实确认后方可放行；否则，门卫值勤人员可视情况予以暂扣。

续表 4-4

施工物品	施工人员携带物品进出办公楼（区），必须有相关部门开具的证明和物品清单，经核实后放行。如有疑问可作进一步盘查，必要时联系相关部门处理。

第二，车辆管理。安全、高效、快捷的车辆综合管理是整个办公物业管理系统中的重要组成部分。车辆管理主要可以划分为通行管理、停放管理、车库管理以及交通指挥管理（见表4-5）。

表 4-5　车辆管理标准表

事项	管理标准
通行	车辆凭有效通行证方可进入办公楼（区）。
停放	所用机动车辆，一律有序停放在指定的区域内（出入口一般不得停放车辆）。停放时车头车尾朝向应保持一致，间距适中。
车库	车库车辆按规定车位停放，停放时车头朝向与车位指示标志一致。保安人员应经常对车库进行巡查，对长期停放的机动车辆应书面告知车主安全规范要求。同时对于电动车车库和自行车车库，须分别交代专人负责看管，并整理车辆，使车辆停放有序，对长期不使用的车辆进行定期清理，保证正常停车秩序。
交通指挥	上下班高峰期应有三名保安人员分别在出口和入口维持秩序。遇到紧急情况，保安人员应不间断地在现场指挥，维持秩序。

第三，园区巡逻。保安人员应根据规定的巡逻时间、路线进行巡逻检查，每天在园区内进行不定期巡逻，并对重点区域加强巡逻。每小时至少巡视一次，节假日增加巡逻两次。每组巡逻人员须两人以上，着装须规范整齐，巡逻记录须登记完整、清楚细致。巡逻的任务是保证园区内无闲杂人员及安全隐患。保安对可疑人员应进行盘查，查清身份后，须做好登记。倘若发现潜在的安全隐患问题应及时果断处置，并迅速上报。

（二）卫生保洁

办公园区内的卫生环境关乎办公单位和物业单位形象，也是业主工作环境的重要组成部分。作为在办公楼（区）内长时间工作、休息的群体，业主或物业使用人，对物业楼宇内、外公共区域的卫生环境都十分重视,园区的卫生环境如何,几乎成为他们心中最关心的问题。因此,如何为业主创造清洁、温馨的工作环境,应该是办公物业单位日常工作的主要内容之一。卫生保洁工作的管理标准如下(见表4-6)。

表 4-6　卫生保洁管理标准表

保洁地点	保洁标准
道路	每天清扫道路地面一次,每天巡视2至4次,发现脏物、废品应及时处理。根据各种路面脏的程度要随时进行清洗。局部路面每月用机器彻底清洗一次。
地面	用推尘布抹净地面,保持地面无脚印、无灰尘,视地面磨损情况进行晶面处理,使其光亮照人。平时对地面痰迹、口香糖等及时进行清除,每月用机器清洗地面一次,拖洗地面后及时抹净地角线、墙角上的污迹、水迹,清理卫生死角。
墙面	用鸡毛掸拭去墙面灰尘,彻底清理室内墙壁、墙角、天花板、风口等处的蜘蛛网,每周清理一次。
门窗	每日擦抹门窗多次,保持门窗无灰尘、无污渍、无水迹。
楼梯	擦净楼梯扶手,拖净楼梯,保持清洁。
基础设备	保持路牌、标识、消防箱、电表箱、外围灯柱、音箱等物体表面的清洁,及时处理乱贴的海报、小广告及乱画的污迹。
电梯	每日清扫并拖净电梯轿厢地面,抹净内外壁,保持无手印、无污渍、无灰尘。定期用金属清洁剂进行保养,降低其氧化、锈蚀的速度,保持电梯光亮、整洁。
办公室	每天清扫地面垃圾、擦抹桌椅、橱柜、沙发、茶几等,擦净相关设施、设备,并定期消毒。
垃圾桶	室内所有垃圾桶的垃圾不能超过垃圾桶容量的2/3,保证无虫、无异味。及时收集各类垃圾,堆放在指定地点。清运时密封装置,确保无飘洒和漏水现象。及时清洗垃圾桶,更换垃圾袋,保持其干净、无异味、无满溢。
吸烟区	每天及时清理吸烟区,烟灰缸里的烟蒂不得超过6个。

续表 4-6

洗手间	洗手间隔板、烘手机、纸盒每天擦抹 1 次；小便池、厕位、水池 1 小时冲洗 1 次，每天用清洗液清洗 1 次；洁具每周用消毒剂消毒两次；整体卫生间全面消毒，每月 1 次；洗手台每月抛光保养 1 次，其中镜面、台面、洗手盆每天清洁 4 次。上班时间每小时巡视 4 次，发现污迹、水迹、积水、头发、手印、便迹、异味、报纸等须及时清理。

（三）会务接待

机关后勤部门常常需要承担政府部门的会务接待工作，甚至是大型会议的承包工作，因此是否能够做好会务接待，很大程度上体现着机关后勤管理和服务水平的高低。

提炼一套完整的会务接待流程对办公物业机关提高会务接待工作的质量至关重要。大型会议一般分为会前筹备、会中服务、会后总结三个阶段，下面将依次展开进行阐述。

1. 会前筹备阶段

首先是会议方案的拟订。会议方案是以书面形式概括出会议的目的以及实施计划等内容，它是组织安排会议的总纲。会议方案的内容一般由以下几方面组成：会议名称、时间、地点、规模、主要内容、拟请出席领导、参会人员、文件材料、宣传报道、食宿行安排、安全保卫等。制作会议方案时必须考虑其可操作性，因此，制定方案时要坚持"复杂程序简明表述、简单问题慎重对待"的原则执行。方案经过领导审定后，要尽快召集相关单位负责人召开协调会，对各项工作进行任务分解。

其次是会议通知的起草与发布。会议通知内容包括会议名称、主送单位、主要内容、报到时间、参与人员及其他事项，主要功能是向参会人员传递会议信息。发布会议通知要做好以下三个方面：一是及时，应将会议通知提前下发，从而确保参会人员有比较充足的准备时间；二是准确，避免错发、漏发、重发；三是文字要做到条理清晰、言简意赅。

之后是落实参会人员。根据会议通知的时间安排，通知与会人员，并做好登记。具体包括以下两点：第一，协调出席领导。逐一通知会议举行的时间、地点、议程；帮助起草讲话稿或主持词并报送审核。第二，通知其他参会人员，并根据实际参会情况，汇总统计参会人员名单，并调整会场次序、食宿标准等。

然后是落实会议场所。会议时间一经确定，需要尽快联系会议场所，预定会议室，并对会议设备、茶水服务等细节提出具体要求。具体包括以下几点：第一，主席台布置。主席台作为整个会场的核心，应当精心布置。布置时要根据会议的性质、规格和领导人数确定主席台大小以及出入席通道设置等。第二，座区图编排及桌签摆放。根据参会人员名单，提前编排会场座次，桌签和座区图要反复核对，确保信息无误。第三，检查灯光和音响系统。会前须反复调试灯光和音响系统，严格检查以确保正常使用。

再然后是准备会议相关资料。除会议通知外，一些大型会议活动还需要用到其他会务资料，如会议须知、会议证件等。第一，编写会议须知。应当做到文字简洁，内容全面。第二，制作会议证件。包括工作证、出席证、列席证、车辆通行证等。证件制作要符合会议主题，视觉上要易于识别、设计新颖、色调统一。

接着是会议用车调度。大型会议活动要安排专人负责车辆调度，车辆较多时可考虑按编号分组乘车。在举办大型会议时，到会车辆相应较多，在这种情况下，应提前通知保卫处等相关部门在会场附近进行车辆疏导工作，必要时进行交通管制。

最后是会议报道安排。需要新闻报道的会议，应当提前联系有关宣传部门，邀请新闻媒体，并协助做好媒体接待工作。

2. 会中服务阶段

首先是安排会议报到。会议报到是会议进程中非常重要的部分，这一环节的主要负责工作是核实与会人员的身份、发放会议相关的证件、文件材料以及办理入住手续等。负责会议报到的工作人员要做到热情周到、有条不紊。

其次是组织会场服务。需要巡回检查场内的音响、灯光、通风、室温等情况，如有问题便迅速安排后勤人员维修。遇到特殊情况，应立即向相关领导汇报，最大限度减少对会议的影响。需提前将会议议程交给音响师，便于其把握会议节奏。此外，要提醒工作人员定时供应茶水。

最后是会议值班与秩序维持。会议召开时，会场秩序的维持不容忽视，会议期间可能发生突发事件，也会产生一些临时性的任务，为此，应当安排专人负责会议值班工作，认真维护好会场秩序。

3. 会后总结阶段

首先是送站清场。主办方和承办方应根据客人的行程安排及时调度车辆。

其次是总结归档。会后将会议所有文件包括会议通知、会议方案、会议须知、会议材料、领导讲话稿等按顺序装订成册。有录音、录像资料的，要做好数码备份和物理备份。根据保密等级要求，对需回收的会议材料逐份清查回收。

最后是会务小结。接待工作结束后，接待人员应及时向相关领导报告本次接待任务的完成情况，总结经验，分析不足，方便下次改进。

（四）设备设施管理

设备设施管理即是对办公楼（区）内所有的房屋建筑、基础设施、电子设备、水利设施、办公物品等设备设施进行巡逻、清洗、保养和维修工作（见表4-7）。

表4-7 设备设施管理标准表

项目	管理细则
安装	在设备实施安装前检查是否符合国家规范或行业标准。
清洁	每天对设备设施的表面进行一次清洗和消毒。
巡逻	每天对办公楼（区）的设备设施进行一次巡逻，检查每台设备的组成部件运行时的状态是否正常，并将巡查结果记录在册。
保养	对易受损的设备设施每月进行保养，并记入保养档案。
维修	遇到业主反映需要上门维修服务，应按照规定流程进行处理。

（五）紧急事件处理

办公楼（区）是一个人流量较大、事务较复杂的办事中心，物业服务企业的主要工作职责之一就是要确保这一中心的安全有序运行。根据居安思危、防患于未然的原则，管理部门应牵头组织，根据办公楼（区）运行的客观情况，就火灾、自然灾害、治安事故、设备事故、大规模群众上访、公共卫生事件、社会安全事件等突发公共事件建立应急预案。一般情况下，遇到突发事件可按以下程序处理（见图4-5）。

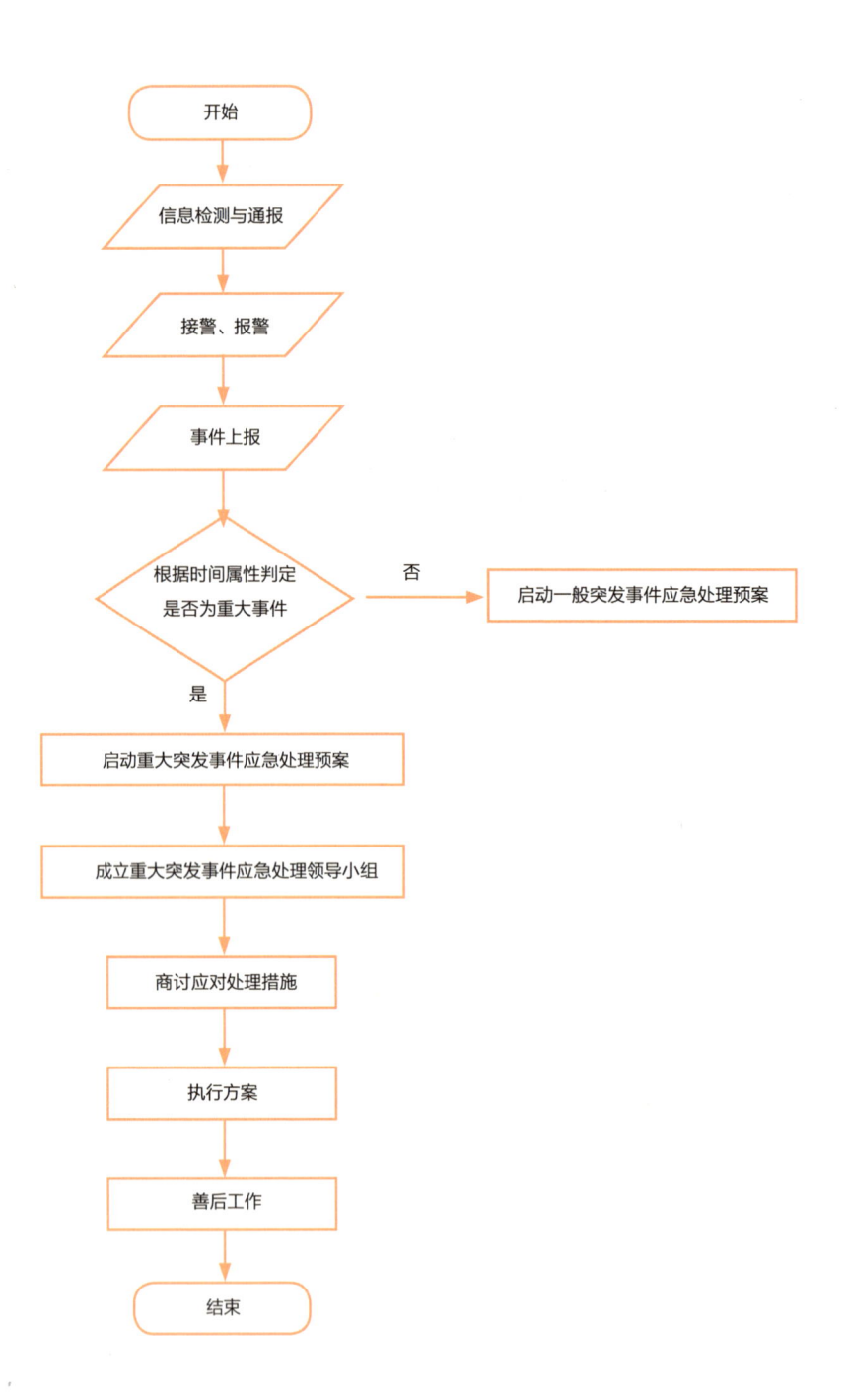

图 4-5 重大事件应急处理流程图

第五章

现代办公物业的
未来展望

进步,意味着目标不断前移,阶段不断更新,它的视野总是不断变化的。

——维克多·雨果(Victor Hugo)

引导案例:以智能化提升工作质量

南京市机关事务管理局按照"三服务一争创"总体目标,即服务好全市中心工作,服务好机关高效运转、服务好干部职工切身利益,争创机关干部职工信得过、满意度高的服务性部门。围绕智慧机关建设"一个中心",强化管理、服务这"两个抓手",加快"三个转变",在机关事务管理服务保障各领域内做出了一些行之有效的尝试和探索,以智能化带动了机关事务高质量发展。

第一,将建设智慧机关作为中心。机关事务管理部门的重要职责就是保障机关高效运转。南京市机关事务管理局本着"自主研发、协同发展"的原则设计"智慧大院+数据中心"方案,依托专业机构,形成了以标准规范体系、安全保障体系为配套的基础设施层、数据层、平台层、展现层的四层框架结构。

第二,规范流程、注重保障,强化管理服务"两个抓手"。一是规范内部管理。在公共机构节能管理领域,机关办公区域内照明、空调实现智能远程开关控制,集中配电房实现电力预警监控功能,提高了物业管理效能,降低了工作成本,有效达到了管理节能的设计目标。二是强化服务保障。南京市市级机关事务一站式服务平台自2016年8月成立以来,将智能化和"互联网+"的理念运用到实践中,优化整合资源,创新服务模式,实现了"一号通、一网办",方便服务对象办事"一趟也不跑"。

第三,结合"三个转变"重塑机关事务工作新模式。机关事务管理领域的智能化建设已由原始的粗放型增长方式转变为积极的主动智慧型方式,其任务范畴和表现形式发生了转变。在机关事务治理体系和治理能力现代化的大背景下,机关事务管理服务保障标准化建设是做好科学管理、精细服务、高效保障的有效手段。智能化不仅仅是技术问题,更应该是管理层面的提升。南京市机关事务管理局在近年的智能化建设实践中,以问题为导向,针对管理服务保障中的痛点和难点,总体筹划,分步实施。

南京市机关事务管理局通过近年来的智能化实践探索,在提升质量方面,房产管理平台、公车管理平台、能效监控体系为业务工作提供了强有力的支撑;在规范流程方面,人事绩效考核、财务风险预警、招标合同管理等系统发挥了积极作用;在创新驱动方面,一站式服务、智慧政务社区、智慧大院等智慧化应用为保障机关高效运转起到了重要作用。

第一节 迈向智能化的现代办公物业

随着政府信息化建设进程的不断加快,现代办公物业已经逐步进入了智能化时代,必须增强运用互联网、大数据、云计算、人工智能等新技术的能力,使"互联网+"深度融入现代办公物业工作。

一、科技领航现代办公物业

正如联合国秘书长古特雷斯(Guterres)在《2019年数字经济报告》中所言,数字革命以前所未有的速度和规模改变了社会,改变了我们的生活,带来了巨大的机遇和严峻的挑战。数字技术的进化,在短时间内创造了巨大的财富。

综合《中国互联网发展报告2020》以及其他的官方数据,数字经济已经成为中国经济增长的新引擎,我国已经从数字经济跟跑者的角色转换成了领跑者。截至2019年年底,4G基站总规模达到544万个,占据全球4G基站总量的一半以上;电子商务交易规模达34.81万亿元,已连续多年占据全球电子商务市场首位;全国数字经济增加值规模达35.8万亿元,已稳居世界第二位。数字化经济与实体化经济融合不断深化,也催生出大量新业态、新职业,中国企业数字化转型平均指数为45。

第五代移动通信技术,简称5G或5G技术,是最新一代蜂窝移动通信技术,也是继4G、3G和2G系统之后的延伸。5G的性能目标是高数据速率、减少延迟、节省能源、降低成本、提高系统容量和大规模设备连接。5G基站是5G网络的核心设备,提供无线覆盖,实现有线通信网络与无线终端之间的无线信号传输。我国5G网络建设布局比较早,无论是基站总量、网络质量,还是通信装备制造水平,都处于全球领先水平。数据显示,2020年我国5G基站总建设数量达71.8万个,5G投资达到几千亿元,现在已经基本覆盖全国所有地级以上城市,以独立组网模式规模部署,充分发挥网络切片等技术优势提供大宽带、低延时等服务。用户规模快速攀升,5G终端连接数超过了2亿。

知识库 5-1　《中国互联网发展报告 2020》

立足全球视野，以新冠肺炎疫情全球蔓延、国际格局深刻演变为时代背景，《世界互联网发展报告 2020》聚焦全球互联网发展实践新技术、新应用、新发展、新问题。报告秉持"四项原则""五点主张"，面对单边主义、保护主义、虚假信息、网络犯罪、网络安全、数字鸿沟等全球性问题，强调携手构建网络空间命运共同体的重要性和紧迫性。

报告从基础设施、创新能力、产业发展、互联网应用、网络安全、网络治理等维度，选取了全球 48 个国家和地区进行评估排名。这个排名榜涵盖了五大洲的主要经济体和互联网发展具有代表性的国家和地区。其中，美国和中国的互联网发展继续领先，欧洲各国的互联网实力强劲且较为均衡，拉丁美洲及撒哈拉以南非洲地区的互联网发展进步显著。其中，美国、中国、德国、英国、新加坡综合排名居前 5 位。

在国家战略和产业政策的引导与支持下，在众多新技术，尤其是 5G 技术和区块链技术等的持续迭代更新下，现代办公物业以其高成长性、广覆盖性、强渗透性以及跨界融合为特征，正在突破时空局限与产业局限，颠覆传统商业模式和资源利用方式，衍生出新的服务模式和体系，走上高质量发展道路，构建核心竞争力。智能化技术的出现使资源聚合的成本越来越低，也使得现代办公物业更容易融合数据等新的要素，从而更精准地捕捉和研究用户动态数据，以此满足客户的需求。

（一）现代办公物业智能化的误区

目前，大量现代办公物业已经将智能化应用到市场开发、项目管理、资金运作和日常服务的全过程之中，智能化现代办公物业已经初具规模，出现了 OA 办公系统、报修服务系统、节能监督平台系统、后勤服务管理系统、资产管理系统、设施设备运行监测系统以及机构节能管理系统等。这些系统都需要大量精准的基础数据，予以上传和汇总。物业管理工作的末端性，决定了在设备设施日常维护可以取得大量的基础数据，而后勤保障的管理服务中可以搜集大量的信息，了解业主的需求，并在这个基础上，给后勤工作的持续改进提供有效的建议。然而，在互联网技术更迭浪潮一浪高过一浪，数字经济蓬勃发展的大趋势下，现代办公物业在走向智能化的过程中存在以下三个问题。

第一，用技术取代管理。今天的信息技术已经非常发达，很多新颖的管理方法可以付诸实际，从而让管理更有效率。但是幻想技术能够取代管理，把项目管理完全交给技术，则是不切实际的。软件终究是靠人来编程的，所执行的逻辑仍旧是人的想法。在每一个行业发展进程中，新技术确实可以让企业变得更强大，但同时新技术对企业的要求会更高，企业必须具备比以往更强的学习能力、更优质的人力资源和更先进的管理理念，才能运用好新技术。新技术如同一个放大镜，能让优劣企业之间的能力差距变得更突出。因此，技术必须与管理相结合，才能够发挥其作用，但如果寄希望于用技术来取代管理，则是本末倒置。

案例 5-1　广州珠江城：将技术与管理结合，减少耗能

广州的珠江城是从设计到管理都全面实现了绿色运营的建筑物，在亚洲具有一定的知名度。借助先进的实时能耗监控系统，珠江城的单位建筑面积公共能耗比广州写字楼的平均水平低十几个百分点，一年可节约近 150 万千瓦·时的电。该项目的资深顾问专家表示，整个统计控制过程包括自下而上的统计、自上而下的控制两个阶段，两者之间的连接点是人的智慧大脑。也就是说，大量的统计数据汇集上来之后，必须依靠人的经验和能力进行判断并采取行动，单靠系统本身是不可能实现的。

第二，将数据等同于现场。今天智慧物业描绘了一种场景，一切都可以转化为数字，远在千里之外就能掌控项目的一举一动。古人所谓的"秀才不出门，便知天下事"，今天通过技术手段便可以轻松实现，现场很多例行工作可以实现无人操作。然而技术化在带来便利的同时，也会带来人为制造"信息鸿沟"的风险。信息系统控制的优点在于可以远程得到预设指标所要求的信息，但是经验告诉我们，现场永远比预想的复杂，预设指标之外的变化会被忽视。此外，智能化技术的先进性与稳定性之间也存在矛盾，很多智能化设备对环境要求非常高，物业管理现场的环境条件往往会造成其状态不稳定。如果不能掌握现场的一切动向，就无法做出有效判断和响应。因此，数据不等同于现场，技术化程度越高的工作，产生"信息鸿沟"的概率就越大。

第三,将运营优先于服务。现代办公物业不能把增值服务置于基础服务之前,其智能化应该用来实现人员替代与成本降低。现代办公物业只能将智能化视为一种成本控制的手段,而不能盲目套用电商的运营逻辑,陷入传统流量之争,偏离了物业管理的传统优势,舍己之长而用己之短。根深才能叶茂,现代办公物业要避免本末倒置,纠正运营优先于服务的错误思想,否则智能化就成了空中楼阁。

(二)现代办公物业智能化的重点

现代办公物业要有紧迫感和使命感,加快推进智能化工作,打破信息壁垒,形成协同共享、开放普惠的产业生态新格局,构筑智能化发展新优势。现代办公物业要走向智能化,必须做到以下几点。

第一,要以用户为中心,做好技术与服务融合工作。互联网时代,用户是最重要的存在,要以提高用户满意度为目标,利用数字科技探索数字经济模式下的高质量服务、产业升级、技术发展、商业模式创新发展,实现真正意义上科技与服务融合基础上的专业价值,给用户带来更多的幸福感、安全感、获得感。

第二,要加快现代办公物业的互联互通,在产业数字化基础上加快提升产业集中度。数字经济的优势在于规模化、平台赋能,竞争的逻辑变成了竞合。所以共建共生、共享共赢必然成为主流的市场生态,现代科技对产业变革、技术革新起关键作用的是集成创新和融合应用。现代办公物业要避免以自我为中心,走向开放共享,加快链接和融合,才能真正实现乘数效应。要构建标准化的数据结构,实现信息基础设施的共建共用。最高的效率来自协同的效率,协同已经成为产业数字化和产业价值变化最大的公约数。

第三,要下大气力解决人才短板问题。习近平总书记在政治局集体学习区块链技术时特别强调,要加强人才队伍建设,建立完善的人才培养体系,打造多种形式的高层次人才培养平台,培养一批领军人物和高水平创新团队。数字经济下的创新说到底是人才竞争,根据埃森哲的调查,目前在数字化转型中面临的最大挑战是如何培养和留住适应数字化创新的人才。美国通用公司前总裁杰夫·伊梅尔特(Jeffrey. Immelt)也指出,数字经济的发展需要非常规的经济思维和政策支持。数字化转型比实施其他任何的变革都要艰难。现代办公物业想要智能化，就必须突破现有的人才瓶颈，从追求人力红利变为追求人才红利，从追求个体价值变为追求团队价值。

案例 5-2　温州市机关事务管理局：从"汗水后勤"到"智慧后勤"

近年来，温州市机关事务管理局持续推进服务管理"智慧化"，节约采购成本近三成，机关职工满意度在 94% 以上。

（1）扩大线上数字化管理覆盖面。机关事务管理局建成投用智能"一卡通"、智慧通行、智慧安防、"智慧大院"App 等 20 余项数字化系统，实现数据的统一管理、调度和整合利用。通过"智慧化"转型，2019 年在节约人力的基础上，服务效率提速 50% 以上，真正实现了从"汗水后勤"到"智慧后勤"的转变。

（2）线下集成智慧服务，推进深度融合。机关事务管理局建立机关事务"一号通"服务中心，打造后勤服务集约化综合平台，通过"一门集办、一窗综办、一次即办、一网通办"，实现干部职工办事"最多跑一次"，不断提高服务的质量和效率。

二、在现代办公物业中的大数据

对现代办公物业而言，能否及时、高效、准确获取相关数据，是分析服务保障机制，

构建合理管理保障体系的前提,而这一难题可以通过大数据管理得到解决。

(一)大数据

大数据概念最早在20世纪80年代由维克托·迈尔-舍恩伯格(Viktor Mayer-Schonberger)及肯尼斯·库克耶(Kenneth Cukier)提出。2008年9月,《自然》杂志发表文章"Big Data: Science in the Petabyte Era",至此,"大数据"一词开始广泛传播。关于"大数据"的定义,不同研究机构、研究者各不相同。研究机构顾能(Gartner)认为,大数据是指需要新处理模式才能具有更强的决策力、洞察发现力和流程优化能力来适应海量、高增长率和多样化的信息资产。麦肯锡公司认为,大数据是指无法在一定时间内用传统数据库软件工具对其内容进行采集、存储、管理和分析的数据集合。

如图5-1所示,华为公司认为大数据的特征是"4V"。

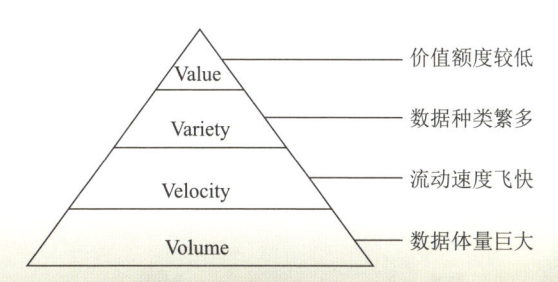

图5-1 华为公司大数据金字塔形"4V"理论模型

第一，数据体量巨大（Volume）。一般情况下，人们所认为的大数据是指10T规模以上的数据。之所以会有如此巨大的数据量，一是由于各种仪器的使用，它们的部分甚至全部数据都可以被存储；二是由于以手机为代表的各种通信工具被广泛使用，人们间的联系几乎可以达到全时段全覆盖，交流的数据量成倍增长；三是随着电子技术的发展，集成电路和智能电子元器件的价格不断降低，市场上大量的产品都纷纷能够通过智能化产生数据。

第二，流动速度飞快（Velocity）。以往的信息流动速度是指数据的采集、存储以及挖掘有效信息的速度，但现在要处理的数据是超大规模数据和海量数据，这些数据流动的速度快到难以用传统的系统去处理。因此数据快速动态变化是大数据的重要特征。

第三，数据种类繁多（Variety）。传感器种类花样繁多，智能设备层出不穷、社交网络广泛流行，技术的发展也催生丰富的产品，相应的，数据类型也日趋复杂。除了传统的关系数据类型，以视频、音频、网页、邮箱、文档等形式存在的未加工的、半结构化的和非结构化的数据大量涌现，尤其是非结构化数据的大幅增长对传统的以处理结构化数据为主的架构带来了巨大冲击。

第四，价值额度较低（Value）。在数据量呈现指数增长的同时，隐藏在"海量数据"中的有价值的信息却未能按照相应比例增加，这使得获取价值的过程更加艰难。拿视频数据来说，十几个小时的监控视频，对人们有价值的数据可能仅有一秒。

华为公司金字塔形"4V"理论展现了从Volume到Velocity再到Variety，最终到Value的层次化的递进式的创造大数据价值的方法论。具体来说，第一步，企业需要建立一个能够高效处理海量数据的存储架构平台，它既能处理大量的小文件，也能处理单体较大的文件。第二步，这个存储架构平台要具备极高的处理性能，因为大数据对实时处理的要求非常高。第三步，这个存储架构平台要能处理多样化的数据，包括结构化数据和非结构化数据。只有通过前面三步打下的基础，企业用户才能进入最后一步，在一个高效的专门为大数据构建和优化的平台上进行数据分析和挖掘，并最终获得所需的价值。大数据价值的实现过程是一个逐层深入的过程，但是建立高效的存储架构平台是前提，它是大数据落地的基础。

（二）大数据对现代办公物业的重要性

现代办公物业的特点是点多、面广、线长，是管理的复杂领域，适应新时代现代化经济体系的新要求，自觉运用大数据的理念和技术实现管理手段现代化，是持续推动现代办公物业改革创新的必然选择。

在现代办公物业中运用大数据思维和技术，通过数据挖掘，统计分析，能够描述和揭示现代办公物业的现象与规律，可以重塑现代办公物业的认知和实践模式，从而更系统有效地监管服务保障资源配置状况和政策实施效果，提高监管的预见性、时效性、科学性，完善治理体系，促进治理能力现代化。大数据对现代办公物业的重要性主要体现在以下四个方面：

第一，大数据有助于现代办公物业科学决策。现代办公物业的服务内容无论多么复杂，都有规律可循，大数据的运用大大增强了保障服务管理的智能化程度。通过描述性分析，去揭示规律；通过预测性分析，面对未来预测趋势；把握规律，依靠数据决策。利用数据仓库、数据挖掘、知识库系统等技术工具，建立智能决策、智能办公、智能监管等集成化的大数据平台，能够有效开展智能决策、智能管理、智能保障、智能服务、智能监督。大数据的价值随着海量信息积累而产生质变，能够对现代办公业运行规律进行直观呈现，为决策者提供重要数据基础和决策支撑，降低决策偏差概率，从而提高决策的数据化和科学化水平。对现代办公物业过程中数量巨大、来源分散、格式多样的数据进行汇集和关联分析，可以从中找出内在规律或发展趋势，有助于决策者做出宏观预测和前瞻性决策。

第二，大数据有助于优化服务保障资源配置。大数据无论作为技术还是服务，对优化资源配置都具有难以取代的作用，将深刻影响现代办公物业体制和服务保障运行机制。大数据有利于充分反映不同部门、不同群体、不同层次的诉求，了解服务需求变化以及发展趋势，优化资源配置。通过大数据可以分析不同区域、不同部门对某些服务保障需求的偏好，可以有的放矢地调整资源配置组合。通过对服务大数据的分析统计，得到所需的各类表格、图表曲线和其他重要数据，使数据得到充分利用和共享，从而降低整体保障成本，使资源得到优化配置，实现效益最大化，使现代办公物业服务企业各部门成为统一体。通过构建现代办公物业数据库，利用先进分析技术，对有关数据按主题进行深度整合解析，实现数据的深入挖掘，用数据反映和解决保障服务的现实问题，通过数据分析提高解决管理难题的能力，从而提升服务质量和水平，形成高效、便捷的保障体系。

第三，大数据有助于提高现代办公物业效率。运用大数据思维，对管理理念和管理方式进行变革，建立用数据说话、用数据决策、用数据管理、用数据创新的管理机制，将极大地提高管理保障服务效率。实时、准确地获取保障服务信息，是全面提高现代办公物业水平，实现管理规范、效能、科学的重要途径；整合维修、膳食、保洁、物资、设备等服务项目，构建工作制度完善、责任流程明确、服务质量优异、监督管理严谨的管理体系。以大数据提高管理效率的关键是要实现由片面向完整转变，由传统向现代转变，由数据整理向数据挖掘转变，由精准向高效转变，由单一结果向综合成果转变。要加大对数据进行采集、存储、深度挖掘和关联性分析的力度，让数据多跑路，让员工少跑腿，让大家真正能够享受到管理效率的提高和大数据所带来的便利。

第四，大数据有助于管理标准化、精细化。精细化管理要有对应的标准化工具与方法系统，必须建立规则标准，在管理流程的每一个环节中得到体现，并不断地改进和优化流程。建立了标准就可以使每个管理环节数据化，这是精细化管理量化进而走向科学化的重要特征。大数据给管理标准化、精细化提供了有力技术支持，大数据"精、准、细、严"的特点，有助于促进现代办公物业走向全面化、专业化、过程化、细节化、动态化和人性化。运用大数据技术能够揭示各种事务的关联性、决策的逻辑性和治理的复杂性，利用数据融合、数学模型、仿真技术等大数据技术可以提高决策和治理的信息占有与数据分析能力，提高治理的精确度和靶向性，不断走向数据化、标准化和精细化。

（三）大数据在现代办公物业中的应用

现代办公物业了解大数据、掌握大数据、运用大数据，提升数据采集能力、监控能力、分析能力以及网络空间保护能力，这是当下的现实课题，更意味着对未来的远见和引领，有助于培育发展新动力和拓展发展新空间。现代办公物业要夯实大数据长期发展基础，需要重点把握以下几个方面。

第一，搞好顶层设计。由于大数据应用投入很大，如果不能做好顶层设计，不同部门、相同部门不同时期投资的技术设备标准不统一、规格不统一，就会造成数据分散占有，难以对接、难以共享，数据以孤岛形式存在。因而，大数据应用的关键是做好行业或系统的顶层设计，如规划、标准、设备接口、安全等问题统一设计、统一标准，使所产生的数据能共享。如果不重视顶层设计，必然出现标准不一，难以对接、难以共享等问题，从而出现重复建设，甚至推倒重来等要求，走很长的弯路。为此，应组织制定行业标准、设计清晰的路线图、完善有关制度，搞好规划、合理分工、科学布局，推动大数据应用持续健康地开展。

第二，做实基础工作。收集整理大数据就是要对数量巨大、来源分散、结构松散、各式各样的海量原始数据进行合理梳理、深度挖掘和统一融合，将个体的、破碎的、衰老的数据变成整体的、互联的、鲜活的数据；实现从样本数据到全部数据、从混杂数据到精确数据、从发现因果关系到探求关联关系的三个变化。简单说就是要经过搜集、储存、清洗、脱敏、脱密、融合等流程，保障数据合法性、真实性和安全性，进而开发出大数据所蕴含的知识和规律，更好地体现管理保障服务大数据的价值和效益。因此，要加强数据采集、预处理、存储及管理、分析及挖掘、展现和应用等技术研发工作，不断优化现代办公物业大数据开发方式，使大数据处理和分析从系统化、集成化向知识化、智能化发展，实现数据采集范围持续扩大，数据采集手段持续创新，数据关联分析持续深化，数据挖掘深度持续增强，数据分析预测能力持续提升，通过技术进步推动现代办公物业智能化。

第三，重视数据共享。数据共享包括部门之间的数据共享、跨行政区域间的信息共享、政府与企业间的数据合作和共享、企事业单位之间的数据共享等。大数据在现代办公物业中的应用除突破一系列技术瓶颈问题之外，最重要的就是要做好数据共享。实现高水平的数据共享，不仅能避免数据采集和生产等大量重复性劳动和经费投入，更重要的是保障了数据的规范性和科学性。如何加快数据共享开放的进程，让各地区各部门真正享受到数据共享开放带来的红利，是大数据工作的重点和难点。要设立大数据协同协调机构，健全大数据相关制度框架和制度体系，促进部门间的数据共享。要进一步建立基础数据库，集中存储被共享的数据，同时进行清晰校验和整合，提供可以共享的目录，以便用户可以接入和收取这些数据。当然，开放数据需要技术框架支持，包括开放数据管理、开放数据技术、开放数据门户以及访问权限等。

第四，严把数据安全关。要明确大数据采集、开发、应用、共享等各环节网络安全保障的范围边界、责任主体和具体要求。在数据交换过程中，对数据进行严格筛查，并签订保密协议；在数据开发应用过程中，做好数据平台及服务商可靠性及安全性评估，确保内、外网的数据交互安全；在数据公开过程中，认真审查数据内容，既要避免泄密，又要避免信息数据滞后，加强数据安全和保密管理。现代办公物业要结合实际，牢固树立安全意识，开展安全监测和预警通报工作，健全信息安全等级保护、风险评估等网络安全制度，推进国产芯片、网络设备、操作系统、数据库等关键软硬件产品大规模应用，实现关键软硬件的自主化，加强大数据体系防攻击、防泄露、防窃取的监测预警控制和应急处置能力建设，建立监测灵敏的反应和治理体系，加强对治理风险以及相关安全的预测分析和监控防范，有效保障数据安全、信息安全。

三、在现代办公物业中的人工智能

随着人工智能在各行各业落地，新一代人工智能技术在全球范围内的应用方兴未艾，现代办公物业必须乘势而为，牢牢抓住机遇，推动人工智能技术在现代办公物业中的应用，为现代办公物业发展赋予新动能。

（一）人工智能

人工智能（Artificial Intelligence，简称AI），是研究、开发用于模拟、延伸和扩展人的智能的理论、方法、技术及应用系统的一门新的技术科学。智能（Intelligence）是人类所特有的区别于一般生物的主要特征，是人类感知、学习、理解和思考的能力，通常被解释为"人认识客观事物并运用只是解决实际问题的能力……往往通过观察、记忆、想象、思维、判断等表现出来"。人工智能正是一门研究、理解、模拟人类智能，并发现其规律的学科。

人工智能是计算机科学的一个分支，它企图了解智能的实质，并生产出一种新的能以人类智能相似的方式做出反应的智能机器，该领域的研究对象包括机器人、语言识别、图像识别、自然语言处理和专家系统等。人工智能是对人的意识、思维的信息过程的模拟。它不是人类智能，但能像人那样思考，更有可能超越人类智能。总的来说，人工智能研究的一个主要目标是使机器能够胜任一些通常需要人类智能才能完成的复杂工作。

人工智能可以分为两大类：强人工智能和弱人工智能。目前我们还处于研究弱人工智能阶段，之所以称之为"弱"，是因为这样的人工智能不具备自我思考、自我推理和解决问题的能力。笼统地讲，就是没有自主意识，所以并不能称其为真正意义上的智能。而强人工智能恰好相反，若能配以合适的程序设计语言，理论上它们便可以有自主感知能力、自主思维能力和自主行动能力。

强人工智能的类型又分为两种：一种是类人的人工智能，即机器完全模仿人的思维方式和行为习惯；另一种是非类人的人工智能，即机器有自我的推理方式，不按照人类的思维行动模式生产生活。强人工智能技术具有很大的自主意识，它们既可以按照人预先设定的指令行动，也可以根据具体环境自行决定该采取什么行动，它们具有主动处理事务的能力，可以不根据人类事先做好的设定而行动。

知识库 5-2　人工智能的伦理困境

在 2014 年，作为人工智能技术引领者之一，谷歌率先成立了人工智能伦理委员会，来确保人工智能技术不被滥用。物理学家斯蒂芬·霍金（Stephen Hawking）和科技富豪伊隆·马斯克（Elon Musk）等多位名人都曾经公开表示过人工智能危及人类生存的担忧。霍金说："全人工智能的发展可能意味着人类的终结。人类受到了缓慢的生物进化的限制，根本无法与之竞争，而将被取代。"马斯克对此同样疑心重重，他曾表示强人工智能"可能比核武器更危险，是我们最大的生存威胁"。人工智能主要涉及以下几点伦理问题。

（1）该不该赋予有"人性"的机器以人权？迅速发展的人工智能技术使得之前只是从事简单体力活的智能机器人具有一定程度的感知能力并被赋予其所谓的"人性"，伴随着这些"智能生命"的出现，"人权"受到了不小的挑战。

（2）谁来负责智能机器人的过错？人工智能是否会导致大量劳动力失去工作，人工智能医疗机器人若对病人的病情产生误判，导致病人健康受损，或者智能机器人出现故障导致了人的受伤甚至死亡，究竟应该由谁负责，是生产者、使用者还是机器人自己呢？

（3）如何定位智能机器人的道德地位？人工智能的出现不得不为其进行道义上的权利申辩，尤其是当具有人类情感的机器人出现的时候，他们具有相当的"人性"，应该拥有相应的道德地位。

人工智能的出现对人类社会的主要影响有以下几点：

第一，取代重复简单劳动力。人工智能技术的崛起将导致"失业潮"的发生，这基本已成为全行业的共识。"世界经济论坛"2020年年会，基于对全球企业战略高管和个人的调查发布的报告称：未来五年，人工智能与机器人的发展将进一步扩大到各个就业岗位领域，预测有8500万个就业机会将会被其取代。其中，行政、数据、装配、机械等类目，有可能会被人工智能机器最先取代。

第二，新成员进入社会。一方面，人们迫切希望人工智能能代替人类在各种各样的劳动中发挥作用；另一方面，人们又担心人工智能的发展会带来新的社会问题。事实上，近年来，社会结构正在悄然发生变化，正在由"人—机器"到"人—智能机器—机器"悄然转变。

第三，人类容易滋生惰性思维方式。人工智能对知识的掌握将会是动态的，是会不断增加和更新的，而且其知识更新的速度远超人类的极限，这势必会影响到人类的思维方式，越来越多的人过度地依赖人工智能的计算，导致自身的主动思维能力日渐下降，致使人们对于事物和是非的判断能力，只是一味地听取计算机给予的建议，认知能力越来越弱，并逐渐开始对社会产生错觉，在日常生活中失去好奇心。

知识库 5-3 大数据与人工智能的关系

大数据和人工智能虽然关注点并不相同，但是却有密切的联系，一方面，人工智能需要大量的数据作为"思考"和"决策"的基础；另一方面，大数据也需要人工智能技术进行数据价值化操作，比如机器学习就是数据分析的常用方式。在大数据价值的两个主要体现当中，数据应用的主要渠道之一就是智能体（人工智能产品），为智能体提供的数据量越大，智能体运行的效果就会越好，因为智能体通常需要大量的数据进行"训练"和"验证",从而保障运行的可靠性和稳定性。目前大数据相关技术已经趋于成熟,相关的理论体系已经逐步完善,而人工智能尚处在行业发展的初期,理论体系依然有巨大的发展空间。

(二)现代办公物业应用人工智能时存在的问题

2018年10月31日,在中央政治局第31次集体学习时,习近平总书记指出,人工智能是新一轮科技革命和产业变革的重要驱动力量,加快发展新一代人工智能事业,关系到我们能否抓住新一轮科技革命和产业变革的战略机遇。然而目前人工智能技术在现代办公物业中的应用还存在一些问题。

第一,人工智能自身的发展还存在挑战。李开复认为,目前人工智能产业的发展还有前沿科研与产业实践尚未紧密衔接,人才缺口巨大、结构失衡、数据孤岛化和碎片化等问题明显。在物理学、生物学等基础科学尚不能对人类智慧和意识进行精确描述的情况下,更有可能出现的情况是人工智能在一段时间的加速发展后,会遇到某些难以逾越的技术瓶颈。

第二,产学研协同创新有待加强。目前,我国人工智能产业的发展正处在从学术界驱动转向学术界、产业界共同驱动的阶段,这尤其需要产学研的协同创新。就学术研究来说,目前以高校和科研机构为主的学术研究团队,以及企业、政府的结合程度相对而言是比较弱的。科研机构与企业、政府需求结合得不够紧密,必然导致企业在相关技术产品的研发过程中参与度不高。所以,应当真正地以市场为导向,通过产学研协同开展人工智能科研活动,以此加快人工智能在现代办公物业中的应用进程。

第三,资源整合有待进一步加强。现在,许多物业服务企业都在自己研发物业管理平台,投入很大,但成效并不明显。由此可知,物业服务企业不应盲目地去研发物业管理平台,一些大企业所研发的物业管理平台能够为更多中小物业服务企业赋能,避免造成资源的浪费。

(三)在现代办公物业中应用人工智能的要求

新时代的现代办公物业必须积极探寻与人工智能的关系,掌握变革规律,在现代办公物业中加强人工智能技术的应用，需要努力做到"五个坚持"。

第一，坚持理性务实的发展理念。人工智能技术与现代办公物业的渗透融合发展是一个长期的过程，很难一蹴而就。因此，要充分考虑到人工智能技术的局限性，充分认识到人工智能技术与重塑现代办公物业的长期性和艰巨性，理性分析新一代信息技术的发展需求，理性设定发展目标，理性选择我们现代办公物业的发展路径，推动人工智能技术在现代办公物业中的应用。

第二，坚持以问题为导向。在现代办公物业中加强人工智能技术的应用，就是要解决现代办公物业中的难点问题或焦点问题。因此，要聚焦现代办公物业发展的短板，使人工智能技术在现代办公物业的质量变革、效率变革和发展动力变革中发挥重要作用，促进现代办公物业的全要素成长。新一代信息技术将会是推动现代办公物业转型升级进程中最大的力量，所以，现代办公物业要打破信息感知的瓶颈、交互的瓶颈以及决策的瓶颈，加快信息技术在行业发展中的应用。

第三，坚持以需求为导向。要紧紧围绕现代办公物业的需求，充分发挥现代办公物业在数据和服务应用场景方面的规模优势，积极培育人工智能新产品，以及由此衍生出来的新服务，推进新一代技术的创新和服务应用相互促进。当前，一些先进的人工智能已经有了深度学习、自我探索算法的功能。在电子算法超越人类的生化算法之前，

现代办公物业应该在工作中主动学习并融入人工智能，从人工智能的计算结果中总结出有助于改进人类思维方式的模型、思路，甚至基本逻辑。

第四，坚持底线思维。安全风险的排查与防范应当是现代办公物业的核心，推进人工智能技术在现代办公物业中的应用，要把安全放在最前面，切切实实解决管理过程中的安全问题，实现安全生产服务。随着现代办公物业的智慧平台越来越大，数据越来越多，这些数据的安全也非常重要，要引起关注。一旦数据泄漏或者被人掌握，将会造成非常大的安全隐患。因此，一定要坚持底线思维，做到以安全为主。

第五，坚持人才驱动。现代办公物业发展过程中遇到的最大问题就是人才问题，加快人工智能技术在现代办公物业中的应用需要高质量的专业人才。因此，相关的高校、培训机构要重视人才培养工作，补齐行业的人才短板，为人工智能技术在现代办公物业中的应用提供人才保障和智力支持。只有有了专业人才，才能加强人工智能技术在现代办公物业应用中的研究，推进人工智能技术和现代办公物业的深度融合，形成现代办公物业发展新动能。

案例 5-3　智能机器人解决社区停车痛点

万科物业的"黑猫二号"智慧停车系统通过"远程授权＋车牌识别"实现车辆快速通行和有效管理。通过万科业主专属App"住这儿"，对全国万科旗下楼盘的停车场运营情况实现远程管理，管理内容包括核查各项目车场的手动开闸记录、手动修改车牌记录、收费记录，以及集团—城市—项目的分级管理，同时提供大量的运营报表，方便财务核算。"黑猫二号"智慧停车系统提供的整体方案，从本地停车场到停车管家，再到云平台，形成了三位一体的整体运营平台和管控平台。

在万科物业"黑猫二号"落地社区服务时，解决了物业服务企业社区一位多车、多位多车的收费问题，让车辆计费更清晰；清理违停车辆，系统可以记录车辆数量和车位数量情况；使车辆快速通行，在提高工作效率的同时节约人工成本；有效规避财务风险和管理漏洞；等等。"黑猫二号"得到了业主的广泛好评，实现了客户停车便利，改善了项目关键数据管控。

四、物联网在现代办公物业中的应用

物联网的技术目前被广泛应用于各类行业的生产及运营，物联网技术的应用可以给现代办公物业带来诸多的创新，减少原有传统办公物业的管理层级，实现现代办公物业的扁平化管理，最终提高现代办公物业的运作效率。

（一）物联网

物联网的英文名是"The Internet of Things"，翻译成中文意思是"物物相连的互联网"。物联网将传统的信息学意义上的互联网和显示世界中的"物"进行关联，最终实现物的可控和高效管理。这个定义有两个层次上的内涵：第一，物联网技术的发展源于传统互联网技术的升级换代，将原有只对信息进行处理的互联网扩展到了对现实世界物的管理上面来；第二，用户端发生了很大变化，物联网将互联网的范围扩大到了物与物之间，实现了物与物之间的数据收集分析、处理。

因此，物联网的概念是，通过各种感应控制技术、智能识别技术、二维码技术、NFC技术、GPS定位技术和其他信息化传感设备，按照物联网相关协议，把任何物体的档案录入物联网云端，利用数据库技术进行信息交换，最终实现对物体的智能化识别、定位、跟踪、监控和管理的一种网络。它不只是完成了从纸质到电子的转化，还可以充分地对每个工作环节进行监督，工作的结果更是可以直接用数据化的形式显示和统计。

如图 5-2 所示，在物联网的结构中，每层的作用及三层之间的关系可以通过拟人化的方式进行理解，若把物联网比作人，则处于底层的感知层是"物联网人"的皮肤和五官，处于中间层的网络层是"物联网人"的神经中枢，处于顶层的应用层是"物联网人"的大脑。应用层、网络层和感知层的具体功能及使用的关键技术如下：

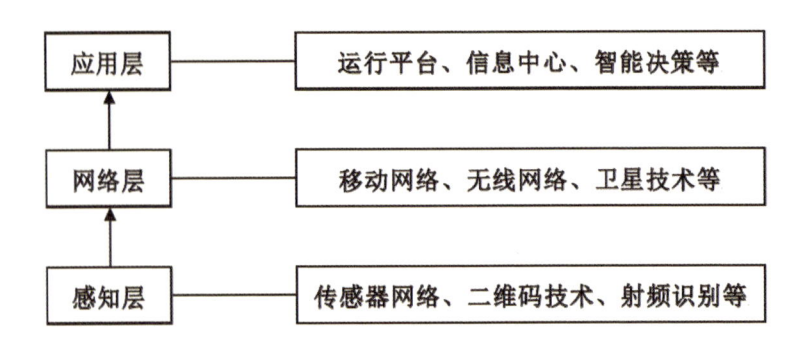

应用层	运行平台、信息中心、智能决策等
网络层	移动网络、无线网络、卫星技术等
感知层	传感器网络、二维码技术、射频识别等

图 5-2　物联网体系结构图

第一,感知层。处于底层的感知层以二维码标签识别器、RFID 标签读写器、图像传感设备、GPS 定位设备、温度传感设备、液体传感设备等信息采集设备作为"物联网人"的皮肤和五官,实现"物联网人"对外部世界物体信息的采集。"物联网人"采集外部世界物体信息使用的技术主要有两类,即传感技术和自动识别技术。传感技术是"物联网人"的皮肤和五官对外部世界实现定量认识而使用的工具,它使"物联网人"把从外部世界获取的信息量化,转化成具体的值,例如,温度值、气压值、容量值、体积值等,实现"物联网人"对外部世界物体实现定量的认识,以便从同类物体中定量地区分不同个体。"物联网人"通过自动识别技术实现对外部世界物体的声音、位置、外貌、身份等基本特征信息的判断和识别,其中之一是应用最广泛的并作为物联网核心研究技术的射频识别技术。

第二,网络层。处于中间层的网络层以各种有线方式的网络和无线方式的网络成为"物联网人"的神经中枢,实现"物联网人"皮肤和五官与大脑的沟通,完成信息多路传输和多路交换。有线方式的网络包括拨号、专线、私有和局域等形式的网络,无线方式的网络包括移动通信、无线局域、无线城域和无线广域等形式的网络。"物联网人"的神经中枢实现了信息多路传输和多路交换,采用的技术是网络通信技术,主要有以 TCP、IP 为主的互联网技术,2G、3G、4G、5G 等移动通信技术,短距离通信中的 Wi-Fi、Wi MAX、UWB、蓝牙、红外、NFC 等技术,以及现代无线传感器网络技术等。其中,Wi-Fi 在个人终端领域得到广泛使用,技术发展非常成熟;具有低功耗、低传输速率、短距离特征的蓝牙在工业设备控制、个人电子产品互联等领域得到了很好的应用。

第三,应用层。处于顶层的感知层以各种固定和移动的计算机终端作为"物联网人"的大脑,包括台式机、平板电脑、大型计算机、手机等,实现"物联网人"对皮肤和五官采集的信息进行存储和分析,并将其转化成具体的认知,即顶层应用层的多样化应用,进一步实现对"物联网人"神经中枢、皮肤和五官的调节,即对中间层和底层实现管理功能。"物联网人"的大脑实现管理功能以及将数据存储、分析转化为应用采用的技术主要有两类,服务支撑技术和综合应用技术。服务支撑技术中利用数据库技术为"物联网人"的大脑提供了海量数据的存储,利用大数据分析技术为"物联网人"

的大脑实现数据的分析和挖掘，利用软件技术、算法技术等将"物联网人"大脑对数据的存储、分析转化为应用，实现"物联网人"大脑的管理功能。

知识库 5-4　大数据和物联网的关系

物联网给大数据提供分析原料。大数据大量的数据来源于物联网传感器，物联网所产生的大数据也因此与一般的大数据有不同。首先，物联网大数据存在着其独特的数据类型与结构，物联网传感器所采集的数据，有可以直接处理的结构化数据，也有直接难以处理的非结构化的数据以及暂时无法及时处理的数据。其次，物联网大数据有更加明显的时效性和未来预测性，物联网传感器会源源不断地提供数据，这些数据均会以数据流的方式不断流通。有了物联网传感器的迅速采集和大数据的迅速分析储存，人们对数据能有更好的感知力。

大数据给物联网带来有效分析。作为储存分析应用效率更高的大数据，其价值就包括以下几个方面。首先，大数据可以对消费产品进行及时分析，从而改良营销方式，进行更加精细化的营销。其次，大数据的分析也可以解决分析故障根源，节省更多成本。大数据的充分利用，有利于将分析结果更好地应用于采集端，更好地优化物联网采集的数据。大数据对数据进行了更有针对性的分析规划，有利于研究物联网中的价值再创造。

（二）物联网与物业管理的结合——智慧物业

在物业管理领域，物业服务企业为业主提供传统的"四保"服务（保修、保洁、保安、保绿）的经营模式已经难以适应时代要求。我国物联网市场的高速发展，物联网技术的不断成熟，为物业服务企业进行服务升级提供了可能性。智慧物业就是充分凭借物联网技术把物业管理、安防、环境、基础设施、通信等体系集成在一起，并通过通信网络连接物业管理，为住户提供一个舒适、安全、便利的现代生活环境，构建一个基于大规模信息智能处理的新的管理模式。

由图 5-3 可知，智慧物业管理服务模式的架构以物联网系统架构为基础，可以大致分为四个层面：基础构建层、管理服务层、综合应用层、业主使用层。

```
业主使用层  ←  企业、业主、商家终端访问
    ↑
综合应用层  ←  快捷方便的一键式服务
    ↑
管理服务层  ←  收集数据加工与处理、决策
    ↑
基础构建层  ←  感知识别层、网络构建层
```

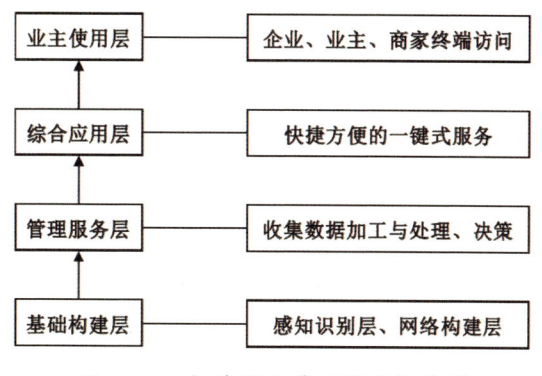

图 5-3　智慧物业管理模式架构图

第一，基础构建层。基础构建层由感知识别层、网络构建层组成，是智慧物业管理服务模式的核心，是所有上层结构的基础。感知识别层通过传感器，收集居住区内部各项基础设施使用信息及状态，准确对设备状态进行检测，实现在线管理的目的。网络构建层主要利用互联网、无线宽带网、移动通信网络等传递信息。

第二，管理服务层。管理服务层是解决用户日常生活问题的主要平台，提供建筑主体维护管理，公共基础设施维护维修，治安、环境的管理，以及用户生活缴费，物业服务的监督与反馈等方面的信息收集与处理。物业服务企业将收集的数据进行加工与处理、安全与隐私保护等，做出及时有效的决策，在保证物业管理的多种服务功能的基础上，以业主需求为主要导向，了解业主的需求偏好和行为特征，提供更加精准的服务，从而实现物业管理水平的提高。

第三，综合应用层。综合应用层是除小区物业管理服务工作以外的，丰富业主社区生活的主要平台，物业服务企业与合作商家达成合作，邀请商家入驻智慧物业服务平台，为业主提供快捷方便的一键式服务，例如快递物流信息查询服务、家政服务、医疗服务、金融服务、餐饮服务、健身服务，以及社交活动服务。一方面为业主提供了更加可靠、便捷的服务，另一方面可以降低物业服务企业的成本。

第四，业主使用层。业主使用层是业主最终使用的软硬件系统，智慧物业管理服务平台面向物业服务企业、业主、商家提供不同的终端访问入口，包括应用软件，微信公众号、微信小程序等，以实现系统的可操作性、便捷性、实用性。

案例 5-4　华为智慧园区方案助力机关事务高效运转

华为智慧园区解决方案基于华为内部行政管理的自身实践，从办公、安全保卫、节能降耗、会议、餐饮、接待公车、酒店等多方面，实现园区综合管理，能够有效提升办公效率和服务质量。

（1）建立集中管理的行政综合运营中心。以数据共享化、业务标准化、服务一体化为目标，通过物联网技术，构建行政综合运营中心，实现安保应急、车辆、人员、会议室、资产、设施设备、节能等业务系统的深度融合和统一管理。

（2）建设舒适智能化会议室。对空调、照明、新风、多媒体等设备进行统一管理，会议开始前自动按照预设模式将室内温湿度和设备调整到合适状态，会议期间动态监测二氧化碳浓度、温湿度等指标，调整空调和新风系统，保证室内空气质量始终处于最佳状态，提升用户参会体验。

（3）建设高效的员工办公服务体系。通过 WeLink App，完成行政办公、出差、会议、知识库、即时通信、生活服务等业务系统的融合。基于开放的系统架构，适配企业的各种业务场景。

智慧园区是指融合新一代信息与通信技术，具备迅速信息采集、高速信息传输、高度集中技术、智慧实时处理和服务提供能力，实现产业园区内及时、互动、整合的信息感知、传递和处理，以提高园区产业集聚能力、企业经济竞争、可持续发展为目标的园区发展理念。近年来，随着中国城市化加速发展，中国智慧城市建设不断加速，相继出台多项政策推进智慧园区的建设，更多的园区投身于园区的智慧化建设中，"智慧园区"建设已成为发展趋势。目前国内利用物联网、云平台、人工智能技术投入智慧园区的内部建设时，智慧园区是产业园区在信息基础上的升级，是智慧城市的重要表现形态，其结构体系与发展模式是智能城市的一个区域内的缩影，围绕企业的发展需求和人才的精神需要，建设智慧园区，协调政府、企业各方资源，实现管理、工作、生活智慧化，三位一体打造智慧园区。

在智慧园区的建设过程中，需要满足不同人群的需求，因此，园区的建设需要围绕企业的发展要求和人才的精神需求，建设智慧园区，协调政府、企业等各方资源，实现管理、工作、生活智慧化，三位一体打造智慧园区。智慧园区的主要功能分为构建园区绿色和谐产业、打造平安园区、办公信息便捷化，以及园区信息互动化。

第一，构建园区绿色和谐产业。以物联网、云平台、全面的 IT 建设为基础，进行园区资源集约化管理，打造绿色园区。园区依据软件系统数据运算分析，制定公共设备季节性和昼夜运行模式，提高各环节运行质量，延长设备使用寿命，实现科学调度的目的。同时通过无线传感网等技术应用，强化实时采集、传输、存储与运算等决策功能。

第二，打造平安园区。通过对园区各运行节点的传感、采集、收发，将各个设备设施运行效率和异常情况自动传输到后台，智能分析、主动防御的先进技术的开发将对园区分层布防、重点突出的部署战略；消防、安全联动紧急情况快速响应，提高园区资产运行质量，实现智能化的故障报警和运行效能监测，提高处理故障的反应速度。

第三，办公信息便捷化。通过产业园区云平台的桌面云、云呼叫中心、统一通信提供园区的商户和企业提供云服务和可拎包入住的办公环境，实现随时随地轻松办公。

第四，园区信息互动化。随着信息技术的不断完善，园区实现企业信息化应用，有效提供了园区物业的智能化管理、高效运作、全方位服务；构建园区一卡通、智能停车管理等系统打造轻松、便捷的生活和工作环境；园区实现资源的交流平台、信息发布系统的互通互享。

案例 5-5 杭州望江智慧产业园

杭州望江智慧产业园位于上城区东南部，以"科技＋金融"为战略定位，主要分为四大功能区块，包括智慧核心区、智慧文创区、智慧商务区、创客孵化区。其中智慧核心区重点打造智慧产业；智慧文创区打造智慧文化创意产业；智慧商务区主要打造线上线下的电商市场；创客孵化区重点打造园区科技孵化平台。

园区重点引进新一代信息技术、物联网、网络信息等创新型企业，园区入驻有思科、铁塔等一批龙头企业，以及各类智慧信息和金融类企业 4000 余家。数据显示，作为我国首批智慧园区建设试点，到2017年年底，园区营收规模达到500亿元，同比增长68.2%，形成"互联网+"解决方案提供商集聚地，集聚发展工业4.0、智慧城市、车联网等"互联网+"解决方案，发展创新型孵化器集群，创新型孵化器数量达到8个。

（三）物联网在政府办公物业中的应用

随着物联网技术的发展，特别是移动互联网技术和移动终端的普及，许多先进的信息技术不断成熟，深刻改变着人们的生活。政府办公物业作为现代办公物业重要的一分子，必须乘势而为，依靠物联网技术科学推动"智慧政府办公物业"建设。

第一，加强"智慧政府办公物业"的顶层设计。应当立足各部门既有共性职能，做好顶层设计，把能够统一的先统一起来，明确标准，避免各部门在建设"智慧政府办公物业"过程中，由于缺乏标准而导致建设方式、技术路线、数据接口各不相同，从而造成不必要的资源浪费。这不利于后续、数据的垂直整合和大数据分析。

第二，加强"智慧政府办公物业"的标准规范。《机关事务标准化发展规划（2018—2020年）》指出，要进一步完善机关事务标准体系，提升机关事务的标准化水平，提高机关事务工作的质量。根据当前机关事务发展的要求，应将机关事务的智慧化和标准化统一起来，以机关事务的标准化规范智慧化建设，通过推进机关事务的智慧化实现标准化建设。

第三，加强"智慧政府办公物业"的队伍建设。机关事务的智慧化建设落后于社会互联网技术的发展，主要是因为没有专业的人才队伍，缺乏人才支持。为补齐机关"智慧政府办公物业"建设的短板，应当统筹加强各部门智慧化人才队伍建设，利用培训、交流、专题学习等方式，提升现有人才队伍水平，同时制定政策、提出要求，支持各部门积极引进智慧化建设急需人才。

第四，加大对"智慧政府办公物业"建设的支持力度。相较于社会服务的智慧化发展，国家机关后勤智慧化建设的相对滞后与缺少必要的经费保障密切相关。当前，许多单位的智慧化建设水平低，既是因为没有将后勤智慧化建设纳入本单位智慧化建设的大局，更是因为没有经费支持。应当设立机关事务智慧化建设专项费用，支持各部委开展"智慧政府办公物业"建设，并在一定阶段和范围内，对先行先试的单位给予倾斜支持，推进"智慧政府办公物业"建设。

五、云计算在现代办公物业中的应用

随着计算机技术的不断发展,云计算的出现给现代办公物业带来了福音,云计算不单单是信息技术的革新,而且是一种新的信息技术与商业服务的消费与交付模式。

(一)云计算

云计算本质上是一种网络应用模式,其概念有狭义和广义之分。从狭义上来说,云计算是指 IT 基础设施的交付和使用模式,即用户通过网络,以按需、易扩展的方式,获取其所需资源的过程。从广义上来说,云计算是指一切服务的交付与使用模式,即用户通过网络,以按需、易扩展的方式,获取所需服务的过程(此处的服务既可以指 IT 资源、软件,也可以指其他的任何服务)并拥有超大规模、虚拟化和安全可靠的独特功效。

云计算的概念提出以后,许多国际 IT 巨头,如 IBM、谷歌、亚马逊、微软、戴尔等,都从不同的角度阐释了云计算的概念。其中,美国国家标准与技术研究院(National Institute of Standards and Technology NIST)给出的云计算定义是一个较为权威、中性、全面和系统的定义,该定义指出,云计算是一种对基于网络的、可配置的共享计算资源池进行的可方便的、随需访问的模式,这种基于网络的、可配置的共享计算资源池包括网络、服务器、存储、应用和服务,管理者可以对这种资源进行最小化管理,同时能够快速提供和释放。

根据用户类型和用户使用云计算的方式大体上可以划分成公共云、私有云、社区云和混合云四类(见图 5-4)。

图 5-4 云计算构架图

第一,私有云。私有云是企业或组织所专有的云计算环境,它是由某个企业独立

构建和使用的云环境，能通过企业内部网，在防火墙内为企业内部用户提供服务。私有云的所有者不与其他企业或组织共享任何资源。私有云的服务对象一般是对安全性要求比较高的金融机构、政府机关以及大型企业。

第二，社区云。社区云的核心特征是云端计算资源只给两个或者两个以上的特定单位组织内的员工使用，除此之外的人和机构都无权租赁和使用。参与社区云的单位组织在云服务模式、安全级别等方面具有共同的要求。具备业务相关性或者隶属关系的单位组织建设社区云的可能性更大一些，因为一方面能降低各自的费用，另一方面能共享信息。

第三，公共云。公共云是由若干企业和用户共同使用的云环境，它广泛地为外部用户提供服务，这些服务是廉价或者是免费的。用户只需要交付一定的公共云服务费用。不需要具备相关的技术知识即可享受该服务。公共云对于人员、基础设施的建设和维护费用基本为零，真正实现了用较少的投入获得云服务。

第四，混合云。混合云是由两个或两个以上不同类型的云（私有云、社区云、公共云）组成的，它其实不是一种特定类型的单个云，但增加了一个混合云管理层。混合云服务消费者通过混合云管理层租赁和使用资源。

知识库 5-5　公、私混合云的优势

公、私混合云是混合云中最主要的形式，它的优势有以下几点：

（1）架构更灵活。公私混合云可以根据负载的重要性灵活分配最适合的资源，例如将内部重要数据保存在本地云端，而把非机密功能移动到公共云区域。

（2）技术方面更容易掌控。

（3）更安全。公私混合云具有私有云的保密性，同时又具有公共云的抗灾性。

（4）更容易通过合规性检查。公私混合云由于融合了专门的硬件设备，提高了网络安全性，所以更容易通过审计员的合规性检查。

（5）更低的费用。公私混合云通过租用第三方资源来平抑短时间内的季节性资源需求峰值，相比自己配置最大化资源以满足需求峰值所需的成本，这种短暂租赁的费用要低得多。

按照服务类型，云计算可以分为三类，即云计算基础设施服务、云计算平台服务和云计算软件服务：

第一，云计算基础设施服务（Infrastructure as a Service，简称 IaaS）。云计算设备供应商使用高速网络锁将许多具有高速计算能力的计算机串联起来，组成数据中心，然后通过网络，直接给用户提供计算服务器、网络服务器、网络连接点和存储空间等。租用数据中心中这些资源的用户省下了自行建置计算机机房与网络线路布置的硬件成本与购买软件的费用。用户租用的这些硬件设备都是虚拟的，这些虚拟机和虚拟服务器都是通过网络浏览器联机来获取的。

第二，云计算平台服务（Platform as a Service，简称 PaaS）。云计算平台服务是指用户直接租用云计算平台服务公司所提供的程序开发平台与操作系统，使用数据中心中的计算服务器、存储服务器和应用服务器资源，让各地的开发者可以同时通过该平台编写自己的程序并发布云计算软件，而不用考虑资源、节点之间的配合等因素。然而开发者在开发软件时受平台支持语言种类的限制，只能使用平台提供的语言。

第三，云计算软件服务（Software as a Service，简称 SaaS）。SaaS 使得开发者开发的应用程序不再需要安装在客户的本地计算机上，用户使用时只需要通过一组账号和密码登录，就可以直接使用云计算软件。

知识库 5-6 大数据、物联网、云计算的关系

物联网、云计算和大数据三者互为基础，又相互促进，物联网产生大数据，大数据需要云计算。物联网是互联网的感觉和运动神经系统；大数据代表了互联网的信息层，是互联网智慧和意识产生的基础；云计算是互联网的核心硬件层和核心软件层的集合，也是互联网的中枢神经系统。物联网将物品和互联网连接起来，进行信息交换和通信，以实现智能化识别、定位、跟踪、监控和管理。其运转过程中产生的大量数据的处理工作，则需要云计算解决。

（二）云计算在现代办公物业中的应用

云计算理论发展到今天，随着相应的软、硬件平台的配套发展，相关技术已经逐渐发展成熟，网络传递的不再是数据和信息，而是服务。基于先进的云计算技术推动"现代办公物业云"的建设，通过大规模的服务器群和宽带通道提供数据服务，可以大大简化终端用户的系统部署成本，有利于现实数据共享，有效地减少信息系统的成本。用户的计算处理和信息存储都在云端的数据中心完成，大大降低了对终端客户的要求，终端用户可以 24 小时用智能终端获取办公物业服务，从而实现现代办公物业的智能化管理。

"现代办公物业云"是指依托现有的、已经成熟的云计算软件、硬件产品及其相应的管理技术，在现代办公物业的基础上，为用户提供的一整套产品。它以帮助用户快速建立办公场所，满足日常的办公的业务需求为目标。"现代办公物业云"的服务内容包括为用户提供办公用计算机和电话终端硬件设备，为用户提供服务器存储服务，集中上网宽带服务以及日常的管理维护服务等。

"现代办公物业云"是现代办公物业中一种全新的模式。它的定义为：利用云计算技术，搭建云计算平台，并根据具体现实的需求，将基础设施及技术服务以物业服务的形式提供给需求者，需求者可根据自身需求任意调整所需资源的规模和结构，根据自身对办公物业内容的选择计算相关费用情况。"现代办公物业云"可以整合各项基础设施，利用核心设备及服务集约整合的方式，集中配置资源，节省投资及服务的成本。

"现代办公物业云"的建立与传统现代办公物业相比，最大的优势就是节约成本，提高资源利用率。传统的现代办公物业为了满足业主的需要，每个地方都需要配备一整套完善的办公设备及条件，初始的固定资产投资较大，且容易闲置造成浪费，"现代办公物业云"可以大大减少初始固定资产的投资，最大化地利用资源，节约成本。

案例 5-6　北京市机关事务管理局推进数据资源整合共享

北京市推进政务信息资源整合共享，将市级机关非涉密信息系统全部迁入"政务云"集中统一建设为推进机关事务数据资源整合共享提供了必要条件。北京市机关事务管理局在进行信息化工作顶层设计时，认真落实全市部署要求，提出融合机关事务大数据平台、打造"机关事务云"的目标。

北京市市级机关搬迁期间，考虑到搬迁部门非涉密信息系统迁入"政务云"后将腾退大量的服务器设备，北京市机关事务管理局整合利用这些设备，建设了"政务外网办公云"，统一为入驻部门干部职工提供云终端，实现办公信息资源的优化整合；利用全市统建共用的"政务云"基础设施建设"安防云"，统一为行政办公区监控设备提供视频存储资源，并通过云视频检索、处理打造"智慧安防"体系；建设"应用云"，将行政办公区弱电系统涉及的楼控、就餐消费等系统迁移至"应用云"，为新建机关事务业务系统存储、计算资源。

第二节
更加人文化的现代办公物业

"人文化+"集"人文化战略""人文化品牌"和"人文化营销"为一体。它是一个文化系统工程，是集企业的思维、信念、价值观和知识构成为一体的一个理念和行动体系。在新时代，加强人文化建设是现代办公物业在推动国家治理体系和治理能力现代化中充分发挥职能作用的必然要求，更加人文化的现代办公物业也必将形成推动高质量发展的强大动力。

一、"人文化+现代办公物业"的时代潮流

"人文化+"虽然不是企业存续的必要条件，但是它能够快速确立企业个性，帮助企业建立核心价值体系，内化和淬炼企业精神，凝聚员工的力量，引领道德经营风尚，形成正确的价值观，迅速与社会和消费者形成价值共振，从而在市场经济利润优先的前提下全面、协调、可持续发展。"人文化+"包括"人文化战略""人文化品牌"和"人文化营销"。

"人文化战略"顺应了一个新的价值链体系，它是由一个企业组织存在价值理由的"战略愿景"，是明确企业方向的"战略定位"，是寻求竞争优势和资源整合的"战略目标"，以及和核心竞争力的投入产出和可持续发展的"战略评估"。它在整个"人文化+"中具有战略导向的作用。

"人文化品牌"指的是企业通过构建社会和消费者的品牌认知，强化品牌溢价价值。当下品牌建设倾向于拟人化、情感化。研究发现，带有情感，尤其是正面情感的内容会获得更多的分享。"人文化品牌"正是通过细致的、直抵人心的情感交流与互动，带来一种难以复制的无形资产。"人文化品牌"除产品自身的功能外，还有凝聚企业价值、彰显企业自身管理能力和社会责任感的作用。

"人文化营销"是"人文化+"的营销实践，它力图用"创造顾客让渡价值、着力顾客的同理心、构建顾客的强关系"创造新的营销文化，根据品牌个性、定位，向消

费者讲述人文化的故事。该故事又围绕着同一品牌主题,并利用当下互联网所带来的新传播工具打动消费者。

案例 5-7　银杏文化学院助推"人文化＋现代办公物业"发展

成都市银杏物业管理有限责任公司建有全国机关事务领域首家集"产、学、研、特"综合功能为一体的银杏文化学院,学院为独立式建筑,占地面积近4000平方米,位于成都市杜甫草堂文化区与三国文化区交汇处。作为成都市机关事务管理局培养人才的摇篮,银杏文化学院立足成都实际,突出本地特色,优化整合资源,与市属高校及科研院所合作,签订战略合作协议,推进协同创新,在理论研究、人才培养、资源共享等方面强化合作,推动互利共进、共同发展,构建一流的模式,培养一流的人才,争创一流的成果,学院内设有课程研发区、标准食堂教学示范区、多功能教学区、视频教学区、机关文化展示区、成都文化展示区和实训基地,为学习交流提供了较好的平台。

银杏文化学院奉行"专业成就价值"的品牌理念,融入"创新""成长""共享""共生"等时代特征,秉承文化自信,密切关注全球最新行业趋势,探路学术、问津实践,打造文化传播与培训实践产业链,不断拓展全市、全省乃至全国的产业链布局,真正做到企业文化为发展保驾护航。

人文化,简要地说就是文明化、人性化,强调人的价值和人的发展需要,追求真

善美及其统一。在人类当代社会发展特别是大城市的扩展建设中，对经济增长和物质财富的过分追求，往往导致人的异化和人本价值目标的缺失。人文化的实质是坚持以人为本，充分体现尊重人、关心人、解放人、发展人、依靠人的原则。

"人文化＋现代办公物业"是新时代现代办公物业发展的时代潮流，现代办公物业文化是全体员工在长期的管理、保障、服务、经营和社会实践活动中孕育形成并共同遵循的最高目标、价值标准、基本信念和行为规范的总和，它是现代办公物业观念形态文化、物质形态文化和制度形态文化的复合体。广义的现代办公物业文化包括现代办公物业在长期管理、保障、服务、经营和社会实践活动中形成的管理思想、管理方式、群体意识和行为规范，其核心是现代办公物业的价值观和现代办公物业精神、现代办公物业理念，体现了社会主义核心价值观。

"人文化＋现代办公物业"是现代办公物业对自身发展阶段、发展目标、发展策略、内外环节等多种因素进行综合考虑而确定的独特的文化管理模式，它是隶属于现代办公物业的一种"个体文化"。因此，要增强现代办公物业文化，必须要在充分彰显现代办公物业文化个性的同时，积极克服现代办公物业文化的自我封闭性。也就是说，现代办公物业在文化建设过程中，必须本着虚功实做的原则，着眼于现代办公物业管理、保障、服务、经营工作，着眼于现代办公物业发展战略的有效实施，着眼于现代办公物业发展的客观实际，与时俱进，开拓创新，不断丰富和发展现代办公物业文化的内容，不断推进现代办公物业文化的变革，进而实现"人文化＋现代办公物业"建设从务虚到务实的转变。

"人文化＋现代办公物业"形成的过程，也是现代办公物业文化成为一种环境、制度、习惯的过程。现代办公物业文化建设的效果，取决于组织的文化理念能否内化为组织成员的心理结构，并外化为组织成员的行为方式。内化于心与外化于行是组织文化建设与文化养成的基本途径。文化习惯化，是文化价值、规范与文化践行深度融合的标志，文化成为人的情感、意志能力，成为人的一种道德直觉和行为习惯。人是任何社会组织最宝贵、最重要的资源。组织文化在构建组织能力和核心竞争力上的独特作用是对人力资源的整合，即对人的精神、情感的塑造，文化理念、文化规范的建设，最终要落实到"人的素质"这个核心指标上面。提高现代办公物业队伍的素质，促进人的全面发展,是现代办公物业文化建设的根本目标。

二、现代办公物业人文化的主要内容

现代办公物业人文化可以分为三个层面:第一层,物质文化。包括写字楼建设、园林、绿化、环境卫生、标识、文体活动、文化传播等。第二层,制度文化。现代办公物业的各种规章制度及其所遵循的理念,包括人力资源理念、保障理念、服务理念、经营理念以及各项制度和措施。第三层,精神文化。包括现代办公物业精神、现代办公物业理念、现代办公物业道德等。其中,精神文化层为物质文化层和制度文化层提供思想基础,是现代办公物业人文化的核心;制度文化层约束和规范精神文化层和物质文化层的建设;物质文化层为制度文化层和精神文化层提供物质基础,是现代办公物业人文化的外在表现和载体。三者互相依存,共同构成了现代办公物业人文化的主要结构。

现代办公物业人文化作为一种管理范畴的文化理念,在推动现代办公物业协调和可持续发展方面的功能与作用主要表现为以下四点:一是导向功能,其作用在于促进员工的自我管理,提高自律意识;二是凝聚功能,其作用在于实现现代办公物业合力的最大化;三是激励功能,其作用在于最大限度地激发员工潜能;四是辐射功能,其作用在于进一步提升现代办公物业内涵和核心竞争力。现代办公物业更加人文化,需要做到以下几点。

第一,要突出重点,精心塑造现代办公物业之"魂"。现代办公物业精神是现代办公物业文化的核心,是丰富和发展现代办公物业文化内容的源泉与动力。因此,一方面要分析整合现代办公物业发展过程中所形成的不同的价值观念,精心提炼出最适合本单位的发展、最有价值的现代办公物业精神,使全体员工对现代办公物业精神有一种自豪感和使命感;另一方面要通过各种宣传途径、宣传方式和宣传载体进行灌输教育,把现代办公物业精神所提倡的观念、意识和原则灌输到员工的大脑中去,使其深入人心,从而自觉地以实际行动实践现代办公物业之"魂"。

第二,要深入挖掘主体潜力,发挥全体员工的聪明才智。现代办公物业文化要靠全体员工的积极参与、共同遵守和自觉贯彻。员工是现代办公物业文化建设的主体,他们可以提供极为丰富的文化建设素材,特别是他们中的先进模范人物在管理、保障、服务、经营中所表现出来的思想、观念和思维方式等,集中反映了员工的文化特征,是先进的发展改革价值观,而这些先进的思想和主体意识,正是提炼和总结优秀现代办公物业文化的源泉,是现代办公物业内在的精神动力。因此,必须在员工中大力弘扬奋发进取和昂扬向上的精神风貌,使企业的目标、信念等深深扎根于每个员工的心中,形成共识,这样就会使员工产生强烈的使命感、荣誉感和责任感,从而将其内化为自身的一种思想、素质、操守和习惯,自觉地把自身利益、工作职责和单位的整体利益联结在一起,尽心尽力地做好本职工作。长此以往,优秀的现代办公物业文化必将脱颖而出。

第三,建立健全现代办公物业文化的机制。运转有序、科学合理的工作机制是确保现代办公物业文化建设落到实处的重要保障。从激发员工的工作潜能、唤醒其工作热情的角度来看,提高现代办公物业文化的关键是建立健全责任机制和激励机制。在明确责任上,必须把现代办公物业阶段性的总体任务,包括社会效益、经济效益、安全服务、优质服务,以及精神文明创建规划等具体工作目标量化细化,层层分解,落实到各个部门具体领导和责任人,确保既定的决策和目标实现。在实行有效激励机制的同时,必须辅以必要的奖励机制,通过严格的量化考评给予每个员工适度的物质奖励、培训机会和可发展预期,增强员工荣誉感和归属感。

三、现代办公物业人文化的工作要求

现代办公物业人文化是一项工作程序复杂、操作技术要求高的庞大系统工程。一方面要避免急功近利、陷入误区;另一方面要立足现代办公物业实际,使现代办公物业人文化建设具有可操作性、超前性和创新性。因此,必须重点做好以下几个方面的工作。

第一,坚持现代办公物业人文化来源于实践、服务于实践并接受实践的检验。现代办公物业工作与改革的现实实践是现代办公物业文化建设的基础,现代办公物业人文化要立足于实践,反映来自实践的人文化要求,以及现代办公物业行业特征和现代办公物业组织职能、目标、体制、价值观、历史传统等方面的特点,由此形成现代办

公物业人文化创新的独特性和强烈的实践性，以及鲜明的时代特征。要从现代办公物业科学发展的战略高度规划和推进现代办公物业人文化建设，通过人文化构建和创新，致力于提高现代办公物业的保障能力，推进现代办公物业管理科学化、保障法制化、服务社会化，并接受现代办公物业实践的检验。只有坚持现代办公物业人文化同现代办公物业工作与改革实践结合，才能使现代办公物业人文化真正具有生命力、吸引力和影响力。

第二，坚持以提高现代办公物业的保障能力和经济效益为中心。现代办公物业能力是履行职责、实现组织目标，表现为现代办公物业资源的充分利用和有效整合的能力，以及独具性和持续发展优势。现代办公物业人文化建设要以提高现代办公物业的保障能力和经济效益为中心，致力于实现管理水平、保障能力和服务质量显著提升，促进经济社会发展。履行职责的能力不是永恒不变的，而是一个动态实现、动态发展的过程，现代办公物业能力的不断发展，要求现代办公物业人文化不断创新。

第三，坚持与加强现代办公物业管理科学化与人文化的有机统一。管理科学化或现代管理强调管理的科学性与管理的艺术性，即科学管理与人文管理的有机统一。人文管理作为柔性管理或管理的艺术价值，主要是通过文化的形式构建为全体组织成员认同和遵循的组织价值观和意义体系，进而影响和制约全体组织成员的行为方式。加强现代办公物业管理，实现现代办公物业管理科学化，既要重视科学管理的基础作用，又要重视人文管理的独特作用，做到既有制度化的约束，又有共同的价值观导向，坚持制度标准与价值准则协调同步，刚性管理与柔性管理相辅相成，激励约束与文化导向优势互补，把坚持服务宗旨与实施科学管理结合起来，把提高保障能力与降低行政成本结合起来。总之，通过引入人文管理，提高现代办公物业管理水平，促进现代办公物业管理科学化、制度化。

第四，坚持现代办公物业发展规律与人文化发展规律结合。加强现代办公物业人文化建设，是现代办公物业组织从人文化层面实践科学发展观的必然要求。坚持现代办公物业发展规律与人文化发展规律结合，要求在现代办公物业人文化构建和创新过程中，坚持以人为本，全员参与；务求实效，促进发展；重在建设，循序渐进。致力于实现现代办公物业人文化与现代办公物业发展的和谐统一，组织发展与员工发展的和谐统一，人文化优势与竞争优势的和谐统一，社会主义先进文化导向与现代办公物业人文化特色的和谐统一，为现代办公物业改革、发展、稳定提供强有力的精神动力和人文化支撑。

案例 5-8 "文化聚心"的宁夏回族自治区机关事务管理局

宁夏回族自治区机关事务管理局深入开展"不忘初心、牢记使命"主题教育，不断巩固深化主题教育成果，坚持文化聚心，以"让党中央放心、让人民群众满意"模范机关创建、推进自治区"三强九严"工程为载体，创新推进"党建+精神文明建设""机关事务+精神文明建设"，巩固提升"全国文明单位"创建成果，全面践行社会主义核心价值观，着力打造忠诚干净有担当的干部队伍。

（1）把精神文明建设纳入单位发展整体规划和重要议事日程，坚持与党建、业务工作同部署同落实，在年度工作总结会、机关党建工作会、"七一"表彰大会上，反复强调精神文明建设工作。将精神文明建设作为党建工作重要内容，并纳入党建考核，形成以党建带创建、以创建促党建的良好氛围。

（2）坚持制度管人管事。严格落实主要领导"五个不直接分管"规定、领导干部重大事项报告和请示报告等制度，健全完善局党组、局务会、直属机关党委、机关纪委工作规则等民主决策制度，严格落实民主集中制原则，确保民主科学决策。严格落实党风廉政建设责任制，层层签订责任书，强化廉政教育，召开新任职干部廉政谈话会，组织开展"六廉""党员领导干部廉政警示教育周"等活动，在局机关建设廉政文化长廊，营造为民务实清廉的廉政文化氛围，让党员干部在潜移默化中接受教育，知敬畏、存戒惧，守好廉洁自律底线。

第三节
走向国际化的现代办公物业

中国共产党第十九届中央委员会第五次全体会议通过的《中共中央关于制定国民经济和社会发展第十四个五年规划和二〇三五年远景目标的建议》提出，加快构建以国内大循环为主体、国内国际双循环相互促进的新发展格局。进入21世纪20年代，随着我国"一带一路"布局和新型城镇化进程的加快，国际化与中国现代办公物业的交互叠加会更加频繁和密切。

一、全球化浪潮中的现代办公物业

全球化加快了中国现代办公物业现代化的前进步伐，全球化浪潮中的现代办公物业为我国现代办公物业的快速发展提供了重要支撑，主要体现在以下几个方面。

第一，市场化程度快速提高。国际化物业机构包括港澳物业服务企业的发展，大大加快了整个行业的市场化进程，在为消费者提供更多元选择的同时，也进一步推动了招投标等重要市场机制的建立和形成。

第二，技术能级不断提高。国际化机构和港澳企业以其积累和专长在合同能源管理、设备设施管理和客户管理等方面有传统优势和全球资源，在非住宅、超高层、综合体等领域迅速填补行业短板并解决管理瓶颈，显著提升了行业的核心能力。

第三，人才培养形成高地。国际化机构和港澳企业在中国内地开展业务的三十年间由于其在薪酬、培训、管理、考核方面的灵活性与专业性，在人才吸引和塑造方面较本土物业服务企业更具优势和活力，长期以来为行业培养和输送了一批高端技术人才和管理人才。

第四，项目运营树立典范。改革开放以来，由国际物业机构和港澳服务企业承担和运营了包括2008年北京奥运会、上海世博会和广州亚运会场馆和活动，上海中心等城市标杆项目以及通用、飞利浦等世界五百强企业场地设施等，不仅在行业内树立了标杆，还进一步优化和提升了整个行业的形象和美誉度。

案例 5-9　ISO/OSAS 体系认证的引入

1997 年，深圳中海物业成功通过 ISO9002 体系认证，开创了中国物业服务企业国际认证的先河。1998 年，深圳长城物业在行业内率先完成质量、环境和职业健康三体系认证，三体系认证成为行业标准化建设的标配。而陆家嘴物业于 2015 年通过了 ISO5000 能源管理体系认证，为行业再度树立新的标杆。深圳长城物业则在 2018 年 10 月通过了 ISO27000 信息管理体系认证，再次在标准化领域开物业服务企业信息安全管控之先河。

可以看到，诸如中海、长城、陆家嘴等物业管理行业领先企业通过积极参与国际化，不断拓展标准化建设领域，从而加速了企业的发展，巩固了自身的优势，同时也为行业发展树立了可参照的模板，并从侧面证明了国际化对于行业的积极意义和重要作用。

吸取国际化的成功经验，应用先进技术，这是现代办公物业走向成熟的根本标志和最好诠释。这充分体现在以下几个方面：

第一，新思维引领行业发展。进入 21 世纪 20 年代以后，现代办公物业进行了许多方面的探索。从业主思维到用户思维，从服务响应到服务体验，从品牌建设到口碑

营销，从工匠精神到颠覆性创新，为中国现代办公物业转型升级提供了新的选择和新的路径。

第二，新角色开拓行业前沿。现代办公物业在新时代需要以新角色和新定位建立新优势、拓展新前沿。21世纪20年代以来，仲量联行将自己定位为房地产业中可持续性和能源管理方面的领导者；而世邦魏理仕则将自己定位为跨市场和跨领域的资源整合者和具有创造性和务实性的一站式解决方案的提供者，这些新定位都突破了不动产服务的传统。

第三，新技术提升行业能级。进入21世纪以来，诸如互联网、云存储和物联网技术的发展以及相关硬件成本的下降，为行业能级的提升提供了新的阶梯。这些新技术也给中国现代办公物业发展提供了崭新机会。全球化背景下新技术的快速转化和全面应用，是行业能级显著提高的重要保障。

第四，新交互延伸行业半径。在互联网时代，新交互在模糊原有行业边界的同时也极大推动了新型行业生态的形成和发展。在中国，诸如腾讯海纳、中民未来等互联网、金融企业也在积极寻求与国内物业的交互与协同，在服务场景、社区金融、自媒体等新领域开展合作，从而有效延伸了行业半径，形成了新的发展引擎。

案例5-10　现代办公物业的标准化管理探索

国家自然科学基金委机关服务中心于1997年正式挂牌成立，借鉴参考国内其他成功经验，确定全面引入质量管理体系（ISO9000标准），以强化服务意识转变工作作风，以引入流程管理来规范服务过程，以适应市场经济需求作为后勤服务发展的工作方向，建立后勤标准化管理制度，提升后勤服务的质量、水平和能力。

（1）建立电子化的管理与服务平台。服务中心按照"创建知识后勤"和构建"学习型组织"的要求，进一步引入质量管理体系PDCA的管理方法和"高效源于协同"的管理理念，通过编制岗位职责和职能分配表，规范工作流程中的管理接口、工作行为中的沟通、任务分配和资源整合，形成了以事件、时间、资源等为要素的服务流程，建立电子化的管理与服务平台。

（2）应用信息化办公平台，实现高效优质服务。服务中心把握关键的"人"和"事"，通过授权实现多层次、多角度、多范围、多对象的全面知识共享；实现以"人为中心、角色驱动、事件驱动、流程导航、表单呈现、内外互通、应用整合、集中共享"的电子政务。以"人找事""事找人""人找人""事找事"等不同类型的操作方式，实现部门之间的网络协同配合，工作记录完整保存、有源可溯，方便查询和总结，提高了执行力，分清责任，避免了推诿扯皮的现象，使服务更加及时、准确，营造了良好的协作氛围。

二、全球现代办公物业的发展趋势

在不断收获国际化成果的同时，中国现代办公物业也更为积极和自信地介入了全球经济圈和产业生态圈，并以自身发展的成果反哺全球化。无论是邓小平同志提出的改革开放，还是习近平总书记倡导的"一带一路"，全球化和国际化，全球命运共同体和经济生态圈的形成与发展，对于正在不断发展的中国现代办公物业来说都是窗口、桥梁和舞台。

案例5-11　成都世警会的高品质后勤保障服务

2019年8月8日到8月18日，第十八届世界警察和消防员运动会（简称"世警会"）在中国成都举行。这次世警会共有80个国家和地区参赛，涵盖了五大洲；共有56个比赛项目，10678名运动员及家属入境；是成都有史以来承办的规模最大、国际化水平最高、单次入境外宾人数最多的综合性体育赛事。成都世警会后勤保障服务标准高、要求严、规模大、任务重。如何确保后勤保障服务工作有力、有序、有效推进，是一项艰巨的任务。面对这样一项艰巨的任务，成都世警会后勤保障部全体工作人员齐心协力、攻坚克难，圆满地完成了各项后勤保障任务。

（1）树立了"细节决定成败"的工作理念。为确保后勤保障工作有力、有序、有效推进，成都世警会后勤保障部牢固树立"细节决定成败"的工作理念，多次进行现场演练、评估整改，确定实施方案。从前期工作筹备的多次例会到会中多次踩点的现场摸排，从各项突发问题的产生到线下机动合理的协调，从会上的深入研讨到会下详细工作方案的制定。成都世警会后勤保障部将现场秩序、交通疏导、公共治安、安全生产、消防救护、食品卫生、应急处置等工作流程化、模块化、精细化。通过牢固树立"细节决定成败"的工作理念,确保了大会"零事故、零投诉、零负面影响"。

(2)制定了"精细化、个性化"的服务方案。为使成都世警会各项后勤保障工作有条不紊、周全细致地进行,成都世警会后勤保障部制定了精细化、个性化的服务方案,精心策划了关于交通、餐饮、能源、通讯、安全、医疗、气象等方面保障工作,确保职责明晰。

(3)提供了"高品质、国际化"的后勤保障服务。在交通运输保障服务方面,成都世警会后勤保障部科学规划了55条接驳线路,投放了赛会专线车300余辆,累计发送4000余班次,为10万余人次提供了便捷的交通服务,无一起安全事故。在餐饮服务方面,成都世警会后勤保障部对生产流程严格把关,制定出搭配合理、营养丰富的套餐供应方案,确保了用餐安全,满足了参会者的个性化需求。在气象服务方面,成都世警会后勤保障部组织开展了大会开幕式精细化天气预报、逐小时精细化专题预报、赛事期间滚动式天气预报等活动;启动了区域自动气象站加密观测功能,开展气象实时监测;启动了天气雷达全天24小时连续开机观测模式,使其为气象预警和预报提供准确数据。

成都世警会后勤保障部严格按照"一流的竞赛场馆、专业的赛事组织、全面的配套保障、细致的志愿服务、浓厚的氛围营造"的标准,提供了高品质的后勤保障服务,保证了成都世警会的有序开展,使成都世警会成为一场"安全、精彩、成功、圆满"的国际人文盛会、旅游盛宴、体育盛事。

案例 5-12　南京青奥会志愿者餐饮保障服务

2014年夏,万众瞩目的奥林匹克盛会——南京青奥会成功举办。南京青奥会的成功举办离不开志愿者的参与。南京青奥会共招募了2万名志愿者,他们分布在观众服务、竞赛组织、礼宾服务、餐饮服务、医疗保障等岗位,为南京青奥会的圆满落幕做出了重大贡献。做好南京青奥会志愿者餐饮保障服务工作,对于保障青奥会的顺利运行非常重要。

南京青奥会餐饮保障服务的主要任务是:根据南京青奥会筹办及赛事进程计划,

落实志愿者食品安全保障措施和应急处置措施。任务内容有：确保定点供应单位提供的食品及原料符合食品安全标准；确保不发生食物中毒、食源性疾病事故；确保不发生添加非食用物质和滥用食品添加剂的行为；确保不发生食品安全事件。

跟其他体育赛事的餐饮保障服务一样，南京青奥会志愿者餐饮保障服务也具有三个特点。第一，安全要求高。志愿者的健康是其保持良好工作状态的前提和基础，因此，保证志愿者的饮食安全对于保障青奥会的顺利举办来说非常重要。第二，考虑因素多。本次志愿者餐饮服务保障任务涉及人数众多、地域差别巨大、个体情况复杂、人员进餐时间不定，在提供餐饮保障服务时需要考虑的因素相对复杂。第三，人力消耗大。采购、流通、存储和制作等环节都需要投入大量的人力和物力。为此，在南京青奥会志愿者餐饮保障服务中，工作人员采取了大量措施，以确保志愿者吃得好、吃得饱、吃得安全、吃得健康。主要措施有：

（1）建立了完善的食品原料采购索证索票制度及食品安全溯源制度，严格按照规定对餐饮具进行清洗消毒，严格要求从业人员进行健康体检，制定了严格食品加工操作规程，严防食品交叉污染。大赛期间，政府在青奥村餐厅及所有定点接待餐饮单位派驻食品安全监督员进行全程监督，对供餐原料和成品进行抽检，发现问题及时报告和处置。此外，在南京青奥会开始前，相关部门组织全体工作人员开展了重大活动食品安全知识培训，使大家树立了"食品安全无小事"的意识，增强了他们对食品安全保障的自觉性和责任心。南京青奥会餐饮食材70%取自南京，餐饮上桌前要过三道安检。首先，食材在进仓库前必须经过一次安检，这次安检主要是检查食材是否含有农药残留、重金属、激素等，检验合格后的食材会被送到有工作人员24小时值守的专门仓库保管，该仓库附近都装有摄像头，工作人员可通过仓库监控室的电脑屏幕对仓库内部及周边情况进行实时监管；食材出库前须再经过一次安检；食材被做成食物后，在被端上餐桌前还要进行一次安检。

（2）在菜单设计上，南京青奥会餐饮保障服务部门为了给志愿者们提供品种多样、营养美味的菜品，满足志愿者们的需求，提前一个多月就开始筹划与准备。他们准备了多种主食和几十种菜肴，给志愿者留下了较多的选择余地。除了常见的荤素搭配的菜肴之外，南京青奥会餐饮保障服务部门还精心准备了几种时令水果、酸奶、甜点等。

为了尊重来自不同民族、有不同的宗教信仰的志愿者的饮食习惯,他们还特意准备了一些特色食物,予以醒目的标识,设专窗提供服务。在餐饮准备上,餐饮保障服务部门根据每天志愿者的实际就餐信息,总结就餐的时间规律,分批安排食物的制作时间,贯彻"人不等菜,菜不等人"的思路,实现了食物供应与志愿者进餐的总体匹配,同时也尽可能地减少了浪费。由于志愿者从事的具体工作不同,有时候难以做到统一时间就餐,工作人员规划了部分食物稍晚供应,让晚到的志愿者也能够吃到热饭热菜。超过就餐时间之后,餐饮保障服务部门会准备面条、馄饨等容易加工的食物备用。大赛期间,为了有效调整菜单,南京青奥会餐饮保障服务部门还专门安排了工作人员,负责统计各种菜肴的受欢迎程度,并通过志愿者的反馈,及时调整菜品的制作方法和口味。

(3)为了充分满足大量志愿者同时就餐的需要,减少志愿者的等候时间,餐饮服务人员的采用了"连轴转"的模式。他们通常凌晨4点起床准备早餐,备好早餐后立即开始准备午餐,午餐后稍事休息即开始准备晚餐,晚餐后还需要为误餐的志愿者准备一些夜宵。在这种模式下,餐饮服务人员往往到晚上11点才能休息。为了减轻餐饮服务人员的压力,餐饮保障服务部门与志愿者进行了协商,每天有多名志愿者参与帮厨,承担了相当一部分的餐具准备、食物运送、水果分装、清洗消毒等辅助性工作,保证了餐饮保障任务的圆满完成。

案例5-13 武汉军运会背后的无名英雄

2019年10月27日,为期10天的第七届世界军人运动会(简称"军运会")在武汉圆满闭幕。中国代表团勇于奋斗、全力"厮杀"拼搏,以绝对实力首次问鼎军运会金牌榜与奖牌榜榜首。在武汉军运会的赛场之外,中国物业人不懈的奋斗精神也同样值得关注。在这场盛会背后,相关物业服务企业在党和政府的领导下,参与了大量的赛前筹备和后勤保障工作。相关物业服务企业勇担国之使命,不忘初心、不辱使命,为武汉军运会提供了最高质量的服务保障,呈现出中国物业人最好的精神面貌,用智慧与勤奋,向世界展示了中国物业服务企业的力量。物业服务企业的工作人员虽然不能在赛场上为国争光,但他们坚守在自己的岗位上,用付出践行着行业精神,助力武汉军运会的精彩，他们是武汉军运会背后当之无愧的无名英雄。

为保证武汉军运会的顺利开展，相关物业服务企业做到了以下四点。

（1）提高了政治站位，保障了武汉军运会的顺利开展。相关物业服务企业在武汉军运会倒计时100天之际，召开了武汉军运会保障誓师大会，将武汉军运会赛事保障作为核心任务，要求全体员工提高政治站位，牢记使命；科学有序地调度内部保障资源，按期组建物业保障团队；制定了管理层靠前指挥，统筹执委会的配合和后台资源配置的工作方针，稳步推进开闭幕式和各项赛事繁重的保障任务，取得了开闭幕式设施设备安全运行、服务接待符合国际赛事要求、各项赛事保障安全运行零差错的好成绩。

（2）制定了具有国际标准的服务手册，保障了武汉军运会后勤保障工作的有序开展。相关物业服务企业按照国际标准，专门制定了超过二十万字的服务手册，内容涵盖了项目运营、质量控制、应急管理的全流程，不仅详细规定了所有的服务步骤，更细化到工作人员的每一个动作。为了使工作人员熟练掌握服务手册的内容，相关物业服务企业还安排了大量专业培训，并举行多场应急演练，提高工作人员的应急能力。

（3）坚持"中国标准"，展示礼仪之邦风采。相关物业服务企业为了展示中国作为礼仪之邦的风采，在物业公司礼仪、会服标准上坚持"中国标准"。相关物业服务企业根据军运会的特点和组委会的要求，量身定制了"军运礼仪"。"军运礼仪"不仅端庄典雅，彰显了礼仪之邦的气质，而且刚柔并济，不失军运拼搏的风采。

（4）提供优质的后勤服务，成为一道靓丽的风景线。在武汉军运会中，相关物业服务企业提供了优质的后勤服务，这种服务贯穿了大赛的始终。在服务台前，客服人员用微笑面对每一位前来寻求帮助的友人；立正、站好、青松不倒，秩序队员们从白天到黑夜，始终为赛馆保驾护航；工程人员坚守在一台台设备前，确保了设备有序运行，让运动员们安心地扬帆起航；垃圾有分类、回收不浪费，保洁人员的细心、仔细，让赛场环境始终干净整洁。相关物业服务企业的全体工作人员日夜奋战，只为将最好的一面展现在国际友人的面前。

全球现代办公物业的发展趋势主要有以下几点：

第一，"互联网+现代办公物业"带来的思维变革。"互联网+"是创新2.0下的互联网发展的新业态，是知识社会创新 2.0 推动下的互联网形态演进及其催生的经济社会发展新形态。"互联网+"是互联网思维的进一步实践成果，推动经济形态不断地发生演变，从而带动社会经济实体的生命力，为改革、创新、发展提供广阔的网络平台。近年来，"互联网+"思维加速渗透到现代办公物业领域。从现代办公物业对互联网"看不到、看不懂、看不起"，到如今"互联网+现代办公物业"模式逐步迈入成熟期，互联网在现代办公物业领域的应用，实现了从 0 到 1、从 1 到 n 的转变。

第二，"机器人+现代办公物业"带来的人员冲击。机器人是自动执行工作的机器装置。它既可以接受人类指挥，又可以运行预先编排的程序，还可以根据以人工智能技术制定的原则纲领行动。它的任务是协助或取代人类工作的工作，例如生产业、建筑业，或是危险的工作。现代办公物业是一个劳动密集型的行业，管理人员只占其中一小部分，而秩序维护员和清洁工从业人员占到绝大多数。一般情况下，秩序维护员和清洁工并不需要具备很深的理论知识与技能水平，而且其中很多的动作具有简单与重复的特点，这也为机器人取代人工埋下了伏笔。

第三，智慧办公物业的平台化服务。智慧办公物业是指充分利用物联网、云计算、移动互联网等新一代信息技术的集成应用，为用户提供一个安全、舒适、便利的现代化、智慧化办公环境，从而形成基于信息化、智能化办公物业的一种新的管理形态的办公物业。根据智慧办公物业的特点集成物业服务的相关系统，例如停车场管理、闭路监控管理、门禁系统、电梯管理、保安巡逻、远程抄表和自动喷淋等相关物业的智能化管理，实现各独立应用子系统的融合，进行集中运营管理。智慧办公物业平台服务的相继出现，实现了以往传统办公物业所无法实现的功能，例如通过移动互联网和智能手机，可以将原本烦琐的维修流程简化、可以预订服务等。相关智能 App 的开发与普及已经成为智慧办公物业的一个发展方向。

案例 5-14　做"产业配套服务集成商"的综保物业

综保物业创新提出"产业配套服务集成商"的运营模式，以产城融合、业态复合的产业园设施管理为核心，按照国际视角提供资产、设施管理服务体系与标准，以自身的礼宾服务、餐饮服务、设施维护保养和能源管理，集成外部的专业服务资源，全方位满足客户资产保值增值、安全舒适办公和聚焦核心主业等需求，提供资产管理和行政后勤保障服务，助力产业成长。

综保物业正以区域化、专业化、国际化、智能化为抓手，通过运用智能化管理平台软件（如 FMC 设施管理软件等）、转变项目管理模式为"项目管理＋专业分包"、聚焦四大核心业务板块、强化专业性基础物业服务等手段，直面竞争，实现战略目标。

三、办公物业国际化的发展路径

国际化，是追逐国际市场的行为体现，既包括产品的国际流动，也包括生产要素的国际流动。办公物业的国际化，是指办公物业能为国际市场提供受欢迎的服务项目，同时也能有效利用国际市场的资源与生产要素，包括物业资源、劳动力资源等。我国办公物业只有积极吸收国外同行的先进管理经验和技术，积极进取、扬长避短、锐意迎新、树立品牌，才能成为国外同行的强大竞争者，推动行业及市场的快速、持续发展。

案例 5-15　碧桂园集团的国际化战略

碧桂园集团的国际化战略可以总结为两个方面：一是顺势而为，选择"一带一路"倡议的节点区域；二是发展产城融合、绿色智慧的品牌内涵。碧桂园国际化战略的基点是"建造未来城市发展的典范"，这是企业根本的价值追求，也是对顾客对居住综合环境的要求的回应。

碧桂园集团从 2011 年开始就十分重视企业国际化战略的建设，通过整整两年时间的规划才开始实施第一个海外开发计划。在海外拓展的过程中，从马来西亚的金海湾项目到印度尼西亚的天空之城项目，碧桂园集团都在不断完善企业的国际化战略，调整海外市场策略以及合作模式，在降低投资风险的同时使企业自身利益最大化。

我国办公物业国际化的发展路径主要有以下几点：

第一，重视办公物业的创新。国内的办公物业虽然起步较晚，但也因此得到了许多学习借鉴的机会。我国办公物业在学习和借鉴外国经验的同时，要结合国情、民情，更快速地对各种事件进行判断，提出合理化的解决方案并准确执行，开发出适应我国国情、民情的各种管理技术和服务产品。而这其中的关键在于不断创新。办公物业要想长期可持续地发展，就必须具备长期发展的战略管理能力、高度专业化的管理水平和极强的创新能力，通过观念更新、模式创新、不断挖掘行业价值。

第二，转变办公物业的观念。一是细分不同的用户需求，提供更具针对性的办公物业服务和建议。对用户需求的了解和细分是做好办公物业管理的基础，国际化的办公物业不会主观臆断用户需求，而是根据其经验和对具体案例的调查，对用户需求进行客观的评价，然后有针对性地制定最适合的办公物业。二是超越用户期望。在了解到用户的需求之后，国际化的办公物业一定会制定出超越用户期望的办公物业。在办公物业管理期间，国际化办公物业的管理往往以预防为主，更加积极主动预先安排设备保养和翻新，主动防止故障的出现或发生，给用户带来超越期望的办公体验。

第三，努力提高办公物业管理水平。随着高新科技的迅速发展，现代办公物业中引入了很多科技含量很高的智能化设备，日新月异的技术会越来越多地应用到办公物业和管理中来，办公物业智能化已经是大势所趋。面对挑战，现代办公物业必须重视各类专业管理技术的掌握，从劳动密集型向技术密集型转变，不断更新、学习新的管理服务技术，适应现代办公物业的技术要求，加强管理技术的学习，努力提高管理技术水平，这样才能保证管理实力始终与物业设备的科技进步同步。

第四，实施人才战略。办公物业从业人员的综合素质和能力关系到办公物业的发展进程，要想使办公物业得到更好的发展，第一步需要做到的就是对人员的素质和能力进行提升。要高度注重人才战略，培养和吸引高素质的办公物业经营管理高级人才，提高办公物业从业人员整体素质。一是加强人才工程建设和人才体制改革，吸引和留住高素质管理人才，把人才的培养真正从思想上提高到战略地位，对其予以高度重视，加强人才工程的建设和人才体制的根本转变，从多方面吸引和留住高素质人才。二是在招聘人才的环节中要严格把关，招聘时，要聘请专业对口且具有较高学历的人员，进而挑选出一批优秀的综合型人才，并将其引入办公物业管理队伍中。三是要对员工进行定期的培训，在保证入职人员水平的同时，加强入职人员的专业知识学习，制定详细的季度和年度的培训计划，提升全体人员的业务水平与综合素质，为办公物业的发展奠定良好的基础。

案例 5-16　银杏物业管理公司人才强企"双百计划"

成都市银杏物业管理有限责任公司坚持"聚天下英才而用之",牢固树立"人才是第一资源"理念,以培养领军人才为重点,以提升人才效能为目标,强力推进人才强企"双百计划",运用工程管理模式,推动人才工作向更广范围拓展、向更高层次提升、向更优路径转型,全力打造忠诚于机关事务事业、矢志创新创造的优秀人才队伍,为建成全国现代机关物业服务企业提供人才支撑和智力保障。

(1) 创新人才机制,打造高端人才培养链。银杏物业管理公司牢牢把握打造全国知名专业机关物管的总体定位,始终坚持以"政策通、视野宽、专业精,熟市场、熟基层、熟规则",推进协同育人,实施精准育人,强化实岗锻炼,优化培训资源,强化引进人才开发力度,打造高端人才培养链。

(2) 完善人才制度,激发人才活力。银杏物业管理公司坚持新老共存、优势互补、和谐共进的用人机制,营造公平向上的良性人才竞争环境,激发人才活力。一是健全精准科学的"理才"机制,健全人才分类评价办法,完善全员绩效管理体系,建立市场化薪酬分配机制,推进多元化人才激励机制。二是健全人尽其能的"用才"机制,坚持标准选用人才,拓宽人才成长发展空间,加强人才统筹配置。三是实施"英才托举"工程,打造优秀青年人才队伍,加快年轻管理干部培养,推进青年技术人才培养,开辟青年人才绿色通道。

(3) 以人为本,营造拴心留人环境。银杏物业管理公司认真落实高层领导联系人才制度,做深做细人才工作,引导人才把实现个人价值与推动企业发展相结合。大力选树先进典型,积极推荐公司、管理局以及省部级、地市级荣誉称号,组织开展优秀团队、优秀人才评选表彰,增强人才获得感、荣誉感。强化人文关怀,开展毕业生工作生活状况调查,帮助解决实际困难,建立辞职人员访谈制度,分析人才流失原因,完善工作措施,稳定骨干人才。

主要参考文献

图书

[1] 郭宗逵，姚胜，高荣.物业管理[M].南京：东南大学出版社，2015.

[2] 雷林.物业管理＋社区服务移动互联网时代，物业管理企业的创新之路[M].重庆：重庆大学出版社，2016.

[3] 李锦峰.物权治理与物业管理指导手册[M].上海：上海人民出版社、上海：格致出版社，2019.

[4] 李自然.专家解惑物业管理[M].北京：民主与建设出版社，2015.

[5] 刘东根，杨奎臣，于晶利等.物业管理[M].合肥：黄山书社，2010.

[6] 刘福田.物业管理实用手册[M].西安：陕西科学技术出版社，2019.

[7] 刘慧，张新爱，刘金燕，宗成华.物业管理基本制度与政策[M].石家庄：河北人民出版社，2018.

[8] 钱平雷.物业管理标准[M].上海：上海科学技术文献出版社，2014.

[9] 徐爱民，温秀红.物业管理概论[M].北京：北京理工大学出版社，2017.

[10] 张新爱，刘慧等.物业管理实务[M].石家庄：河北人民出版社，2018.

[11] 张岩，李丹.物业管理方案设计与编写十堂课[M].北京：机械工业出版社，2016.

[12] 张志红，张新爱.物业管理专业协同发展研究[M].石家庄：河北人民出版社，2018.

[13] 赵琴.物业管理法规[M].西安：西安交通大学出版社，2017.

期刊

[1] 北京市顺义区机关事务管理服务中心.集中办公区物业标准化管理实践[J].中国

机关后勤, 2019, (07):42-43.

[2] 常明. 办公写字楼物业管理评价模型研究[J]. 湖北农机化, 2018, (05):34-35.

[3] 陈璐洁. 物业管理公司全面预算管理体系的构建[J]. 商业观察, 2021, (23):67-69+72.

[4] 陈书良. 政府办公物业的管理难点及对策研究[J]. 住宅与房地产, 2019, (03):1.

[5] 邓国胜, 程令伟. 物业管理融入城市社区治理的理论逻辑与路径创新[J]. 城市发展研究, 2021, 28(09):87-91+124.

[6] 丁航. 企业办公楼宇的物业服务管理探讨[J]. 经济研究导刊, 2017, (10):165-166.

[7] 高凡. 标准助推物业管理与服务智慧化升级[J]. 中国建设信息化, 2021, (17):31.

[8] 高明伟. 以职业能力为导向的物业管理专业人才培养模式[J]. 中国市场, 2021, (35):180-182.

[9] 郭骁. 构建"政府-公司-业主"三者间常态化协同的物业管理机制[J]. 上海企业, 2021, (07):74-77.

[10] 胡连民. 对机关办公用房物业管理社会化、专业化、规范化的探讨[J]. 现代经济信息, 2016, (24):56-57.

[11] 黄永发. 政府办公物业的管理难点及对策[J]. 城乡建设, 2017, (10):66-67.

[12] 吉林人大融媒体. 探索党建引领物业管理的"吉林之路"[J]. 吉林人大, 2021, (08):8-9.

[13] 李嘉珣. 新形势下物业管理行业发展方向探究[J]. 安徽行政学院学报, 2021, (04):99-104.

[14] 李尚丽. 打造办公大楼物业管理"第一服务形象"[J]. 中国物业管理, 2007, (06):84-85.

[15] 李韵. 开放式办公物业——在新冠肺炎疫情下反思[J]. 住宅与房地产, 2020, (10):32.

[16] 凌利, 杨洪山. 疫情防控常态化背景下的物业管理人员素质优化研究[J]. 上海房地, 2021, (08):37-38.

[17] 龙江华.基于行业视角的物业管理专业创新人才培养路径研究[J].中国管理信息化,2021,24(23):114-116.

[18] 马达.绿色物业管理的驱动要因[J].城市开发,2021,(21):62-63.

[19] 潘晟.如何在物业服务中盈利——现代办公物业服务公司的盈利模式分析[J].中国市场,2018,(13):93-95+135.

[20] 齐卫平.习近平新时代中国特色社会主义思想与中国式现代化建设[J].江汉论坛,2021,(09):20-26.

[21] 钱约.开展物业管理应用文写作课程思政的探索[J].现代职业教育,2021,(52):148-149.

[22] 任天慈.物业管理在企业办公生产中的功能及社会效益分析[J].中国商论,2018,(15):135-136.

[23] 尚文化.《物业管理条例》几大问题探讨[J].法制博览,2021,(19):79-81.

[24] 邵慧.论物业管理企业如何做好人力资源成本控制[J].中国集体经济,2021,(35):116-117.

[25] 施恩辉.推动公共机构物业管理与节能管理有效融合[J].中国机关后勤,2021,(07):66-67.

[26]《四川日报》.四川:机关办公区物业管理有了地方标准明年起施行[J].中国物业管理,2018,(11):5.

[27] 孙美娟.谈物业管理办公自动化的必要性[J].应用能源技术,2007,(02):11-14.

[28] 谭思涛.物业管理品质管控与信息技术相结合[J].中小企业管理与科技,2021,(33):19-21.

[29] 王浩.试论后勤物业管理中精细化管理的应用[J].技术与市场,2021,28(07):183-184.

[30] 王怡红.物业管理法律法规课程教学改革的理论探索[J].法制博览,2021,(33):186-188.

[31] 吴希礼.高质量地做好机关办公区的物业管理工作[J].中国机关后勤,2003,(05):31-33.

[32] 吴增庆.集团办公大楼物业的管理特性及有效监控[J].现代物业,2008,(12):64-66.

[33] 肖历一.批量评估技术在非居物业中的应用——以上海市办公物业为例[J].上海房地,2019,(01):40-44.

[34] 严定峰.物业管理企业人力资源管理问题及对策探析[J].企业改革与管理,2021,(22):109-110.

[35] 杨家宁.习近平关于社会建设重要论述的思维方法研究[J].安徽行政学院学报,2021,(05):22-27.

[36] 杨翩.现代物业管理智能化发展前景的探索[J].商讯,2021,(28):178-180.

[37] 佚名.实现CBD之不能实现——上海总部湾打造新型办公物业[J].上海商业,2007,(11):38-39.

[38] 佚名.物业管理改革发展40年展望与思考[J].中国物业管理,2021,(10):39.

[39] 佚名.中国物业管理40年大事记[J].城市开发,2021,(18):52-57.

[40] 张骏.对智能化办公楼宇物业管理的探讨[J].企业改革与管理,2018,(03):223-224.

[41] 张鹏.浅谈精细化服务对物业管理行业的积极作用[J].商讯,2021,(20):171-173.

[42] 张曙平,潘颖颖.物业管理项目采购需求编制的规范和实践[J].中国政府采购,2021,(08):55-58.

[43] 张薇.办公区物业管理标准化服务[J].现代经济信息,2014,(03):78.

[44] 周蓉,何泓位.智慧物业管理系统设计方案研究[J].内江科技,2021,42(10):39-40.

[45] 朱云飞.设施管理与资产管理助推物业管理提升服务力[J].城市开发,2021,(13):64-66.

报纸

[1] 陈泥. 市直单位办公用房物业费管理有新规：将实行定点管理或定额管理两种方式，严格节约财政资金[N]. 厦门日报，2010-09-19(003).

[2] 四川省人民代表大会常务委员会. 四川省物业管理条例[N]. 四川日报，2021-11-04(007).

[3] 王昊男. "党建+"让物业服务更暖心[N]. 人民日报，2021-08-03(007).

[4] 易博文，廖劲松. 机关物业管理加快开放步伐：12家省直单位和部分市州党政办公大楼实行现代物业管理[N]. 湖南日报，2005-06-17(A02).

[5] 张忠山. 物业管理：扛起党旗融入基层社会治理体系[N]. 中国建设报，2021-07-14(001).

后　记

习近平总书记深刻指出，新发展理念是一个系统的理论体系，并回答了关于发展的目的、动力、方式、路径等一系列理论和实践问题。立足新发展阶段，贯彻新发展理念，融入新发展格局，是现代办公物业发展的必然要求。现代办公物业在发展过程中应如何推动质量变革、效率变革、动力变革，走更高质量、更有效率、更加公平、更可持续、更为安全的发展道路，是值得我们不断探索的重要问题。

在人类发展的历史长河中，从来没有一个国家像中国这样，在如此短的时间内迎来了从站起来、富起来到强起来的伟大飞跃，创造了令世人瞩目的"中国奇迹"。在这个震惊世界的伟大奇迹中，我国的现代物业服务实现了从无到有、从弱到强，发展成为一个集管理、经营、服务为一体的，覆盖全社会的庞大行业，已经成为现代化城市管理和房地产经营管理重要的组成部分和国民经济新的增长点，谱写了现代物业服务的崭新篇章。

近年来，随着各种现代管理、先进服务及高科技手段的应用，现代办公物业更是不断呈现出令人瞩目的发展新趋势。统筹中华民族伟大复兴战略全局和世界百年未有之大变局，深刻认识我国社会主要矛盾变化带来的新特征、新要求，认识和把握发展规律，准确识变、科学应变、主动求变，抓住机遇，应对挑战，趋利避害，奋勇前进，是物业服务行业进一步发展的时代使命。如何着力固根基、扬优势、补短板、强弱项，推动现代办公物业高质量发展，提供给现代办公物业中国方案，需要进行理论创新与实践变革。

本书从现代办公物业的基本内涵与历史演变入手，深刻总结现代办公物业的现实挑战与时代要求，在对现代办公物业进行了标准化、精细化、专业化、品牌化等方面的理论设计后，详细阐述了现代办公物业模式创新、流程变革、场景再造的实践方案，最后对现代办公物业的未来发展趋势进行了展望。

"悟已往之不谏，知来者之可追"，中国经济社会发展已进入由"高速度"向"高质量"转向的战略阶段，办公物业行业的大变局已然来临。5G、大数据、物联网、人工智能、联网、增强现实（AR）、虚拟现实（VR）、区块链技术、语音识别、数字汇流等新技术不断发展，给人们的生产生活带来诸多便利，也催生了数字化、网络化、智慧化的现代办公物业服务新模式、新方式。物业服务企业只有紧紧抓住发展新契机，主动迎接新挑战，才能实现"物业服务让人们生活更美好"的崇高理想！